GOLDMANN

Das im frühen Mittelalter entstandene Todsünden-Schema diente in der katholischen Kirche jahrhundertelang zur Gewissenserforschung des gläubigen Laien. Horst Herrmann verwendet dieses Schema nun für seine Analyse der gegenwärtigen Situation der Kirche und ihrer Kleriker und kommt zu einem vernichtenden Urteil: Was als sogenannte Frohbotschaft des Jesus aus Nazareth begann, wurde unter den Päpsten und den anderen Oberhirten zum Instrument geistlicher, moralischer und finanzieller Macht über die eigenen »Schäfchen« umfunktioniert.

In der Bundesrepublik Deutschland wird die Kirche vom Staat für ihre sozialen und karitativen Dienste – die wie nebenbei den bei ihr Beschäftigten knallharte Ideologie aufnötigen – schamlos überbezahlt. Zur Lösung akuter Probleme allerdings leistet sie nicht den geringsten Beitrag. Ihre sogenannten Reformen erweisen sich als wohlkalkulierte, oberflächliche Anpassung an den jeweils vorherrschenden Zeitgeist und sollen einzig ihr Überleben sichern.

Autor

Horst Herrmann, Jahrgang 1940, Dr. theol., wurde im Jahre 1971 Professor für katholisches Kirchenrecht an der Universität Münster, seit 1981 lehrt er Religionssoziologie an derselben Universität. In vielen Veröffentlichungen hat er kirchenpolitische Themen behandelt und immer wieder Denkanstöße für breite öffentliche Diskussionen geliefert. Er ist auf seinem Fachgebiet der profilierteste Autor der Bundesrepublik.

Horst Herrmann
Die sieben Todsünden der Kirche

Ein Plädoyer gegen die Menschenverachtung

GOLDMANN VERLAG

Der Goldmann Verlag
ist ein Unternehmen der Verlagsgruppe Bertelsmann

Made in Germany · 1/92 · 1. Auflage
© 1992 by Wilhelm Goldmann Verlag, München
Umschlaggestaltung: Design Team München
Satz: Uhl+Massopust, Aalen
Druck: Presse-Druck, Augsburg
Verlagsnummer: 12356
Lektorat: Thomas May/Silvia Kuttny-Walser
Herstellung: Ludwig Weidenbeck
ISBN 3-442-12356-9

Inhalt

Vorwort 7

I. LEBEN verpfändet und aufgegeben 9

II. TOD und der gleich siebenfach 25

    1. Der STOLZ der Unschuldigen 43
    Die keine Schuld zugeben – Die sich ihrer »Klasse« be-
    wußt sind

    2. Die TRÄGHEIT der Satten 81
    Die sich an den eigenen »Ewigkeitswert« gewöhnt ha-
    ben – Die ihren eigenen Gott, den »Vater« und die
    »Liebe« schufen

    3. Die UNKEUSCHHEIT der Keuschen 101
    Die in Mitleid schwelgen – Die eine unkeusche Moral
    kultivieren – Die gern Spezialisten für »Sexuelles«
    wären

    4. Der ZORN der Klassenbewußten 133
    Die auf sich selbst zornig sind – Die den Zorn auf die
    »anderen« pflegen

    5. Die UNMÄSSIGKEIT der Besitzenden 161
    Die immer noch mehr haben wollen, die nie genug ha-
    ben – Die die »totale Kirche« wollen

6. Der NEID der Dienenden 185
Deren Neid auf die Besseren zum System wurde – Die ihre Schäfchen im trockenen haben

7. Der GEIZ der Opferwilligen 209
Die keines ihrer vielen Opfer entschädigen – Die sich auf »Opfer« spezialisiert haben

III. TOTE KIRCHE, LEBE WOHL! 229

Anmerkungen 239
Stichwortverzeichnis 251

Vorwort

Viele Informationen dieses Buches haben ihre Geschichte. Die Amtskirche wollte sie bereits abtreiben, bevor sie ans Tageslicht kamen.
Zuckerbrot und Peitsche sollten mich veranlassen, das Manuskript
zurückzuziehen. Dennoch erschien der erste Versuch schon 1976.
Heinrich Böll schrieb zu den »Sieben Todsünden der Kirche« das
Nachwort: »Es wäre schade, wenn auch dieses Buch bloß zu einem der
zahlreichen Skandale würde, rasch in ein paar Schlagzeilen, Gegendar-
stellungen, Leserbriefen verschlissen.«

Was ist seither geschehen? Die Kirche, auf deren Reform man damals
ebensowenig vertrauen durfte wie heute, hat sich vor aller Augen
entlarvt: ein Relikt aus schlimmen Tagen der Menschheit, verwaltet von
einem Papst, der mit seinen Eskapaden die letzten Gutwilligen ver-
grault. Ich bedaure, daß immer noch viele Menschen nicht konsequent
genug sind, um mit diesem Übel Schluß zu machen und einer toten
Kirche Lebewohl zu sagen. Läßt mein von Grund auf überarbeitetes
und aktualisiertes Buch beim Leser das Faß überlaufen, so freue ich
mich.

Münster, 18. Oktober 1991   *Horst Herrmann*

I.
LEBEN
verpfändet und aufgegeben

Ich bin gekommen, damit sie das Leben haben
und es in Fülle haben...

Jesus aus Nazareth

Am 22. Januar 1536 schaute der Bischof von Münster, Franz von Waldeck, der Hinrichtung von drei »Ketzern« auf Münsters Markt zu, die mit glühenden Zangen gemartert und schließlich erstochen wurden. Anschließend wurden die Leichen in Käfigen am Turm der Lambertikirche – zur größeren Ehre Gottes? – zur Schau gestellt. Sie hängen auch heute noch an dieser Kirche in Münster. In ihr wird täglich zur größeren Ehre desselben Gottes gebetet und geopfert. Niemand nimmt Anstoß daran. Weshalb auch? Der Geist ist derselbe geblieben.

Ein Text des Neuen Testaments (Lk 10, 30–37) beschreibt den Normalfall christlicher Nächstenliebe: den Priester, der an einem verwundeten Menschen vorbeigeht, ohne ihm zu helfen. Geholfen hat dem »unter die Räuber Gefallenen« der barmherzige Samariter, der von den sogenannten Guten ausgestoßene Fremde. Das ist eine zeitlose Geschichte. Immer wieder sehen – und doch nichts wissen wollen, nichts tun. Millionen von Opfern, die das Christentum auf dem Gewissen hat, verdauen – und doch nichts bereuen. Ein Sehen, das nicht hilft, ein Wissen, das nichts nützt. Eine »Räuber- und Passantengesellschaft«: unsere christliche Gegenwart.

Bringt es überhaupt etwas, wenn die Todsünden einer Kirche benannt werden? Ändert sich etwas? Die Theologen, die in der Bundesrepublik aus den Steuermitteln aller Bürger bezahlt werden (nur bei uns zahlen Atheisten auch für Theologen mit, und nicht wenige!), wissen genug. Sie regen sich nicht auf. Sie sägen den Ast nicht ab, auf dem sie sitzen. Welcher von ihren »Theologien« sollen wir noch Achtung entgegenbringen?

Wahrheiten – und ihre Bücher – haben es an sich, daß sie eine eigene Expertenklasse aus sich entlassen. Wenn Texte als »heilige« feststehen, muß es Männer (!) geben, die sie hüten – und authentisch, unfehlbar auslegen. Am besten faßt man schließlich solche Experten in förmlichen Heiligen Büros zusammen und regelt diese nach dem Muster von

Wahrheits-Kasernen. Dann sind diese disziplinierten Vor-Denker am ehesten imstande, sich und ihre Welt gegen Widerstände zu verteidigen – am häufigsten mit Hilfe von Gesetzen, die alle im Zaum halten, am wirksamsten in Sinn-Kriegen. Die katholische Kirche ist ein Musterbeispiel für all dies.

Die »Gläubigen«, die ich besser die »Gehorsamen« heiße, weil ihnen alles zuzumuten und zuzutrauen ist, wenn ein Hirte es ihnen befiehlt, diese Gehorsamen, die keinen Finger rühren, um etwas zu ändern, rücken enger zusammen, wenn die Sünden ihrer Kirche aufgelistet werden. Sie marschieren strebsam ins Ghetto und schlagen von dort aus um sich. Sie hassen im verborgenen.

Und die anderen? Die Journalisten beispielsweise? Ich habe in 20 Jahren und in Dutzenden von Interviews Erfahrungen gesammelt. Mit den Leuten vom Kirchenfunk, die hinter vorgehaltener Hand sagen, sie dächten ganz anders, nämlich »reformerisch« – aber sie müßten um ihren Job bangen. Und mit denen aus den politischen oder kulturellen Redaktionen, die mir in der ersten Minute flüstern, sie seien längst aus der Kirche ausgetreten – doch irgend jemand rate ihnen, einen Menschen wie mich nicht allzu laut und allzu lange reden zu lassen. Das heißt: Ich soll möglichst nur in »Streitgesprächen« zu Wort kommen, damit die Ausgewogenheit garantiert bleibt. Da ein Kardinal bei keiner Sendung ein Streitgespräch führt, sondern plaudert, was er will, und da das »Wort zum Sonntag« nicht bestritten werden darf, deute ich diese Ausgewogenheit als das, was sie ist: als Gleichschaltung, als Kotau vor irgendwelchen (einflußreichen) Minderheiten im Programmbeirat oder anderswo. Ich warte darauf, den ersten Helden in öffentlich-rechtlichen Anstalten kennenlernen zu dürfen.

Die »Kirche der Hoffnung«, das »Asyl der Freiheit« jagt Angst ein. Kleriker sprechen – neuerdings – von Menschenrechten. Noch vor wenigen Jahrzehnten galten diese den Oberhirten als Ausgeburten kranker Gehirne. Mit der Demokratie hatte der Vatikan – bis heute Sitz einer in Europa einmaligen absoluten Monarchie – nichts im Sinn. Immer wieder kamen von Papst und Bischöfen antidemokratische Äußerungen: Rom weigerte sich aus Gründen der Selbsterhaltung, die bürgerlichen Rechte auch nur von fern anzuerkennen. Meinungsfreiheit und Pressefreiheit blieben ihm ein Greuel.

Fuldas Bischof Johannes Dyba schmähte noch 1989 die Französische Revolution als »Machtübernahme der Gottlosen«, die vor 200 Jahren zum ideologischen Völkermord geführt habe[1]. Die ideologischen Völkermorde (Religionskriege, Kreuzzüge, Inquisition, Indianerausrottung), die seiner eigenen Kirche anzulasten sind, hat er in diesem Zusammenhang zu erwähnen versäumt. Das ist pfäffischer Stil.

Die allgemeinen Menschenrechte sind den Bischöfen verdächtig geblieben, sofern sie sich nach innen richteten und Kirchenmenschen betrafen. Doch schlagen die Hirten heute Kapital daraus: Die Kirche nimmt diese Rechte für die Ihren wahr und fordert sie von draußen ein. Sie deutet aber nach wie vor Menschenrechte, die sie – wie die Meinungs- und Wissenschaftsfreiheit – in ihren eigenen Reihen einzulösen hätte, als Irrtümer. So einfach ist das. Aber die Kirche ist durchaus nicht die einzige Schuldige. Täter brauchen immer auch Opfer. Ich erfahre, wie gern und ausgiebig sich Menschen zu – direkten oder indirekten – Opfern der Kirche machen lassen. Ich stelle fest, wie vielen Menschen das Rückgrat gebrochen wurde – und wie viele ihre Karriere diesem Umstand verdanken. Nein, Haß ist diesen Menschen gegenüber fehl am Platz. Was ihnen gebührt, ist Mitleid oder, je nachdem, Verachtung.

Ähnliches gilt für die, die immer wieder verlangen, ein Buch müsse seine Leidenschaft verleugnen, dürfe nicht entschieden geschrieben sein, ein Autor solle souverän, allenfalls ironisch über allem stehen, was aufregt, müsse die Argumente nach links wie nach rechts, nach oben und unten gleichmäßig verteilen. Kurz: »Pudding-Bücher« sind manchen Rezensenten und Lesern am liebsten. Nun, für solche Leseratten gibt es tausenderlei Futter. Ich mag literarische Vollwertkost, und ich schreibe Bücher, denen anzumerken ist, welche Richtung ich einschlage.

Stehe ich mit meiner Kirchenkritik allein? In einem Land, das inzwischen fast 20 Millionen Kirchenfreie zählt, die weder katholisch noch evangelisch, noch sonstwie konfessionell gebunden sein wollen, gewiß nicht. Schade, daß sich diese Millionen, die bald ein Drittel der bundesdeutschen Bürger ausmachen werden, hinter ihrem Kirchenaustritt verstecken und alles, auch und gerade auf finanziellem Gebiet, mit sich machen lassen, was dem harten Kern der Kirchentreuen im »christlich geprägten« Vaterland gerade einfällt.

Das wohlbestallte kirchliche Milieu ist rührig, wenn es darum geht, die eigenen Privilegien zu erhalten und auszubauen. Es geht noch immer davon aus, daß man sich unter »Kirche« ein bürgerliches Erziehungsinstitut vorzustellen habe, in dem die Gläubigen ungestört durch Normen aller Art bewacht werden sollen. Wehe denen, die – anstatt zu bewachen und Sicherheit zu gewährleisten – Unfrieden säen! Wehe denen, die – anstatt von Berufs wegen zu behüten und zu Gehorsam zu erziehen – kritisieren und revoltieren! Sie müssen dem Bürger besonders verdächtig sein. Geistig-geistliche Rebellion führt, das spüren Bürger besonders schnell, zur Verhöhnung und Entlarvung dessen, was ihnen lieb und teuer ist, zum »Verlust an Milieuwärme«[2].

Das kann ungestraft nicht hingenommen werden. Ein solches Verhalten verletzt die stillschweigenden Konventionen im Vaterland. Die patriarchale Gesellschaft, unter deren Bedingungen wir immer noch zu leben haben, hat nämlich seit langem die Verwaltung des Religiösen an eine erfahrene Konzessionärin abgegeben, die »Mutter« Kirche. Diese hat für religiöse Bedürfnisse einen eigenen Apparat geschaffen und ausgebaut, die Religions- und Sinnmaschine. Davon lebt sie; dafür läßt sie sich teuer bezahlen.

Die Kirche gibt den Schwachen Sicherheit. »War es nicht natürlich, daß sich das Leben in seine Schalen- und Schneckenhäuser, hinter Panzer und Damm rettete? Und sollten nicht gerade die Hingerissenen, Ekstatischen, Urlebendigen (diese am leichtesten aus sich Herauszulockenden) am bängsten ausgespäht haben nach Tor und Dach? Nach Schutz vor Verfluten und Verflackern? Und sei es Turm oder Gefängnis!... Auf dem Felsen ›Geist‹ hat sich die Menschheit ihr Schloß Logos erbaut.«[3]

»Fels«, »Geist«, »Burg«, »Licht«, »Logos«: Nicht nur die Bücher des Neuen Testaments (vor allem die dem Evangelisten Johannes zugeschriebenen) sind voll von solchen Substanzvokabeln, wie sie das patriarchale Angstdenken zum Festhalten geschaffen hat. Nicht nur sie beweisen damit ihre Herkunft. Auch die nicht religiös abgesicherte Philosophie, falls sie sie gibt, liebt eifersüchtig solche Vorstellungen. Nur ganz selten ist sie ihnen entkommen.

Das Patriarchat ist dadurch erbaut und gesichert worden, daß es eine bestimmte Sprachordnung installiert hat. Diese ist in Texten konkretisiert, die mehr und mehr zu unangreifbar gültigen, heiligen Formeln stilisiert wurden. Diese Entwicklung ist interessengelenkt. Ewige Wahrheiten, in unantastbaren Büchern verfestigt, sollen das System der Väterwerte unangreifbarer, intensiver, subtiler machen.

Aber »Geist« ist nicht alles. Wer meint, Religion und Kirche seien Angelegenheiten irgendeines Himmels und dementsprechend allem Irdischen entrückt, bezeugt eine geglückte klerikale Erziehung – fern aller Wirklichkeit. *Das* Christentum gibt es nur als Abstraktion der Statistiker oder als Wunschtraum der Theologen. Real sind hierzulande die Kirchen: große (evangelische, römisch-katholische) und kleine (oft gesellschaftlich namenlose). Die letzteren heißen bei den großen gern »Sekten«. Einen inneren Grund für diese abwertende Bezeichnung gibt es nicht: Hier spricht der Machtwille der (noch) Großen. Real sind in der Bundesrepublik die Verankerung der Großkirchen in der Gesellschaft sowie die praktische Symbiose von Kirche und Staat, die sich gegenseitig ihre Schäfchen zuführen (und deren Geld), obwohl sie sich auf den Verfassungsgrundsatz der »Trennung« verständigt haben. Real sind der vergleichsweise hohe Grad an Institutionalisierung dieser Kirchen, ihre unvergleichlich gute Finanzierung und ihr Reichtum. Wir haben mit solchen Realitäten zu tun, Tag für Tag. Auch wenn uns der Überbau der Religion nicht mehr sonderlich interessiert: Das Bodenpersonal begegnet uns immer. Dieses weiß, woran es sich klammert. Eher können Dogmen diskutiert und zur Disposition gestellt werden als Fragen der Kirchenfinanzierung.

»Kirche konkret«, das sind nicht nur Kanzel und Küster, das sind ebenso die alltäglichen Formen des kirchlichen Soll und Habens. Viele Menschen stehen der Kirche als einer Arbeitgeberin und Unternehmerin gegenüber. Wohnungen werden errichtet und vermietet, Grundstücke vererbt und verpachtet, Konten werden von Geldinstituten geführt – und für alles garantiert die Kirche. Die Tageszeitung kommt aus einem Verlag, der mehrheitlich der Kirche gehört (die Redakteure wissen es gut), der Sonntagsspaziergang führt durch einen Wald, den eine Kirchengemeinde meistbietend verpachtet hat, die Kinder besuchen einen kirchlichen Kindergarten (weil es am Wohnort keinen anderen gibt), Bier und Wein auf unserem Tisch stammen aus Kirchengütern und Ordensbrauereien. Die konkrete Kirche sorgt für unser leibliches Wohl, mögen manche sagen. Für das geistliche Wohlergehen sorgen die Pfarrer ohnehin, oder nicht? Dafür wollen sie auch bezahlt sein. Ob sie jedoch genug für ihr Geld leisten oder ob sie längst nicht soviel verdienen, wie sie bekommen? Das Preis-Leistungs-Verhältnis stimmt in der Bundesrepublik am allerwenigsten auf der Welt. Nur hier wird die Kirche überbezahlt und überprivilegiert. Kein anderes Land leistet sich eine ähnlich teure Kirche. Zu Unrecht? Die Kirchen verfügen doch über einen wahren Schatz an Moral, an guten Worten und an letzten Werten, oder etwa nicht?

Kaum jemand außerhalb der Bundesrepublik erkennt die Begründung für diese Überbewertung an, die die Kirche nennt: das sogenannte Mehr, das sie angeblich darstellt oder leistet. Im übrigen Europa sieht man da klarer: Kirchen haben weder ein historisches noch ein aktuelles Mehr. Ihre Vorsprünge vor anderen Interessengruppen sind nicht allgemein anerkannt. Die Berufung auf »letzte Werte« ist in der säkularen Gesellschaft ebenso wie im weltanschaulich neutralen Staat überholt – von der Tatsache, daß sich die Kirche in ihrer Geschichte selbst millionenfach desavouiert hat, ganz zu schweigen. Das hindert diese weder selbst noch ihre Parteigänger in den Parteien, den überholten Grundsatz vom Mehr beizubehalten und aggressiv zu vertreten. Statt endlich auch die Kirche nur als Verband unter Verbänden zu sehen, ohne ihr gleich wieder Privilegien zuzuerkennen, behaupten solche Lobbyisten entgegen besserem historischen Wissen, die Kirche habe zeitliche und überzeitliche Vorsprünge vor sämtlichen anderen Gruppen der modernen Gesellschaft. Vor allem sei sie im Abendland eine Kulturträgerin ersten Ranges und schon von daher förderungswürdig.

Genau dies stimmt nicht. Gerade die Kirche, und nur sie, hat eine immense inhumane und damit nichtkulturelle Vergangenheit. Ein Mehr an Unkultur, zumal an Mord und Totschlag, läßt sich ebenso leicht nachweisen wie die Tatsache, daß es zutiefst unbiblisch ist, das sogenannte ideelle Mehr, falls es ein solches wirklich gäbe, finanziell honorieren zu lassen oder durch besondere Privilegien abzusichern. Kann man sich Jesus aus Nazareth, der als einziger für das ideelle Mehr stehen mag, als Garanten für Gewinn und Privileg vorstellen? Kann eine kranke Gesellschaft wie die der Kirche, die beispielsweise das freie

Wort nicht schätzt, überhaupt eine gesunde Kultur, ein ideelles Mehr hervorbringen?

Bei überzeugten Gläubigen (»Gehorsamen«) ist eine auffallend geringere positive Wertung geistiger Autonomie festzustellen als bei Nichtgläubigen. Denken ist nicht die Stärke der Glaubenden. Wahrscheinlich wird die Kirche vor allem deswegen als Garantin ewiger Werte geschätzt und bezahlt, weil der Bedarf an Ethik um so größer erscheint, je raffgieriger eine Gesellschaft ist. Eine Gesellschaft, die den individuellen Tod ebenso gern verdrängt wie die Frage nach dem selbstgestalteten Lebenssinn, hält sich für solche Probleme ein Spezialistenteam und garantiert diesem das Monopol der letzten Tage auch finanziell. Hinzu kommt, daß man in der Bundesrepublik versäumt hat, den Anschluß an die Aufklärung zu halten und eine säkulare Kultur des Humanen zu entwickeln.

Das Service-Unternehmen der Kirche wird nicht mehr so akzeptiert, wie es dem Klerus gefiele. Die Kirche bröckelt nicht nur an den Rändern ab. Ihre Verletzungen sitzen tief. Zwischen 1979 und 1988 sank in der Bundesrepublik die Zahl der aktiven katholischen Seelsorgsgeistlichen von 10 533 auf 9284. Das Bistum Augsburg zum Beispiel hat für 600 kleinere Pfarreien nur noch 178 Priester. Die 220 katholischen Frauenorden melden einen rasanten Mitgliederschwund: jährlich 350 Eintritte und rund 2000 Todesfälle. Über die Zahl der Austritte aus den Orden werden keine Angaben gemacht. In den letzten 15 Jahren hat sich die Quote der katholischen Kirchgänger von 48 auf 24 Prozent halbiert; mehr als die Hälfte ist über 65 Jahre alt[4].

Keine Organisation gibt gern zu, daß ihr die Mitglieder scharenweise weglaufen. Bedrohlich sind die Kirchenaustritte in der Bundesrepublik für die Großkirchen – jede führt einige Millionen Karteileichen – noch immer nicht; für die ehemalige DDR werden sie als »nennenswert« bezeichnet. Es ist anzunehmen, daß – mit steigender Tendenz – Jahr für Jahr etwa 80 000 Katholiken ihrer Kirche den Rücken kehren; für 1990 dürften die Zahlen wesentlich höher liegen. Die Gruppe der Kirchenfreien ist schon ziemlich groß; in Städten wie Hamburg oder Frankfurt umfaßt sie inzwischen mehr als ein Drittel der Einwohner. Der Anteil der evangelischen Christen in Hamburg ging zwischen 1970 und 1987 um 20 Prozent zurück, der in Bremen von 80,6 auf 59,7 Prozent. Der

Katholikenanteil in diesen Städten lag 1987 durchschnittlich unter 10 Prozent. Damit stellen die katholischen Bevölkerungsteile eine Minderheit dar: Die Gruppen der Konfessionslosen sind dreimal größer. Dennoch ist im bundesdeutschen System von Kirche und Staat der finanzielle und politische Einfluß der katholischen und evangelischen Kirche unverhältnismäßig groß. Wie lange sich die tatsächliche Mehrheit diese Privilegierung der Kirche noch gefallen läßt? Die auf die ehemalige DDR bezogenen Schätzungen (7 Millionen evangelische, 1,1 Millionen katholische Christen) sind überholt. Von den etwa 16 Millionen Bürgern in den neuen Bundesländern ist höchstens noch ein Viertel konfessionell gebunden.

Konfessionsfreie besitzen zumindest eine Sperrminorität. Ihre Aussichten, früher oder später in der Mehrheit zu sein, sind gut. In Berlin übertrifft die Zahl der Kirchenfreien mit 47 Prozent bereits die Zahl der Katholiken (9 Prozent) und Protestanten (37 Prozent). Das Desinteresse vieler Demokraten an diesen Fakten, wie es in anderen, aufgeklärten Ländern undenkbar ist, fördert freilich die Argumentation der bundesdeutschen Himmelslobby. Diese spiegelt eine Position klerikaler Stärke vor, für die – wenn die Fakten ausgewertet werden – keinerlei Grund mehr besteht. Schon vor 30 Jahren schrieb Corrado Pallenberg, ein profunder Kenner des Vatikans: »Man darf es für schlechthin undenkbar halten, daß die Regierungen von Großbritannien, Frankreich, Italien und den USA, ja selbst die ultrakatholischen Spanier es wagen würden, ihren Bürgern solch schwere Steuerlasten ›um des Glaubens willen‹ aufzubürden. Die Deutschen ertragen es, weil sie sich daran gewöhnt haben.«[5] Und weil sie eines der fleißigsten, doch auch politisch dümmsten Völker sind[6]. Nichts aber ist schlimmer als diese Mischung aus Energie und Hörigkeit – die beiden Weltkriege beweisen es. Im übrigen haben sich mittlerweile Italien und Spanien von den mit Mussolini und Franco geschlossenen Konkordaten befreit. In der Bundesrepublik dagegen gilt das Hitler-Konkordat von 1933, das unter anderem die Kirchensteuer garantiert, noch immer. Für die Jahrtausendwende kündigt sich in Deutschland eine groteske Situation an: Die kirchenfreie Bevölkerungsmehrheit lebt in einem von den Großkirchen dominierten Staat.

Sind die Deutschen besonders fromm? Oder brauchen sie einen

speziellen Kirchen-Service, um Mensch sein zu können? Benötigen sie nach wie vor zum Überleben eines der vielen Christentümer? Gar einen besonders lieben Gott? Der CSU-Politiker Wolfgang Bötsch drängt in diese Richtung, wenn er vom Bundespräsidenten ein »hilfreiches und klärendes Wort« gegen den in den neuen Bundesländern ererbten »aggressiven Atheismus« verlangt und sich »als Christ daran interessiert« zeigt, daß im mitteldeutschen »Missionsland« die »Rückbesinnung auf den christlichen Glauben gefördert« werde[7]. Die Oberhirten hören's mit Freude. Im vereinten Deutschland, so der Vorsitzende der Deutschen Bischofskonferenz, Karl Lehmann, will die römische Kirche »viel entschiedener als bisher alle Kraft ihrem missionarischen Auftrag« zuwenden[8].

Die Kirche hat allen Grund dazu. Von einer allgemein verbindlichen christlichen Werteordnung kann keine Rede mehr sein. Es ist an der Zeit, sich politisch an der veränderten Situation zu orientieren und die schon vollzogene Säkularisierung der Gesellschaft entsprechend aufzuarbeiten. Freilich zögern Millionen Bundesbürger und -bürgerinnen, die keinen Klerus mehr brauchen, Konsequenzen zu ziehen und ihre Kirche, die ihnen nichts mehr bedeutet, auch formell zu verlassen. Die Gründe für diese Haltung sind unklar: Antriebsschwäche? Versäumnis? Opportunismus? Angst vor dem Jenseits? Mangel an alternativen Perspektiven?

Dabei ist ein Kirchenaustritt wirklich kein Problem: Gang zum Amtsgericht oder Standesamt, Vorlegen des Personalausweises, Erklärung des Austritts (ohne Angabe von Gründen), Steuerfreiheit. Der Kirchenaustritt stellt die Wahrnehmung eines unverletzlichen Grundrechts dar. Er darf weder behindert noch mit Sanktionen belegt werden. Dieses demokratische Leitprinzip ist freilich nicht in allen Regionen der Bundesrepublik anerkannt: Sich in bestimmten Landstrichen oder Berufen zum Kirchenaustritt zu entschließen, kommt einer Selbstaufgabe gleich. Für Arbeitnehmer im Kirchendienst, von denen nach vorsichtigen Schätzungen allenfalls 3 bis 5 Prozent noch überzeugte Gläubige sind, ist ein Kirchenaustritt noch immer praktisch unmöglich. Die Kirche, die sich als »Tendenzbetrieb« versteht, ahndet ihn als Verbrechen gegen ihren Geist. Die entsprechenden Sanktionen treffen selbst Menschen, die in Einrichtungen mit konfessioneller Trägerschaft arbeiten, die zu 100 Prozent aus nichtkirchlichen Mitteln finanziert sind. Der Kirchenaustritt stellt für viele Menschen eine Lösung persönlicher Probleme mit der Kirche dar. Das Gesamtproblem löst er aber vorerst nicht. Hier ist erst eine Änderung zu erwarten, wenn jene Millionen die Kirchen verlassen, die heute noch als Karteileichen fungieren.

Die Akzeptanz der Kirche wird zum Existenzproblem. Dem Soziologen Ferdinand W. Menne zufolge sind in den breiteren Schichten der Bevölkerung die ausgeformten Morallehren der Kirchen – soweit überhaupt zuverlässig bekannt – bereits unter die Schwelle der Konfliktfähigkeit gesunken[9]. Verstöße gegen Dogma und Moral erfolgen ohne das Bewußtsein einer Normverletzung. Die Motivationskraft christlicher Ethik (falls es eine solche überhaupt gibt) verfällt von Tag zu Tag. Was weitergeschleppt wird, sind jene Restbestände klerikaler Moral, denen es gelang, in allgemeine konservative Ideologien der Gesellschaft einzudringen und sich in diesen – wie auf dem Terrain Ehe und Familie – zunächst zu etablieren. Wenn Päpste noch immer meinen, sie gingen in Sachen Moral der Welt voran, und wenn sie diese Ansicht in Enzykliken publizieren, täuschen sie sich: Solche Hirtenschreiben lösen kein Problem. Sie verraten nur eigene Probleme, an erster Stelle das des kirchlichen »Lehramtes«, seine Autorität über Menschen zu behaupten, die sich langsam aus autoritätsvermittelten seelischen Zwängen und Angstzuständen befreien[10]. Freiheit aber ist nur zu gewinnen, indem sich ein Mensch vom katholischen Erbe löst und Abschied nimmt von den Ängsten seiner Väter.

Genau dies soll er nicht tun, sagen die Treuen. Nicht einmal öffentlich diskutieren soll er das. Die Satten reagieren ausgesprochen empfindlich auf alle Störungen ihrer Sicherheit. Selbst die politischen Parteien dürfen es sich ohne Gesichtsverlust nicht erlauben, die Konzessionen anzutasten, die satte Bürger dem Kirchenapparat übertragen haben, damit er sie »bediene«.

Die Kirche als Konzessionärin, als finanziell ausgehaltene Institution, das Dogma als fiskalisiertes Mysterium? Genau dies. Und kein bißchen mehr. Die Normalverbraucher wissen, was sie brauchen. Sie lassen sich ihre Religion etwas kosten. Dafür dürfen sie allerhand an Service verlangen. Deshalb werden sie auch ausgesprochen aggressiv, wenn *ihre* Kirche versagt: Man höre sich nur an, wie Kirchensteuerzahler schimpfen, wenn eine Erstkommunionfeier nicht mehr so feierlich abläuft wie noch vor 20 Jahren oder wenn es vor der Trauung kirchenrechtliche Probleme geben sollte. Das erregt die Gemüter. Nicht aber eine Diskussion über Theologie. Die sollen die Angestellten der Konzessionärin unter sich abmachen. Schwierigkeiten gelten als Theologengezänk, und der Papst wird's schon richten. Er ist unfehlbar, und das Leben ist verpfändet.

Unter diesen Bedingungen können »Häresien«, die eine Organisation diskussionswürdig und lebendig hielten, überhaupt nicht mehr entstehen. Die »Volkskirche« ist nicht häresieträchtig. Sie ist dafür zu neutralistisch, zu unbewegt, zu unbeweglich. Sie ist auch kein Hort der Hoffnung. Hoffnung geht von dieser Kirche nicht aus.

Ist Hoffnung denn so wichtig? Ist nicht Glaube mehr? Meinung, Überzeugung, Glaube? Wer darf es sich erlauben, die subtilen Unterscheidungen zu negieren, die die einschlägigen Bücher lieben? Die so viel lehren und so wenig verstehen. Maschine, Meinungsmaschine, Multiplikatoren-Apparat zu sein ist mir zuwenig. Konfessionen sind mir verdächtig geworden. Zuviel Schindluder wurde getrieben mit und unter denen, die sich »Bekenner« heißen. In solcher Wahrheitsliebe schläft das Verhängnis der Welt. Überzeugungen sind zugefügte Wunden. Wer allzu freudig bekennt, zeigt ausgeprägten Willen zum Sieg seiner Wahrheit. Was das heißt, ist geschichtsträchtig. Augustinus, Confessor am Schreibtisch, riecht für mein historisches Empfinden nach Blut.

Nicht der Glaube macht den Menschen aus. Ich traue den Überzeugungen nicht. Sie sind parteiisch anerzogen und erreichen kaum den Kern des Menschen. Wahrscheinlich ist weniger fremdbestimmt, worauf ein Mensch seine Hoffnung setzt. Meinungen können gewechselt werden wie Kleider; sie haben Modisches an sich und lassen besser aussehen. Hoffnung ist Frucht vielfältiger Erfahrung, und die ist, wenn sie ihren Namen verdient, aus Enttäuschung geworden und in Enttäuschung lebendig.

Wo finde ich unter uns Hoffnung? Vielleicht indem ich die jungen Spieler beobachte, die in den Spielhallen ihre Automaten bedienen, Tag für Tag, Enttäuschung um Enttäuschung. In der Kirche finden sich ungleich weniger Hoffende. Aber gewiß besitzen sie, verglichen mit den Automatenspielern, die »wahre« Hoffnung. Nur lassen sie von der nichts merken. Sie werden ihre Gründe haben.

Dasselbe klare Bild im Fernsehprogramm: Das »Wort zum Sonntag« ist weit weniger hoffnungsträchtig als die Ziehung der Lottozahlen. Kirchenräume, geschnitzte Bänke, drei Senioren in den vorderen Reihen. Vorgebetet, vorgepredigt, drei sind sonntags noch da. Drei Herzen werden bewegt. Die auf den leeren Plätzen können nicht mehr. Ob je eine Hoffnung so verleugnet und ins Gegenteil verkehrt worden ist? Ob je Menschen Menschen so im Glauben und in der Liebe verdorben haben? Ob mutig es sei, goldne Kreuze zu tragen, um ungeborenes Leben zu verteidigen? Wozu auf einem Friedhof noch Mut?

Daß die Kirche tot ist, gilt mir als Gemeinplatz. Ich hoffe, daß sie nun auch noch stirbt. Doch da lamentieren sie wieder, die Professionellen: Weinen können sie und drohen. Ihr Lamento ersetzt ihnen die Hoffnung. Anderswo ist es anders: Es gibt sie noch, die Menschen, die mit der abweichenden Hoffnung, die wenigen vielen, denen die Aufpasser, Durchblicker, Mauerbauer verbieten wollten, Mensch zu werden. Ich hoffe, daß viele von denen, die heute noch als abwegig Hoffende und quer Denkende definiert werden, die Zukunft für sich haben werden.

Gelänge den todkranken Lamentierern ihr eigenes Sterben und vermarkteten diese nicht immer wieder ihre »Reform«, machten sie endlich Platz für neue Hoffnungen der Menschen. Dann wäre eines der ältesten und der verderblichsten Meinungsmonopole abgelöst, dann fühlte sich hoffende Interpretation wieder frei. Aber noch immer sind die Köpfe und die Herzen, von den Unterleibern ganz zu schweigen, voll von Meinungen aus einer unseligen Vergangenheit.

Befreiung zum menschenwürdigen Hoffen kommt freilich nicht von denen, die Jahrtausende hindurch ebendiese Befreiung mit Füßen getreten haben. An diese Prämisse knüpfe ich meine Hoffnungen: Ich hoffe, daß es niemals wieder einem Pfaffen möglich werden wird, über Freiheit und Menschenwürde zu reden, ohne daß Menschen lachen. Ich hoffe, daß kein ausgehaltener Theologe es mehr wagen wird, seine Kirche als Hort der Freiheit auszupredigen, ohne daß ihm die Millionen Toter begegnen, die die Institution Kirche – um ihrer eigenen Machterhaltung willen – geopfert hat. Ich hoffe, daß es nicht mehr lange dauern wird, bis alle Theologien der Befreiung und ähnliche Widersprüchlichkeiten als das entlarvt sind, was sie sind: als Anti-Hoffnungen. Der Abfallhaufen der Theologiegeschichte hat noch Platz für abgelegte Kleider und Moden. Ich hoffe auch, daß der willfährige Gott, den sich die Kleriker halten, nicht mehr als Möglichkeit zur Befreiung des Menschen ausgegeben werden kann. Von einem solchen Gott kommt keine Freiheit. Er ist, selbst Schöpfung aus Angst, Mit-Schöpfer erniedrigender Angst unter den Menschen. Ich hoffe, daß die Zeit kommen wird, da Götter keine Menschen mehr zu werden brauchen, damit Menschen Götter werden können. Ich hoffe, daß das Begriffspaar Gott–Mensch sich endgültig auflösen läßt und Mensch Mensch wird und nichts anderes. Ich hoffe, daß es immer mehr Menschen gelingen wird, sich von ihren archaischen Ängsten und deren Göttern zu befreien und sich selbst als Hoffnung für andere und künftige Menschen zu verstehen und zu engagieren.

Dann wird auch Geschichte nach menschlichem Maß gerechnet. Dann gelten 2000 Jahre Kirche im Vergleich zu 100 000 Jahren Menschheit als bloße Episode und als eine nicht sonderlich geglückte. Dann werden die Tage der Religion, die manchem Ängstlichen noch wichtig erscheinen, als das verstanden werden, was sie, aufs Ganze der Weltzeit gesehen, stets gewesen sind: Augenblicke, Durchgangsphasen.

Halt! Jetzt sind sie beleidigt, die Kirchenchristen. Jetzt wankt ihr Weltbild wieder gewaltig. Und ihr Menschenbild dazu. Daher sehen sie sich verpflichtet, den Kritiker anzugreifen, weil nicht sein kann, was nicht sein darf. Besonders infam, aber durchaus gewohnt katholisch, ist die Kritik am Kritiker. Ein Prälat geifert: »Gegen den Wesensbestand der kirchlichen Wirklichkeit kann man nicht angehen, ohne aufzuhören, Glied der Kirche zu sein; gegen ihre Schwächen, Lähmungen, Mittelmäßigkeiten kann man nur angehen mit dem Nonkonformismus der persönlichen Heiligkeit.«[11]

Da wird schamlos eine Doppelmoral, eine Zweiteilung der katholischen Aktion, ein Zweiklassenrecht eingeklagt. Wann hätte je ein Prälat von seinesgleichen »persönliche Heiligkeit« gefordert? Von Bischöfen Heiligkeit zu verlangen, würde diese völlig überfordern. Nein, Heroismus darf nach katholischer Ansicht nur den Kritikern abverlangt werden. Von Redakteuren der kirchlichen Heilspresse oder von sogenannten einfachen Landpfarrern wird nicht einmal der selbstverständliche Anstand gegenüber Andersdenkenden gefordert. Hier wirken Schmutz und Schmiere normal.

Ein Leserbrief des Pfarrers Albert Beyer im *Spiegel* vom 7. 1. 1991 entlarvt seinen Schreiber als guten Katholiken: »Was Sie in der Weihnachtsnummer schon im Titelbild über den Papst bieten, sprengt alle negativen Rekorde und bestätigt mich in meiner Einschätzung Ihres *Spiegels* als moralische Kloake von allerschlechtester Nazi-Stürmer-Machart. So ein dreckiges Schmierblatt möchte ich nicht einmal zum Arschputzen hernehmen.«

Das geistige Kampfklima, wie Klerikale es fördern, besteht offenbar weiter. Tag für Tag beleidigen diese Hirten Verstand und freien Willen der Menschen. Und dazu sollen wir schweigen? Das sollen wir hinnehmen und herunterspielen? Offensichtlich kann in einem »christlichen« Land wie der Bundesrepublik noch immer so dreist argumentiert werden. Von den Kritikern wird aber »Ausgewogenheit« verlangt. Sie sollen ihre Menschlichkeit an der Garderobe abgeben, wenn sie Kirchengebiet betreten. Sie sollen nicht betroffen sein oder sich wenigstens ihre Betroffenheit nicht anmerken lassen, wenn sie über kirchliche Themen schreiben. Sie sollen – mitten im polemischen Milieu der kirchenbezahlten Falken – sein wie die Tauben, sollen Jahrhunderte der Kriminalgeschichte übersehen, sollen nicht abrechnen mit den Mördern, sollen die Leiden der Opfer verschweigen, sollen hinnehmen, daß diese Kirche eine Geschichte voller Verbrechen aufweist und daß sie bis heute in Millionen von Köpfen und Herzen Unheil anrichtet. Sie sollen – wie die guten Katholiken – schlucken, daß sich ebendiese Kirche trotz ihrer kriminellen Vergangenheit als Hoffnungsträgerin der Menschheit anpreist, daß ihr Papst unaufhörlich »moralische« Anweisungen erteilt. Sie sollen sich darüber freuen, daß noch viel mehr passieren darf, bis endlich der letzte Gläubige die Konsequenzen zieht, bis auch sein Gewissen nicht mehr unheilbar gesund ist.

Was muß noch alles passieren, bis alle gemerkt haben, daß diese Kirche nicht aus Zufall, sondern aus guten Gründen tot ist – und völlig zu Recht abstirbt? Wieviel Lug und Trug ertragen Gutwillige, Sanfte, Softies, bis ihnen kotzübel wird? Wer zum Schweigen aufruft, solidarisiert sich mit dem Verschweigen.

II.
TOD
und der gleich siebenfach

Der Stachel des Todes ist die Sünde. Die Kraft
der Sünde liegt im Gesetz.

Paulus

Einige Hauptthesen dieses Buches zuvor, damit keine Mißverständnisse aufkommen (ich hebe sie, wie die folgenden, im Druck hervor):

Nicht lebendige Menschen sind sündig, sondern die Altkirche ist an ihnen schuldig geworden. Deswegen haben kirchliche Geistigkeit und Moral ihren Tod verdient, deswegen stirbt die Kirche. Wiederbelebungsversuche sind vergeblich.

Bevor ich diese Thesen erläutere, muß der Blick auf die Wirklichkeit befreit werden. Bisher ist ein freies Schauen nicht möglich, weil zu viele Nebelwerfer im Einsatz sind. Sie haben ihre Funktion. Sie sollen vernebeln, was vor aller Augen liegt. Kleriker wollen den Menschen Sand in die Augen streuen, indem sie viel von »Moral« sprechen, viel von »Tugend«, von Sündenbewußtsein und wie die angeblich frommen Begriffe sonst noch heißen mögen. All diese Vokabeln verdunkeln den wahren Sachverhalt. Sie betreffen immer nur einzelne – und als solche isolierbare – Menschen. Sie lenken von der Möglichkeit institutionalisierter Sünden ab. Sie verdächtigen schon die Frage, ob auch eine Organisation wie die Kirche als solche schuldig sein könne. Die Kirche eine sündige Kirche? Oder doch eine heilige Kirche? Auch wenn das Glaubensbekenntnis der Kirche an dieser Achtelwahrheit von der eigenen Heiligkeit festhält, können wir nicht an die »heilige Kirche« glauben, weil sie sich längst selbst desavouiert hat.

Aber ihre treuen Diener und Dienerinnen glauben uns nicht. Weil sie nicht sehen gelernt haben. Weil sie alles daransetzen, auch andere vom freien Schauen abzuhalten. Eine chronique scandaleuse ist nicht alles, was »Kirche« ausmacht, sagen sie. Wir glauben nicht ins Ungewisse hinein oder ins Ärgerliche. Es gibt da auch viel Gutes, zum Beispiel das Beste, unsere Heiligen. In diesen Menschen sehen wir Beispiele geglückten Lebens, menschliches Leben, das seine Identität gefunden hat und frei ist von Entfremdung. Diese These der Kirchenleute ist anhand konkreter Fälle auf ihren Wahrheitsgehalt hin zu überprüfen.

Die Legenden, die in Predigten und Kinderbüchern ihr Dasein fristen, haben mit der Wahrheit wenig zu tun. Nicht alle sogenannten Heiligen, die der Bevölkerung präsentiert werden, sind nach den Maßstäben des Menschseins tugendhafte oder gar große Menschen gewesen. Im Gegenteil: Unter ihnen gibt es leibhaftige Verbrecher, Mörder und Totschläger. Doch bis heute steht die Kirche nicht zu dieser Wahrheit. Ihre Gläubigen können sie offenbar nicht ertragen. Die Päpste und ihr System stecken selbst in der Klemme. Wenn ein Papst heiligspricht, muß er seine »Unfehlbarkeit« in Anspruch nehmen. Da amtlich erklärt wird, ein bestimmter Mensch sei »heilig« und könne als Heiliger verehrt werden, dürfen sich keine Fehler einschleichen. Ein Irrtum in der Frage, ob ein Toter im Himmel ist und nicht in der Hölle, bleibt unerlaubt.

Heilige wie Christophorus oder Georg, die jahrhundertelang als Schutzpatrone herhalten mußten, wurden inzwischen aus dem Festkalender der Kirche getilgt. Aber unsaubere Heilige durften in dem heiligen Buch bleiben: Kaiser gehören zu ihnen, Kirchenlehrer, Bischöfe, Päpste. Im folgenden nenne ich einige Beispiele für heilige Verbrecher. Es sind nur wenige, doch hängt meine Beschränkung nicht damit zusammen, daß es nur wenige gibt. Wenn man ihre Heiligenlegenden liest, sagt Helvétius, findet man die Namen von 1000 heiliggesprochenen Verbrechern[1]. Harmlos ist kein einziger Heiliger, nicht einmal der aus Gips.

Geld machen läßt sich mit Heiligen und Heiligtümern immer. Das einzige Wunder, das sich mancherorts permanent ereignet, ist das Wirtschaftswunder. So verkraftet der bekannteste Wallfahrtsort der Welt, das französische Lourdes – das seine Attraktivität den Marienerscheinungen von 1858 verdankt (die »Seherin« Bernadette wurde inzwischen heiliggesprochen) – täglich Tausende von Reisebussen und Autos. Die 18 000 Einwohner zählende Stadt hat 350 Hotels und Pensionen, die den anderthalb Millionen Wallfahrern jährlich 3 Milliarden Francs (etwa 1 Milliarde DM!) abnehmen. Pro Jahr werden 400 neue Gästebetten bereitgestellt. Eine weitere Geldquelle ist der Handel mit Souvenirs. Die in 600 Shops teuer verkauften Massenartikel – Kruzifixe, Marienstatuen, Weihekerzen, Medaillons, Rosenkränze, Andachtsbildchen – sind zumeist billige Massenware aus Südostasien[2].

Heiligkeit zahlt sich aus. Der Vatikan gönnt sich ein eigenes »Ministerium«, das den »Grad an heroischer Tugend« bei einzelnen Katholiken (Andersgläubige scheiden von vornherein aus) festzustellen und dem Papst schließlich einen heroisch Tugendhaften oder eine heroisch Tugendhafte zur Seligsprechung vorzuschlagen hat. Die Untersuchung der biographischen (und literarischen) Details benötigt verständlicherweise viel Zeit und Geld. Die römische Behörde, der Unterabteilungen in Bistümern und Orden zuarbeiten, geht davon aus, daß jedes noch so kleine biographische Detail eines Menschen auf seinen »heroischen Grad« hin erforscht werden müsse. Daher können sich nur wohlhabende Familien oder Ordensgemeinschaften einen derart teuren Prozeß erlauben, um einen oder eine der Ihren zur Ehre der Altäre erhoben zu sehen. Auf der anderen Seite sucht der Vatikan aus finanziellen Gründen, möglichst langwierige Prozesse zu führen. Die Beschäftigungstherapie lohnt sich.

Angesichts der inflationären Aktivitäten um den »Heroismus« mancher erst noch heiligzusprechender katholischer Christen und Christinnen ist es verwunderlich, daß bei den bereits als Heiligen Verehrten nicht sorgsamer verfahren worden ist und wird: Fänden sich sonst in den Akten der Heiligen der römischen Kirche gar so viele wenig Tugendhafte? Werden die »Tugenden« der im Lauf von Jahrhunderten Heiliggesprochenen überprüft, verstärkt sich der Eindruck, nur bestimmte anerzogene Charaktermerkmale sind in den Geruch katholischer Heiligkeit gelangt: bei Frauen Demut und Opferbereitschaft, bei Männern ein starker bis fanatischer Wille, im Interesse der Kirche selbst über Leichen zu gehen. Tugend macht benutzbar. Katholische Heilige waren vor allem kirchenpolitisch griffig zu verwendende, für machtpolitische Zwecke taugende Menschen. Tugend kommt auch in diesem Fall von Tauglichkeit. Tugendhaft sein meint: für alles und jedes taugen. Zur Ehrenrettung einiger Ausnahmen von dieser Klerikerregel sei gesagt, daß der einzelne noch nicht einmal sich selbst als derart tauglich verstanden zu haben braucht. Die Methoden der durchweg kirchenpolitisch motivierten Heiligsprechungsprozesse lassen den Toten, die sich nicht mehr gegen ihre Heiligsprechung wehren können, keine Chance auf Gegendarstellung, nicht die Würde, es anders gewollt zu haben. Die Regelfälle blieben für die jeweiligen Kirchenzwecke (die sich ihrerseits kaum je wesentlich geändert haben) tauglich. Es sind die sogenannten Besten der Kirchengeschichte. Oft sind es Päpste, und von »Heiligen Vätern« dürfte doch etwas Heiligkeit erwartet werden.

Das 16. Jahrhundert zum Beispiel kennt geschichtlich höchst interessante Päpste: Eingeleitet wird es von Alexander VI. Borgia, einem skrupellosen Potentaten, vor dessen Nachstellungen Frauen, sogar die eigene Tochter, nicht sicher sein konnten. Stendhal schreibt über die Kardinäle, deren – von Aktien- und Immobilienhandel gekennzeichnete – Wahl den Borgia zum Papst gemacht hat: »Frömmigkeit war selten im Heiligen Kollegium, Atheismus allgemein.«[3] Alexander VI. selbst wird vom Papsthistoriker Hans Kühner als »vollkommener Verbrecher« bezeichnet[4]. An die Heiligsprechung dieses Mannes, der von verschiedenen Mätressen neun Kinder hatte, war nicht einmal unter kurialen Verhältnissen zu denken. Freilich hat auch der große Gegenspieler Alexanders VI., der Dominikanermönch Girolamo Savonarola (vom Papst als »Ketzer« ermordet), bis heute noch keinen vatikanischen Heiligsprechungsprozeß bestanden. Noch immer halten die Päpste lieber zu ihresgleichen als zur geschichtlichen Wahrheit, von den Menschenrechten ganz zu schweigen.

Auch die Nachfolger des Borgia, darunter Kriegsherren wie Julius II., Lebemänner wie Leo X. oder Machtpolitiker wie Clemens VII., hatten wenig Chancen, heiliggesprochen zu werden. Dasselbe galt, für Kenner der Kriminalgeschichte etwas abgeschwächt, für Paul IV., nach Hans Kühner »wohl die grausamste Gestalt der ganzen Papstgeschichte, der personifizierte Scheiterhaufen der Inquisition«[5]. Ein pathologischer Haß auf Andersdenkende und Meinungsfreie ließ diesen Paul IV. sagen, selbst wenn sein eigener Vater Ketzer gewesen wäre, hätte er, der Papstsohn, das Holz für das Feuer zusammengetragen. Paul IV. verschuldete auch das einzige Massenverbrechen in der italienischen Geschichte an zwangsbekehrten Juden: 24 Flüchtlinge wurden auf seine Anweisung hin verbrannt. Weitere Taten aus seinem Pontifikat sind die Errichtung des Ghettos für römische Juden sowie die Einführung des sogenannten Index, der alle für katholische Leser verbotenen Bücher aufzählt.

Paul IV., nach dessen Tod die römische Bevölkerung das Gebäude der Inquisition eingeäschert und die Statue des Papstes auf dem Kapitol umgestürzt hatte[6], durfte nicht heiliggesprochen werden. Die heroische Tugend des Tötens hin oder her: So weit konnten es die Verantwortlichen seinerzeit nicht treiben. Das 16. Jahrhundert weist nur einen heiliggesprochenen Papst auf. Dieser Pius V. (1504–1572) war ein relativ einfach denkender Mensch. Er glaubte, viel von der sogenannten Übernatur zu verstehen. Sicher ist, daß er jedenfalls von der Welt und ihren Menschen wenig begriff. Um so gefährlicher wurde dieses simple Denken für die, die wagten, anders zu denken als der Papst. Pius V. tat sich als einer der hartnäckigsten Ketzerverfolger der Kirchengeschichte hervor, und dies will, aufs ganze dieser Verfolgergeschichte gesehen, schon etwas heißen. Die kriminelle Energie des Heiligen Vaters schuf sich ihr Ventil. Regelmäßige Hinrichtungen von Häretikern und von Kritikern des Papsttums gehörten zu diesem »heiligmäßigen« Pontifikat. Mit der Bulle *Hebrorum gens sola* hinterließ Pius V. eines der erschütterndsten Dokumente des christlichen Kampfes gegen die Juden, das den »Unbußfertigen«, deren Väter Jesus aus Nazareth ermordet haben sollen, schwerste körperliche Strafen androht. Pius V. ließ die Juden aus dem Kirchenstaat vertreiben (ausgenommen Rom und Ancona). Wagte es ein bekehrter Jude, alte Freunde im Ghetto zu besuchen, ließ ihn der Papst tagelang foltern. Jüdinnen wurden ausgepeitscht[7].

Zeitbedingte Grausamkeit? Heroischer Tugendgrad? Vorbild für alle Zeiten? Der Ketzerjäger und Judenverfolger schlimmster Sorte wurde im Jahr 1712 durch Clemens XI. heiliggesprochen, zur Zierde der römischen Kirche, zur Schande für die Menschheit. Fragwürdig bleibt, warum nur der Verfolgerpapst Pius V. und nicht auch der Verfolgerpapst Paul IV. kanonisiert worden ist. Beide unterscheiden sich nicht im heroischen Grad ihres Hasses auf »Ketzer« und Juden. Ausschlaggebend mag der Machtinstinkt der Institution gewesen sein, der einen Pius V. gegen die unbefragten Gläubigen eher durchzusetzen wagte als einen Paul IV.

Faseln Theologen von der »heiligen Kirche«, geraten sie in Hitze. Das verwundert nicht: Je durchdringender der Ruf nach Heiligkeit wird, je praktikabler sich Heilige verwerten und vorzeigen lassen, desto schneller vergessen die Adressaten solcher »Theologie der Heiligkeit«, was deren Autoren vergessen machen wollen: Die Tatsache, daß die Kirche vor allem finanziell von der Heiligkeit profitiert. Theologen des »Überbaus«, die nicht müde werden, alle möglichen Tugenden zu erfinden und ihre Erfindung gleich auf Menschen anzuwenden, übersehen bewußt das »Unten«. Keine Rede ist da vom Geld – schließlich ein ganz untergeordneter Wert. Dabei lebt ihre Kirche davon, und sie selbst haben auch ihr Auskommen. Heiligkeit zahlt sich in Mark und Pfennig aus. Sie ist ein wesentlicher Wirtschaftsfaktor. Sie rentiert sich nicht allein in den vielen Wallfahrtsorten, wo sie massenhaft in Spenden umgesetzt wird. Sie lohnt sich nicht nur lokal oder regional. Sie liefert eine wichtige Grundlage für die Gesamtfinanzierung der Kirche. Wäre diese Kirche nicht »heilig«, verstünde sie nicht, diese »Heiligkeit« als letzten Wert auf Erden zu verkaufen, könnten Menschen auf die Idee kommen, sich von der Kirche zu verabschieden – oder die Konfession zumindest nicht mehr finanziell zu bedienen. Kirche und Geld, Vorschuß auf jenseitiges Heil durch diesseitige Dotation? Als Leitwort soll die Äußerung des Vorsitzenden der Deutschen Bischofskonferenz aus dem Jahr 1988 dienen, nach der ein Unternehmen »nicht moralisch diskreditiert werden« darf, »weil es Gewinne macht«[8].

Daß sich der Hauptsitz der Kirche »Heiliger Stuhl« nennt, kommt nicht von ungefähr. Die größten Unternehmensgewinne sind noch immer dort zu machen, wo es sich um Investitionen in das Jenseits handelt. Ist gar das Unternehmen in aller Öffentlichkeit noch als »heilig« legitimiert, müssen Geld und Immobilien sich mehren. Nicht ohne Grund ist es gelungen, das angebliche Petrusgrab zu Rom in eine der augenfälligsten Anhäufungen von Besitz an Grund und Boden zu verwandeln.

Doch die Nebelwerfer sind unentwegt tätig. Sie versuchen alles in ihrer Macht Stehende (und das ist nicht wenig!), um den Menschen jede Information über die wirklichen Tatbestände vorzuenthalten. Die Amtsträger der Kirche fühlen sich dabei stets als Retter – und nie als Gerettete. Sie haben die Wahrheit in Besitz genommen und verwalten diese im Dienst ihres eigenen Unternehmens, das ihnen Lohn und Brot beschert. Keiner von ihnen, die ihren Brotberuf in der Verkündigung der »heiligen Kirche« haben, erzählt die Geschichte von des Kaisers neuen Kleidern, konstatiert die tödliche Verwundung hinter der Kosmetikfassade des blendenden Service-Unternehmens.

So verdecken die Sekundärtugenden Pünktlichkeit, Ehrlichkeit, Anständigkeit die primären Sünden Lieblosigkeit, Irrtum, Ausbeutung. So sind Vertreter der Kirche, die ich »Altkirche« heiße, im Kleinen groß. Niemand wird von ihnen erwarten, daß sie aus dem gesellschaftlichen Regelspiel aussteigen, das ihnen das finanzielle Überleben beschert, und dafür den Bankrott der »Volkskirche« eintauschen. Nein, eine solche Selbstentäußerung übersteigt ihre Opferbereitschaft bei weitem. Sie reagieren deshalb wie gewohnt: Sie marschieren ins Ghetto zurück, sie fühlen sich unter ihresgleichen am sichersten, unter den Getreuen, den alles Bejahenden und Schluckenden, den nichts in Frage Stellenden, die das Böse (und die Bösen) da draußen verwünschen und beklagen, daß sie selbst unverstanden bleiben.

Diese Krankheitssymptome kennen wir: Da werden Ablenkungsmanöver inszeniert, Aufdeckungen verhindert, da ist ständig die Freiheit der Andersdenkenden in Gefahr, da werden Durchhalteparolen ausgegeben, da geht man in Nebensächlichkeiten Kompromisse ein, da erklären die einen Bischöfe, die anderen – der Papst zuerst – hätten alles ganz anders gemeint, da pflegen sie das elitäre Bewußtsein der »kleinen Herde« (nachdem die »große Herde« aus gutem Grund weggelaufen ist).

Nein, Vertrauen ist gegenüber solchen nicht angebracht. Wer von diesen Leuten noch irgendeine »Reform« erwartet, täuscht sich selbst. Der Katholische Erwachsenenkatechismus, den die Deutsche Bischofskonferenz 1985 herausgegeben hat, gibt sich selbstsicher: »Schließlich ist die Kirche als Tempel des Heiligen Geistes selbst heilig.« Diese Heiligkeit wird gedeutet als »Ausgesondertheit aus dem Bereich des Weltlichen und Zugehörigkeit zu Gott«. Stark kontrastiert zu dieser Katechismuswahrheit die historisch begründete Meinung der katholischen Theologen Gertrude und Thomas Sartory, die – wie wachsende Minderheiten in der Kirche – kritisieren: »Das Christentum ist die mörderischste Religion, die es je gegeben hat.«[9] Zwar kann auch der Katechismus im Jahr 1985 nicht mehr die geschichtlichen Schandtaten der Kirche unterschlagen, doch hat er eine Ausrede parat. Er spricht davon, daß die »Spannung zwischen der Heiligkeit der Kirche und der

Sündigkeit ihrer Glieder« ein »erschreckendes Ausmaß annehmen« könne – aber nur »zuweilen«, »etwa im späten Mittelalter«. Daß die Gesamtgeschichte der Kirche mörderisch ist und keine Ausnahmen zuläßt, gibt der Katechismus wohlweislich nicht zu.

Sonntag für Sonntag beten Kirchengläubige im sogenannten Apostolischen Glaubensbekenntnis, dem Credo, den uralten Satz nach: »Ich glaube an die eine, heilige, katholische und apostolische Kirche.« Kapierten die Gläubigen wirklich, was sie plappern, müßte ihnen der fromme Satz im Mund steckenbleiben. Denn kein einziges schmückendes Beiwort ist wahr: Die Kirche, für die sie sich vollmundig stark machen, ist weder die »eine« (sondern eine von vielen) noch die »apostolische« (sondern eine selbsternannte), noch eine »katholische« (sondern aufs Weltganze gesehen zunehmend eine Minderheit). Vor allem ist sie keine pauschal »heilige« Kirche. Wer »progressiv« argumentiert, von einer »Kirche der Zukunft« plaudert, die schließlich einmal heilig sein werde und zumindest reformiert, hat nichts dazugelernt. Er handhabt eine verdächtig unhistorische Methode. Er ist zu schnell bereit, seiner Utopie 2000 Jahre Kirchengeschichte zu opfern. Er gibt offen oder insgeheim zu, daß bisher so gut wie alles falsch gelaufen ist. Er blickt, radikal und voller Weltveränderungswillen, in die große Zukunft einer an Haupt und Gliedern erneuerten Kirche, als stünde die Wende unmittelbar bevor. Er tut gut daran, diesen Glauben beizubehalten, denn davon lebt er. Er hat eine Lebensstellung, er wartet auf die Reform der Kirche.

Weil mancher Oberhirte partout nicht länger »Exzellenz« sein will, sondern »Vater Bischof«, weil Pfarrer jetzt Krawatten und mausgraue statt rabenschwarze Pullis tragen, die Nonnen kürzere Röcke, weil Galilei nun schon vor Jahren rehabilitiert und so mancher hilfreiche Heilige – nur weil er nie gelebt hat – aus dem Kalender gestrichen worden ist, weil so vieles doch »aufbrach«, sich zur Welt hin »öffnete«, zum »Dialog«[10], weil Theologen evidenter denn je am Wir-auch-Syndrom leiden, einmal den Sozialismus preisen und neuerdings wieder nicht, weil selbst Theologieprofessoren in Lateinamerika Kaffee ernten und dafür in Randspalten auftauchen: Das alles mag manche glauben lassen, der Katholizismus sei liberal, seine Theologie fortschrittlich geworden. Ob das aber reicht, vor dem Hintergrund von 2000 Jahren

Kriminalgeschichte an eine neuerdings »heilige Kirche« glauben zu können? Ob Theologieprofessoren wirklich daran glauben?

Im folgenden plädiere ich strikt für eine nachkirchliche Moral. Von der Kirche, deren strukturelle Sündigkeit ich darstelle, ist kein Anstoß zum Leben zu erwarten. Moral, die mit einer lebendigeren Zukunft zu tun haben will und sich als neu begreift, kommt um diese Feststellung nicht herum. Ich belege detailliert, an welchen »Todsünden« die Kirche leidet und welche Formen neuen Lebens sich bereits abzuzeichnen beginnen – außerhalb der Klerikerkultur und gegen sie.

Die »Altkirchenleute« haben ihren moralischen Kredit längst verspielt. Ihr eifersüchtig gehüteter moralischer Anspruch ist verloren. Sie haben sich mit Sekundär-Bürgerlichem beschäftigt, weil dies ihnen den größten Profit eingebracht hat. In wirklich bedeutsamen Angelegenheiten finden sie kaum Gehör, mögen ihre Glocken und Lautsprecher noch so lärmen. Um so gewalttätiger werden sie sich auf ihre bisherigen Einseitigkeiten stützen, die aufzudecken freilich auch von mir eine konträre Einseitigkeit verlangt.

In naher und ferner Zukunft wird die Auseinandersetzung zwischen den Christen der alten und denen der neuen Prägung zunehmen; das ist ein innerkirchliches Spiel, solange sich noch immer nicht alle Menschen nicht nur von der Kirche, die nie die ihre gewesen ist, loszusagen wagen, sondern auch von einem Christentum, dessen Kriminalgeschichte und Kriminalmoral Grund genug für einen Abschied auf immer abgeben. Neben diesen innerkirchlichen oder innerchristlichen Auseinandersetzungen, die die »Gotteskinder« untereinander ausmachen mögen, wird es – vorerst – auch Diskussionen zwischen Christen und Kirchen- und Religionsfreien geben. Sehr bald wird sich dabei Tod von Leben scheiden. Ich fürchte nicht um die Zukunft der freien Menschen. Ich hoffe auf sie.

Die Auseinandersetzung, mit der dieses Buch vertraut macht, ist Teil dieser Hoffnung. Mein Ziel ist es aufzuzeigen, daß und wie sündig, unmoralisch, zum Tod unter freien Menschen verurteilt die Kirche ist. Der Sündenbegriff vieler Kirchenfunktionäre ist freilich überholt; er orientiert sich an einer statischen Weltsicht. Als sittliches Übel oder als Unordnung wird alles angesehen, was die bisherige Ordnung stören könnte[11]. Der Mut zum freien Weiterdenken, der Mut zum Wagnis, der

Wille zur Häresie wird negativ beurteilt. Autorität und Ausübung von Autorität, Tradition, Gesetzesnorm werden als einfachhin gut gedeutet. Jeder Ungehorsam gegenüber diesen »moralischen Instanzen« soll als sittliche Unordnung, als Sünde gelten. Was das Individuum betrifft, so wird Prinzipientreue über alles gesetzt – und Bereitschaft zum Wandel, zur Überprüfung der überkommenen Überzeugungen von vornherein abgewertet.

Diese Moralbegriffe zeigen das Verhängnis einer überholten Kaste. Sie sind wesentlich mitschuldig am Verderben einer Welt, an der sogenannten Sündhaftigkeit von Millionen Menschen. Das Hängen an Gesetzespünktchen und Traditiönchen macht zwar in den Augen der Kaste gerecht, auch heilig, doch sind Kleriker – blind gegenüber den Zeichen der Zeit, dem Wandel der Menschen zum Besseren – in dieser Selbstgerechtigkeit tödlich gefangen. Hoffnung geht von ihnen nicht aus.

Nicht von ungefähr verlassen Christen ihre Kirche in Scharen. Sie empfinden den Sündenbegriff des Klerus als Ausdruck der Reaktion und der Trägheit einer Institution. Sie sind nicht länger bereit, sich von einer Kirche, die selbst zuinnerst verwundet, unmoralisch, tot ist, als »Sünder« betrachten und bestrafen zu lassen. Sie tun gut daran. Sie gehen den einzig möglichen Weg in die Freiheit.

Gegenwärtig verlieren vor aller Augen heilige Dinge und Personen von früher sowie die als unantastbar ausgegebenen Überlieferungen an Bedeutung. Die Menschen laufen solchen »Heiligkeiten« davon – und sie tun es ohne Reue. Die Verteidiger von gestern müssen dieser Flucht hilflos zusehen. Ihr Gejammer über die eingetretenen Zustände klingt gequält. Sie geben vor, die Flüchtenden liefen ins eigene Unglück. Sie vernebeln die Tatsache, daß das Unglück der Menschen darin bestand, nicht schon früher weggelaufen zu sein und die stehengelassen zu haben, die seit Jahrhunderten Menschen ausbeuten.

In der sakral-autoritären Welt der Amtskirche konnte es sich das kirchliche Lehramt, vor allem der Papst, erlauben, immer genau zu wissen, was unter »Sanktion der Todsünde« verlangt werden durfte. Kaum jemand war einsichtig und frei genug, die Mängel dieses Systems aufzudecken und als das zu klassifizieren, was es darstellt: die subtilste Ausbeutung von Menschen durch Menschen.

Unsittlichkeit? Mängel einer Institution? Ausbeutung von Menschen? Ja. Beispielsweise ein ethischer Imperialismus, der über Leichen ging, ein Versuch, ein (vor Zeiten) geschlossenes Normensystem und einen »zeitlos gültigen« Sündenkatalog unterschiedslos allen Menschen und allen Kulturen zu oktroyieren. Des weiteren der Anspruch, einen (im Mittelalter!) formulierten Kodex von Glaubens- und Sittenformeln noch immer uneingeschränkt befolgen zu lassen, sich aber allem Neuen, auch dem prophetischen Appell neuer Moral, von Grund auf zu versagen. Das ist Unmoral.

Nicht der von einem lebensfeindlichen Gesetz ausgebeutete Mensch, der endlich Befreiung und Hoffnung sucht, macht sich schuldig. Vielmehr sind jene zur Verantwortung zu ziehen, die ihre längst als unmenschlich zu erkennenden Gesetze aufrechterhalten, koste es Leben, so viele es wolle.

Gesetze, unter deren Last Millionen Menschen zugrunde gegangen sind (ohne Befreiung in irgendeinem »zweiten Leben«). Gesetze, unter deren Geltung sich die Christenreligion über Jahrhunderte hinweg als die unsittlichste erwies. Und solchen soll ein Mensch »Gehorsam« leisten? Unter solchen soll er sich der »Sünde des Ungehorsams« schuldig gemacht haben? Eine solche Sünde soll er bekennen, bereuen, büßen?

Das Gegenteil ist wahr. Fühlt sich ein Mensch gegenüber solchen Normen schuldig, ist er noch weit von der Freiheit entfernt. Gehorcht er solchen Regeln, ist er der Sünde des Gehorsams schuldig. Gehorsam gegen kirchliche Normen ist nicht mehr und nicht weniger als ein Haupthindernis sittlichen Wachstums. Er knebelt den Menschen, er befreit ihn nicht zu sich selbst und zu seinen Möglichkeiten. Das gekrümmte Rückgrat, das darauf angewiesen ist, ständig einen »Hirtenstab« gereicht zu bekommen, um nicht zu fallen, ist menschenunwürdig. Eine Religion, deren Erziehung den krummen Rücken statt den aufrechten Gang schätzt, steht am Pranger. Sie liebt Gehorsame, Gläubige, Tote.

Leben kommt aus dem risikoreichen Suchen nach der Wahrheit, aus dem Annehmen eigener und anderer Unsicherheit. Beschädigt ein solch lebendiges Suchen die alten »heiligen Wahrheiten«, läßt es sich gar mit diesen nicht vereinbaren, so gebührt immer ihm – und nicht der Überlieferung der Werte – der Vorrang. Moralisches Versagen gleicht dem Unterlassen des Guten, das möglich und notwendig ist, um eigene Einsicht und Kreativität zu entfalten. Sünde ist das Nichtzugebenwollen, daß man selbst wachsen und sich wandeln soll, die mangelnde Bereitschaft, sich für die Erneuerung von Struktur und Sitte einzusetzen, alles zu säkularisieren (profanisieren, desakralisieren), was Theologen früherer Epochen zu Unrecht als »heilig« etikettierten. Die Sünde des Kirchenmannes, der über Gott verfügen will, ist ungleich größer als die des Menschen, der keinen Gott zu erkennen glaubt. Der herzlose Fanatiker, der liebesunfähige Kenner und Bewahrer der Glaubensformeln und -riten, der sich nicht um die Freuden und Leiden des Nächsten kümmert, ist ein entfremdeter Mensch, ein funktionierendes Rädchen in der Religionsmaschinerie – die selbst Teil der Kriegsmaschine der Erde ist[12].

Ich hoffe, daß die kleinen christlichen Seelen, die zu Millionen unter uns herangezüchtet und betreut werden, einen weiteren Begriff von Wachstum gewinnen. Sie vergeuden sonst ihre besten Energien (so sie diese überhaupt je hatten) an das Kleinliche, Legale, Sündenängstliche, Leere. Sie befassen sich, angeleitet von ebenso mickrigen Klerikern, mit Sünden- und Tugendkatalogen, die der bürgerlichen Ethik entstammen und daher auf Kleinleistung sehen. Sie laden sich und andere ein zur Mittelmäßigkeit, zu bloß äußerer Korrektheit im Umgang mit der Institution Kirche, mit dem sogenannten Christentum, mit der Religion schlechthin.

Von Sünde verstehen sie nichts. In ihrem Leben haben sie nicht viel von ihr gehört; ihre Seelchen sind zu kleinräumig angelegt. Sünde als radikaler Verlust der Lebensmitte und der Selbstachtung, als Selbstentfremdung, als Ab-Gesondertsein, als Störung der mitmenschlichen Beziehungen[13] – das sagt ihnen nichts. Daß die Kirche, der sie so oft wie möglich ihre Individualsündchen (nach Katalog) bekennen und von deren Pfaffen sie regelmäßig ihr bißchen Absolution erhalten, in viel schlimmerem Maß schuldig und sündig ist als sie selbst, wagen sie nicht einmal zu ahnen.

Haben sie nicht wenigstens bei dem, den sie »Stifter der Kirche«

heißen (und der dies nie gewesen ist), gelernt, daß Religion zwangsläufig zum Machtsystem verkommen muß, daß institutionelle Heuchelei die Kirche zusammenhält? »Wehe euch Gesetzeslehrern«, läßt ein Evangelist diesen Jesus aus Nazareth sagen, »wehe euch! Ihr selbst habt den Schlüssel zur Tür der Erkenntnis beiseite geschafft. Ihr selbst seid nicht hineingegangen. Und die, die hineingehen wollten, habt ihr daran gehindert« (Lk 11, 52).

Was in aller Welt hat bewirkt, daß dieselben Worte so perfekt auf die gegenwärtigen Gesetzeslehrer passen? Daß sich der Papst, von dem kein Jesus irgend etwas geahnt hat, daß sich die Bischöfe des Erdkreises, von denen kein Jesus irgend etwas gewußt hat, diesen Schuh anziehen dürfen? Wer ist schuld an diesem Zustand? Die Herren selber, niemand außer ihnen.

Sie haben ihren Profit in ihrer Religion gesucht. Sie haben die Kirche gegründet, um ihre Klassenprivilegien durchzusetzen und durchzuhalten. Sie richten hart über die anderen Menschen, nach Normen, die sie selbst aufgestellt haben. Sie erlegen anderen harte Lasten auf, ohne selbst auch nur einen Finger zu rühren. Sie sind weitherzig mit sich selbst in den grundlegenden Fragen menschlicher Moral. Um so rigoristischer suchen sie, die Klerikersitte bei anderen durchzudrücken. Sie sind sehr laut und schrill, wenn es darum geht, von Kanzel und Katheder, von oben herab der Welt und dem »Zeitgeist« Anweisungen zu erteilen. Alle, die »Kirche« nicht so verstehen wie sie selbst, sind für sie »Welt« da draußen. So verkörpern sie den Tod der Welt.

Ich habe in den 30 Jahren, in denen ich mich – leidvoll genug – mit Kirche und Theologie befasse, keinen einzigen Kleriker kennengelernt, der Leben bedeutet hätte. Keinen, der Schuld und Sünde der Kirche zugegeben statt entschuldigt hätte. Keinen, der die Millionen Menschen, die die Kirche auf dem Gewissen hat (hätte sie denn eins!), beklagt hätte. Ich habe nur Kleriker, Bischöfe eingeschlossen, erlebt, die eine sakralisierte Welt aufgebaut haben, profitable Sicherheiten – und die den lebendigen Anliegen, Nöten, Leiden und Freuden der Menschen gegenüber seltsam verschlossen geblieben sind.

Kein Wunder, daß die Kirche, die solche Kleriker aufrechterhalten und mit ihrem kalten Feuer verlebendigen wollen, tot ist. Kein Wunder, daß die Unheilssolidarität dieser Kleriker (und der gehorsamen Gläubigen, die jeden Schlenker ihres Lehramtes mitmachen, weil sie Angst um ihr bißchen überirdisches Leben haben) inhumane Strukturen einer Kirche begünstigt. Die Klerikerkaste als Urform der sündigen Welt, das ist nichts Neues auf Erden. Das ist Inhalt der zitierten scharfen Warnung eines Evangelisten an alle, die behaupten, »Kirche« zu sein, und die sich der Notwendigkeit zum Umdenken verschlossen haben[14].

Die Glaubensgrundlage der Kirche ist mißlich. Angesichts dieser unbestreitbaren Tatsache hat sich die derzeit so viel verhandelte Frage nach der Kirchenreform von selbst erledigt. Denn wollte die Kirche – und dies wäre doch die Bedingung jeder Reform – auf den »Stifter« zurückgreifen, auf Jesus aus Nazareth, und dies heißt heute ohne jede Frage auf jenen Menschen, den eine fast 200jährige Evangelienforschung und Bibelkritik aus dem Schutt der Legenden herausgelöst hat, müßten die Oberhirten alles auf- und preisgeben, was ihr Leben angenehm macht und woraus ihre Kirche besteht: Dogmen, Sakramente, Bischofsamt, Papsttum, staatliche Finanzierung und Privilegierung, Ritus und Folklore, kurz: das gesamte Service-Unternehmen von heute, en gros und en détail.

Erasmus von Rotterdam schrieb vor fast 500 Jahren: »Wie viele Vorteile und Vergünstigungen würden die Päpste verlieren, wenn sie nur einmal von der Weisheit heimgesucht würden..., dahin wären finanzieller Reichtum, kirchliche Ehrenstellung, Mitspracherecht bei der Vergabe wichtiger Ämter, militärische Siege, die große Zahl Sonderrechte, Dispense, Steuern und Ablässe...«[15]. An deren Stelle träten Predigten, Nachtwachen, Gebete, Studien »und tausend ähnliche Belastungen«. Kopisten, Notare, Advokaten, Sekretäre, Maultiertreiber, Pferdeknechte, Wechsler, Kuppler wären plötzlich arbeitslos. Doch so weit läßt Rom es nicht kommen, und Erasmus faßt zusammen: »Ich sehe, daß die Monarchie des Papstes zu Rom, so wie sie jetzt ist, die Pest des Christentums ist.«[16].

Eine wahrhaft jesuanische Reform müßte nicht nur das Unternehmen Großkirche hinwegfegen, sondern auch die menschlichen Verhältnisse umstürzen: vor allem das Patriarchat, die Ausbeutung von Menschen durch Menschen. Allein schon das Gebot der Feindesliebe ließe, endlich einmal auch von Christen beherzigt, eine ganze Welt anders aussehen und handeln. Von Kirchenleuten kann eine solche Reform, die Revolution nach innen wie nach außen bedeutete, nie erwartet werden. Von einer »stets zu reformierenden Kirche« zu säuseln, bleibt Augenwischerei sogenannter progressiver Theologen.

Wenige Menschen sind ähnlich änderungsunfähig und -unwillig wie »wahre Christen«. Oder haben die Christen je reformiert? Doch. Seit eh und je. Schon die zweite Christengeneration hat gegenüber der ersten von Grund auf reformiert, indem sie ein ganz neues Jesus-, Gemeinde und Glaubensbild schuf. Die nachkonstantinische Kirche hat gegenüber der vorkonstantinischen durchgreifend reformiert: Aus Pazifisten sind damals Kriegsgewinnler geworden, aus Christenmenschen privilegierte Kleriker. Dann wurde das gesamte Mittelalter hindurch reformiert, in Rom und anderswo, in Hirsau beispielsweise, in Cluny, auf den Konzilien. Und da kommen immer noch Reformer auf die Menschheit zu? Christliche Reformer, die – 2000 Jahre Reform im Rücken und ebenso viele Jahre Mord und Totschlag – den Menschen von heute ihr reformiertes Heil predigen? Christen, die, nach soviel Kampf gegen den »Irrtum«, den Dialog entdeckt haben? Die das Evangelium den Atheisten bringen, die sie, wenige Jahrhunderte früher, noch verbrennen ließen? Reformer, die sich nach rechts wie nach links öffnen, die mit den etablierten Theologen »Wir sind auch noch da« rufen? Soll ein Mensch denen vertrauen, die das eigene Unglück nur verlängern, die sich als Helfershelfer der Hierarchen mißbrauchen lassen? Peinlich, diese innerkirchlich Progressiven! Sie gehören zu den langweiligsten Zeitgenossen, weil sie am längsten brauchen, bis sie merken, was Sache ist. Auch solche Handlung trägt den Tod in sich.

Die durch die folgenden »sieben Todsünden« charakterisierte Kirche ist den Weg vom Leben zum Tod schon längst – und wohl auch gern – gegangen. Sie hat das menschenwürdige Leben verspielt, gegen Konzessionen und Privilegien verpfändet und damit aufgegeben. Sie gönnt es auch denen nicht, die anders leben wollen als sie, die einen menschlicheren Weg aufzeigen und gehen. Um die Fehlhaltungen dieser Kirche, die ich für irreformabel halte, systematisch aufzeigen zu können, folge ich einem Gliederungsprinzip, das als das »Schema der sieben Todsünden« bekanntgeworden ist. Die heutige Siebenzahl Stolz, Trägheit, Zorn, Unkeuschheit, Neid, Unmäßigkeit, Geiz geht auf eine ältere Achterreihe zurück. Sie könnte, zumal sie heute kaum mehr bekannt ist, durch ein anderes Schema ersetzt werden. Es geht ja nicht um die Siebenzahl, sondern um den Inhalt. Doch halte ich an dem gewählten Einteilungsprinzip fest, weil es – trotz Anlehnung an nichtchristliche Vorläufer – spezifisch »christliche« Grundhaltungen auf dem Negativ des Todsündenkatalogs aufscheinen läßt. Ich trete zudem der Verengung auf kirchliche Sekundärtugenden entgegen, indem ich falsche Autoritäten moralisch verunsichere und an die prinzipielle und strukturelle Unmoral der Kirche erinnere. Dieser kann mit ethischen Appellen nicht begegnet werden. Diese appellierten an die gleiche Instanz, die hier in Frage steht, an die Kirche. Daher nützen sie gar nichts.

1.
Der STOLZ
der Unschuldigen

Die Kirche kann in der Tat den Menschen niemals in anderer Weise begegnen als unser Herr
und Erlöser: Sie kennt deren Schwachheit, hat
Mitleid mit den Volksscharen, nimmt sich der
Sünder an, kann aber nie darauf verzichten,
jenes Gesetz zu verkünden, das in Wirklichkeit
das des menschlichen Lebens ist...

Papst Paul VI.

»Der Mensch, insbesondere der Getaufte, ist von Gott mit Würde umkleidet. Er soll sich dieser Würde in demütiger Unterwerfung unter Gott bewußt sein und sie aufrecht bewahren in rechter Hochsinnigkeit und in schönem Stolz gegenüber dem Herunterziehenden, in einem Stolz, der heilig ist durch den demütigen Aufblick zu Gottes überragender Würde, durch den kindlichen Dank gegen Gott, von dem alle Würde des Menschen geschenkt ist. Sucht der Mensch seine Würde nicht als Geschenk Gottes, nicht durch Mehrung des inneren Wertes vor Gott, sondern vor den Menschen ohne Rückbezug auf Gott, so entsteht die Hoffart, die eitle Ruhmsucht, Ehrsucht. Den Namen Eitelkeit verdient diese Ruhmsucht, insofern sie sich auf lächerliche oder nur vermeintliche Vorzüge stützt und aufgrund wirklicher Vorzüge ungebührliche Ehre vor bloßen Menschen sucht, während sie in wahrer Eitelkeit (Leerheit) die hohe Ehre vor Gott vernachlässigt.«[1] So verschnörkelt der Moraltheologe Bernhard Häring einen Sachverhalt, den ich als klare Sünde einer Institution erkenne: den Stolz der Unschuldigen.

Dabei geht es mir nicht um jene kirchliche Ehrsucht, die der Moraltheologe gar nicht nennt: Titel, Farben, Orden haben ihre Funktion in der Kirchenorganisation. Zwar hatte Jesus aus Nazareth einmal gemeint, kein Mensch solle einen anderen auf Erden mit Titeln wie »Vater« oder »Meister« belegen. Doch ist dieses Wort – wie die meisten Anweisungen Jesu – im kirchlichen Alltag völlig ohne Wirkung und Bedeutung geblieben.

Wohin wir schauen, tragen Kleriker ihre besonderen Titel vor sich her. Sie sind Stadtpfarrer, Prälaten, Oberkirchenräte, Geistliche Räte, Monsignori, Domkapitulare, Generalvikare, Militärdekane. An jedem Ort oder in allen Fernsehprogrammen kann man sie sich begucken, die farblich stark Unterschiedenen, die mit den schwarzen Westen und den weißen Kragen, die mit den lilafarbenen Knöpfen, die mit den roten, die mit den purpurnen Hütchen, den mit dem weißen Käppchen. Bischöfe und Päpste schämen sich bis heute nicht, Wappen und Wahlsprüche nach Fürstenart zu führen oder bei Unterschriften ein Kreuzchen vor den eigenen Namen zu machen, als hätte das Kreuz Jesu das geringste mit diesem Angeberschnickschnack zu tun.

Woher sie das Recht nehmen, sich so evangeliengemäß zu benehmen? Nichts gegen eine elitäre Kleidung. Nichts gegen den Putz eines Kardinals: rote Socken, purpurne Kappe, Schuhe mit Silberschnallen, Samt und Seide. Kommen bei Staatsakten viele wichtige Leute zusammen, leuchtet das Kardinalskäppchen schon von weitem aus der demokratisch grauschwarzen Menge. Das schmückt die Einladenden ungemein. Im übrigen steht es jedermann frei, sich so anzuziehen, wie es ihm seine Heilige Schrift vorschreibt. Ich bin schon froh, daß die früheren Unterscheidungsmerkmale eines »Kardinals«, die meterlange Schleppe und der Hermelinpelz zur Wintersaison, seit ein paar Jahren moderneren Auffassungen vom Evangelium gewichen sind.

Woher sie das Geld nehmen, sich so bunt zu schmücken? Wenn jemand meint, er bezahle mit seiner Kirchensteuer oder Spende auch den eigenen Bischof und der Konfessionslose tue das nicht, irrt er. Auch aus der Kirche Ausgetretene tragen zum Unterhalt katholischer Prälaten bei. Die Rechtsgrundlage für solche bundesdeutschen Spezialitäten sind zum Teil über 150 Jahre alte Verträge zwischen Staat und Kirche. 1817 wurde – um ein Beispiel zu nennen – eine Übereinkunft zwischen Papst Pius VII. und Maximilian I. Joseph, König von Bayern, geschlossen, die in Artikel IV die Einkünfte »für baierische Erzbischöfe, Bischöfe, Pröbste, Dechanten, Canoniker, Vicare« der Erzdiözesen München und Bamberg sowie der Diözesen Augsburg, Würzburg, Regensburg, Passau, Eichstätt und Speyer festlegte[2].

Das Konkordat Bayerns mit dem Heiligen Stuhl von 1924 hat diese Bestimmungen ausdrücklich akzeptiert. Das Bundesland zahlte denn auch im Jahre 1986 an Jahresrenten für die bayerischen Erzbischöfe und Bischöfe 900 000 DM, an Gehaltszulagen für Weihbischöfe 180 000 DM, an Jahresrenten für Domkapitulare 8,95 Millionen DM – und zur »Ergänzung des Einkommens je eines hauptamtlichen Mesners an den Domkirchen« nochmals 200 000 DM. Zuschüsse zur Besoldung von Seelsorgsgeistlichen schlugen in Bayern damals mit 54,2 Millionen DM zu Buche, Zuschüsse zum Sachbedarf der Hohen Domkirchen mit fast 1 Million DM³. Diese Gelder haben nichts mit der Kirchensteuer zu tun; sie werden aus allgemeinen Steuermitteln aufgebracht. Folglich zahlen auch Kirchenfreie für die Küster an bayerischen Domen mit. Bayern hat an Staatsleistungen für Bischofs- und Pfarrersgehälter u. ä. 1986 nicht weniger als 87 Millionen DM aufbringen müssen.

Andere Bundesländer spendieren ähnliche Summen, Nordrhein-Westfalen beispielsweise fast 12 Millionen DM jährlich an »Beihilfen zur Pfarrersbesoldung« und fast 8 Millionen DM für die Erzbischöfe und Bischöfe des Landes. So finanzieren Kirchenfreie die aparte Mode von Bischöfen einer Kirche mit, die sie selbst schon verlassen oder der sie nie angehört haben. Im übrigen rentiert es sich – nicht zuletzt aufgrund solcher Staatssubventionen an Kirchendiener – schon, Oberhirte in der Bundesrepublik zu sein. Bischöfe werden hier besoldet wie höhere Ministerialbeamte und beziehen ein Jahreseinkommen von 150 000 bis 180 000 DM. Ein vergleichbar hohes Gehalt erhält nur etwa ein halbes Prozent der jeweiligen Landesbeamten. Die weitaus überwiegende Mehrheit der Beamten (von Arbeitern und Angestellten nicht zu reden) liegt erheblich darunter. Postbeamte, Polizeibeamte, Finanzbeamte erreichen in der Regel nicht einmal die Hälfte der Bezüge höherer Kleriker.

Sozialneid? Deutsche Kleriker erhalten Spitzengehälter; nach Besoldung und Einkommen geht die Schere zwischen Pfarrern und »Laien«-Mitarbeitern der Kirche weit auseinander. Pfarrer werden in der Regel wie Beamte im höheren Dienst bezahlt; ihr durchschnittliches Einkommen liegt zwischen 3000 und 5000 DM. Nicht vergessen werden dürfen in diesem Zusammenhang die weiteren Vorteile des geistlichen Lebens: freie Dienstwohnung (einschließlich Energiekosten, Telefongebühren, Dienstwagen), häufige Einladungen, die das eigene Portemonnaie schonen. Der Monatsetat eines Klerikers leidet selten übermäßig. Vielmehr kann manches dem Privatvermögen zugeführt werden.

War es früher erstrebenswert, »wie Gott in Frankreich« zu leben, so ist es gegenwärtig lohnender, Pfarrer in der Bundesrepublik zu sein. Freilich scheint dieses Leben nicht allen zu bekommen: Zwei neuere Untersuchungen erwiesen, daß Geistliche nicht nur in überdurchschnittlichem Maß sexuelle Probleme haben, sondern auch auffällig häufig suchtkrank sind[4]. In der Bundesrepublik sollen gegenwärtig etwa 4000 geistliche Personen von Alkohol oder Medikamenten abhängig sein. Die bunte Tracht der Kleriker – ein Zeichen für die Übernatur? – tut's allein offensichtlich nicht. Ehre, wem Ehre gebührt.

Die »Laien« stehen, was Ruhmsucht betrifft, nicht weit hinter ihren Hirten zurück. Für sie sind päpstliche Orden vorgesehen, und sie schlagen diese nicht aus. Orden gibt es immer wieder: Johannes Paul II. hat 1990 den bayerischen Kultusminister Zehetmair zum Komtur des Gregoriusordens, den Staatssekretär Thomas Goppel zum Komtur des Silvesterordens ernannt. Die Auszeichnungen wurden vergeben für die »Förderung einer vertrauensvollen Zusammenarbeit zwischen Staat und Kirche, insbesondere bei der Errichtung der Wirtschaftswissenschaftlichen Fakultät der Universität Eichstätt in Ingolstadt«[5]. Damit ist anerkannt, daß Staatsbeamte sich mit Hilfe öffentlicher Gelder für eine »Katholische Universität« (ohne nennenswerte Studentenzahlen) stark machen. Wer die Gebühren für die verliehenen Orden bezahlt hat, die Ausgezeichneten oder die Steuerzahler, ist noch nicht bekannt.

Es gilt unter Politikern als Ehrensache, sich hin und wieder beim Papst sehen zu lassen. Doch sind dies Ausnahmetage in ihrem Leben. Ungleich alltäglicher ist jene Gratifikation, die sie der Kirche zukommen lassen, weil diese angeblich »letzte Werte« vertritt, ohne die kein Mensch leben könne, wolle er wahrer Mensch sein. Der religionsferne Mensch ein Monster? Der klerikal bestimmte dagegen einer mit Heiligenschein? Die geschichtlichen Erfahrungen mit der Kirche sprechen gegen diese Annahme. Dennoch wird sie nach wie vor hartnäckig verfochten – oder zumindest suggeriert. Denn irgendwie sind immer die anderen die Bösen, und irgendwie ist stets die eigene Gruppe, auch und gerade die religiöse, die Heimstatt aller Guten. Mord und Totschlag also jenseits der Kirchenmauer? Die Kirche selbst »Wächterin« über Sitte und Anstand der Bürger, ja mehr noch: über die Moral einer Welt?

Daß der Klerus unredlich handelt, ist erwiesen: Eigentlich hatte der frühe Gott der Kirchenleute deutlich genug gesprochen. Doch wird sein Wort eben nicht aufs Wort befolgt, wenn es um die persönlichen Verhältnisse der Kirchenleute geht. Nicht alle Gebote Gottes sind von gleicher Durchsetzungskraft. Nicht alle haben es geschafft, von den

Gläubigen anerkannt zu werden. Offenbar wählen Kleriker sorgfältig aus den Offerten ihres Gottes aus, was ihnen als Gebot tauglich erscheint und was nicht. »Ihr sollt nicht schwören, euer Wort sei eindeutig Ja oder Nein« (Mt 5, 34–37), hatte Jesus geboten. Die Kirche hält sich nicht im mindesten daran; sie läßt die Ihren schwören, sooft sie will. »Keinen auf der Erde sollt ihr euren Vater nennen, denn nur einer ist euer Vater, und der ist im Himmel« (Mt 23, 9), heißt das strikte Gebot in der Bibel. Der Heilige Vater zu Rom lacht sich eins, die vielen geistlichen Väter desgleichen. »Wenn ihr betet, so zu Hause, im Zimmer eingeschlossen, in der Stille« (Mt 6, 6): Auch dies Wort ist längst desavouiert, nicht zuletzt durch die Prachtbauten der Kirchen in aller Welt. Die Reihe der still vergessenen und amtlich wegdiskutierten Gottesgebote ist fast beliebig fortzusetzen. Ordenssucht, Titelsucht, Farbspielereien dominieren statt dessen.

Aber, wie gesagt, diese Art kirchlicher Hoffart meine ich nicht in erster Linie. Sie ist zwar schäbig, doch immerhin ist sie noch erträglich. Gäbe es keinen schlimmeren Stolz in der Kirche als den, der an klerikalen Farbskalen abzulesen ist, könnten wir zufrieden sein. Doch es gibt ihn: Stolz ist eine strukturelle Todsünde der abendländischen Kirche.

»Mein Reich ist nicht von dieser Welt.« Das Bibelwort wird in Kirchenkreisen häufig zitiert. Die es zitieren, glauben, daß es gut zu ihnen paßt. Nun sind schon historische Zweifel gegen diese Selbstidentifikation des Klerus mit einem Spruch des Jesus aus Nazareth angebracht. Auch erlaubt die Kirchengeschichte nicht den Schluß, das »Reich« sei jemals nicht von dieser Welt gewesen. Noch mehr: Die Gegenwart spricht Bände gegen dieses Wort.

Die keine Schuld zugeben

Struktureller Stolz kann nicht asketisch aufgearbeitet werden. Gute Appelle helfen nichts, wo es um eine Institution geht. Gegen eine solche Kirche kann niemand »anbeten«. Alle Heiligen, die dies meinten, haben jämmerlich versagt und nichts Wesentliches bewirkt. So wichtig individuelle Ansätze zur Selbsterkenntnis sein mögen, sosehr sich eine verschwindend geringe Zahl von engagierten Christen (hin und wieder, höchst selten ist selbst ein Bischof unter ihnen) um Reform bemüht: Sie treffen nicht den Sachverhalt. Einerseits haben schwerwiegende Sünden einzelner Menschen Auswirkungen auf die gesamte Kirche, andererseits werden solche Fehlhaltungen von der Institution noch unterstützt.

Ich meine die Verhaltensweisen von Leuten, die sich ihrer »Klasse« durchaus bewußt sind und die deswegen weder Schuld eingestehen noch Spott vertragen können. Die angeführten Beispiele sollen darauf hinweisen, wie institutionalisiert heutzutage Stolz und Hoffart in der Kirche (vor allem bei den Hirten) auftreten können und welche Heimat sich die beiden Todsünden seit langem in der Kirche haben schaffen dürfen. Die schönen Sprüche der Moraltheologie wie »Ein Heilmittel gegen die Hoffart ist die Betrachtung der Herrlichkeit Gottes, der Demut Christi und der Strafen für die Hoffart!«[6] nützen nichts. Noch immer können Kirchenleute den eklatanten Zwiespalt zwischen individueller Demut und berufsständischem Stolz nur zugunsten einer persönlichen Ethik lösen, nicht aber im Sinn einer institutionellen Rücknahme von Macht, Flitter und Privileg. Ihre Kirche ist und bleibt gewalttätig, privilegiert und reich.

Hinter einer noch immer strahlenden Fassade des Religiösen, die errichtet worden ist, um den Service zu gewährleisten, verbergen sich Strukturelemente, die noch nie religiös waren: die Unterteilung des Kirchenvolks etwa in zwei disharmonische Gruppen[7], in Kirchenleiter und einfache Mitglieder, in Prediger und Zuhörer, in Kleriker und Laien, in Theologen und Nichtexperten, in sachverständige Profis und in nichtbeteiligte Amateure.

Von den einen, den treuherzigen Alltagschristen, erwartet die Klerikergruppe, daß sie alles für bare Münze nehmen, was ihnen an zeitbedingten biblischen Bildern vorgesetzt wird: die Paradiesidylle um Adam und Eva beispielsweise, die Kämpfe zwischen Engeln und Teufeln, die Geschichtlichkeit der wundersamen Taten des Gottes Jahwe, die Wunder des Herrn Jesus, die Kindheitsgeschichte Jesu, die Berichte über seine sogenannte Auferstehung. Was alles sollen die »Laien« noch glauben, damit sie – geleitet und angepredigt von den wissenden Klerikern – Weihnachten und Ostern nur recht naiv feiern können? Ein rührend schlichtes Katholikenleben hat es in sich: Da hat man die

Heiligen für heilig, die Ketzer für verdammt, den Papst für unfehlbar, Maria für unbefleckt zu halten – um in den Himmel zu kommen und sich endlich gesichert, gerettet zu fühlen.

Die anderen sind verhältnismäßig fortgeschritten. Sie verstehen es, die Bibel mit anderen Augen zu lesen, das bedeutet zu »entmythologisieren«, den weiteren Sinn vom engeren Beiwerk abzuheben, Dogmen »historisch-kritisch« zu interpretieren oder wenigstens richtig in die »Hierarchie der Wahrheiten« einzuordnen, bei päpstlichen Enzykliken zwischen den Zeilen mehr als im Text zu lesen, bei Bedarf den richtigen Stellenwert von Hirtenschreiben, von Geboten und Verboten auszumachen. Ich kenne keinen Theologen vom Fach, der nicht, komme was wolle, seine jahrelange Übung auf diesem Gebiet unter Beweis stellt. Immer wieder wissen solche Leute genau, was sie von alldem zu halten haben. Stets fallen sie durch die Maschen. Und wenn sie besonders medienerprobt sind, können sie sich für ihre Verrenkungen gar noch als »Widerständler« feiern lassen. Ihr Widerstand ist freilich gut kalkuliert; er geht nie zu weit.

Ich frage mich, was Theologen in der Kirche hält. Der relativ leicht zu erlangende Ruhm, auch ein Denker zu sein, zudem einer, dem die »letzten Werte« anvertraut sind? Der gesicherte Lebensunterhalt, den aufzugeben kein Dogma wert ist? Die Angst, sich einen anderen Beruf suchen zu müssen, wenn ein Schlußstrich gezogen wurde? Von allem etwas, gewiß, denn jener Glaube, den das einfache Kirchenvolk zu erbringen hat, kann es nicht sein. Den habe ich noch bei keinem von denen da oben gefunden. Der gehört »nach unten«. Theologen tun gut daran, die vielleicht befreienden Ergebnisse ihrer Reflexionen im Fachghetto ihrer Bücher und Zeitschriften verschlossen zu halten (die da unten eh niemand zu Gesicht bekommt) und nicht dem Volk anzubieten. Theologen retten ihren Brotberuf, wenn sie sich als Experten der Deutung und Umdeutung bewähren, wenn sie aus allen kirchenamtlichen Erklärungen für sich und ihresgleichen genau das herausmendeln, was ihnen nützt.

Bischöfe retten ihr Amt und Ansehen, wenn sie ähnlich verfahren, wenn sie beide Wächteraugen zudrücken, wo sie handeln müßten: wenn sie Konkubinate ihrer zölibatären Kleriker stillschweigend dulden, um den »Skandal« zu vermeiden, wenn sie unter der Hand Absprachen mit den Betroffenen treffen, die auf ein Gentlemen's Agreement hinauslaufen – und dem einen die Konkubine, dem andern den öffentlichen Frieden sichern.

Der *Spiegel* vom 5. November 1990 wird konkret: Bei einem Priesterkurs im Rhein-Main-Gebiet stellte der Leiter fest, daß von den teilnehmenden 20 Priestern 18 eine Beziehung mit einer Frau hatten. Drei Viertel der deutschen Theologieprofessoren sollen eine feste Partnerin haben. Die Einhaltung des Zölibatsgesetzes ist die Ausnahme. Eine in Boston veröffentlichte Studie meint, nur noch zwei von 100 katholischen Priestern in den USA lebten streng nach den gesetzlichen Bestimmungen des Zölibats. Jeder dritte US-Priester ist sexuell aktiv. Die Untersuchung, die auf Befragungen von 1500 Personen im Zeitraum von 1960 bis 1985 beruht, stuft fast ein Viertel der Betroffenen als homosexuell ein. 10 Prozent der Priester sind ein aktives homosexuelles Verhältnis eingegangen, 20 Prozent verfügen über »eine recht gut definierte nichtzölibatäre Beziehung zu einer Frau«, 6 Prozent sollen Beziehungen zu Minderjährigen haben und 8 Prozent geben zu, mit nichtzölibatären Lebensformen zu »experimentieren«. Wo bleibt die oft beschworene Glaubwürdigkeit der Hirten? Wohin hat sich die »Mutter« Kirche manövriert, die ihren »besten Söhnen« nicht mehr viel sagt, sich aber von allen Bürgern teuer bezahlen läßt?

Soll da von individueller Sünde, von Schuld geredet werden? Ist der einzelne Kleriker, der kein Eunuch bleiben kann, sondern Mensch werden will, ein Todsünder? Oder ist nicht vielmehr anstelle des sogenannten Schwachen jene Institution sündig, die derart menschenfeindliche Gesetze aufstellt und – wenigstens pro forma – durchsetzt?

Nicht, als gäbe es unter Klerikern keine kriminelle Energie. Daß Kirchenleute verbrecherisch handeln, haben die Jahrhunderte der sogenannten Heilsgeschichte zur Genüge erwiesen. Pfarrer, Bischöfe, Päpste sind auch keine besseren Menschen. Im Gegenteil, sie haben es menschlich besonders schwer. Sie leben – als »Amtsträger« – mitten in einem unmoralischen System, das sich verselbständigt hat und selbst den gutwilligen Kleriker dazu zwingt, sich zur institutionalisierten Sünde zu bekennen – oder die Kirche ganz aufzugeben. Daß sie den letzten Schritt nur selten tun, auch wenn sie ihn längst aus Treue zu sich selbst tun müßten, macht sie zu Kumpanen des korrupten Systems.

Was bleibt ihnen übrig, als einen »Stolz der Gefangenen« auszubilden? Sie, die selbst Gefesselten, halten seit langem die Bastionen des Glaubens und der Disziplin auf eine so schrecklich subtile Art besetzt, daß lebendige und Leben schaffende Alternativen als moralisch minderwertig gelten. Oder was ist von einer »Moral« zu halten, die sich mit allen verfügbaren Mitteln einer anstehenden Reform des § 218 StGB widersetzt, während sie selbst seit Jahren nicht viel unternimmt, um im eigenen Gesetzbuch die augenfällige Diskriminierung nichtehelich Geborener – also eine Folgelast des § 218 – zu unterbinden? Wie steht es um den moralischen Anspruch so vieler Kleriker, die sich nach außen, etwa in sozialen Fragen, modern und öffentlichkeitswirksam geben, nach innen jedoch, wo sie schalten und walten können, wie sie wollen, nichts tun, um über einen mittelalterlichen Zustand hinauszugelangen?

Bischöfen wie Pfarrern stünde es hierzulande frei, vor der eigenen Tür zu kehren und sich sozial zu betätigen. Sie haben genug Menschen unter sich: die Arbeitnehmer und Arbeitnehmerinnen im Kirchendienst. Es könnte sich erweisen, Tag für Tag, daß die Kirche sozial denkt und handelt, wenn es um ihre eigenen Belange geht – und nicht um bloße Fensterreden.

Da die Kirche in weiten Teilen der Bundesrepublik eine Monopolstellung in Sachen Caritas hat und dieses Privileg auch weidlich ausnützt, haben Menschen mit nichtkirchlicher Weltanschauung, sofern sie sozial tätig werden und sein wollen, keine echte Berufschance gegenüber diesem Tendenzbetrieb. Obwohl der Staat die Kosten solcher Einrichtungen fast ganz trägt, läßt er die Kirche innerhalb derselben Einrichtungen frei als Arbeitgeberin walten – und damit, unter Bezug auf den angeblich über Demokratie erhabenen Willen Gottes in Kirchensachen, demokratieferne Räume schaffen. Daß solche Zuschüsse jährlich »fortgeschrieben« werden, da sich die Kirchen eine »Gleitklausel« ausbedungen haben, merke ich hier nur am Rande an.

Verwaltungsbehörden der Bundesländer übernehmen bis zu 100 Prozent der Personalkosten an kirchlichen Schulen, doch sehen sie vornehm beiseite, wenn auch nur einer der an solchen Schulen Beschäftigten Schwierigkeiten mit der konfessionellen Bindung seines Lehramtes hat. In Berlin, ein Beispiel für viele, rühmte sich der Senat im November 1986, als er den Kirchen weitere Zulagen zusagen wollte, mit den neuen Vereinbarungen werde »die gute und fruchtbare Zusammenarbeit Berlins mit den beiden Kirchen fortgesetzt«[8]. Auch würden »erneut die große Bedeutung der Kirchen für Staat und Gesellschaft und ihr Engagement vor allem im sozialen und pädagogischen Bereich sowie im Gesundheitswesen gewürdigt«.

Es rentiert sich gewiß, Religionsunterricht zu erteilen und auf diesem Weg in den kirchlichen Dienst einzutreten. Doch: Im Kirchendienst tätig zu sein (und das betrifft fast eine Million Menschen in der Bundesrepublik) heißt zu weiten Stücken gefährlich leben. Kirchliches Dienstrecht, so Stimmen aus dem Klerus, sei weder Arbeitsrecht noch öffentliches Recht. Es sei schlicht Kirchenrecht – und damit dem Zugriff des Klerus freigegeben[9].

Kleriker versuchen, souverän zu bestimmen, welche Bereiche unseres Staatslebens von der speziellen »Kirchenfreiheit« (Glaubens-, Religionsfreiheit) erfaßt werden. Gegenüber einer solch expansiven Deutung werden die »Schranken des für alle geltenden Gesetzes« praktisch bedeutungslos[10]. Religion wird künftig in einem Bereich ausgeübt, der dem Staat verschlossen bleibt. Was das heißt, ist jedem, der Augen hat, zu sehen, klar: Frauen beispielsweise, die in kirchlichen Einrichtungen beschäftigt sind, tun gut daran, sich auch in ihrem Privatleben an die »Grundsätze der katholischen Kirche« zu halten. Scheidungen und Wiederverheiratungen, Abtreibungen, Geburten unehelicher Kinder oder auch nur Stellungnahmen gegen kirchliche Anschauungen (wie die zum § 218 StGB) sind als mit eben diesen Prinzipien »unvereinbar« definiert – und führen zum Verlust eines Arbeitsplatzes, der (fast) völlig aus Steuermitteln bezahlt wird.

Prozesse vor Arbeitsgerichten haben den Betroffenen immer wieder deutlich gemacht, was es heißt, in einem Land zu leben, das völlig unkontrollierte klerikale und damit undemokratische Räume zuläßt. Daß die Kirche hierzulande »ihre Angelegenheiten selbständig« ordnet und verwaltet, wie es das Grundgesetz (Art. 140, hier: übernommener Art. 137 der Weimarer Reichsverfassung) sagt, gilt als Freibrief für arbeitsrechtlich skandalöse Zustände. Kirchliche Arbeitnehmer(innen) sind und bleiben Arbeitnehmer(innen) minderen Rechts.

Nicht ohne Grund kritisieren bundesdeutsche Gewerkschaften wie die ÖTV immer wieder die unter demokratischen Gesichtspunkten unhaltbaren Zustände in kirchlichen Sozialeinrichtungen. Zwar sind die Kirchen sofort bereit, überall dort soziale Aufgaben an sich zu ziehen, wo Ansprüche gegenüber dem Staat oder den Sozialversicherungsträgern und Krankenkassen geltend gemacht werden können. Doch weigern sie sich, die Arbeitsbedingungen ihrer Mitarbeiter(innen) tariflich ebenso festzulegen, wie das unter demokratischen Bedingungen üblich ist.

Wiederum ist es unglaublich, aber wahr: Die katholische Kirche, eine der größten Arbeitgeberinnen auf karitativem Sektor, schränkt die verbrieften Rechte ihrer Bediensteten ein: aus vorgeblich »dogmatischen« Gründen. Der Bonner Theologieprofessor Franz Böckle hat, vor dem Sturz Ceaușescus, den Vatikan und Rumänien als die beiden einzigen Staaten bezeichnet, in denen weder Glasnost noch Perestroika Einzug gehalten haben. Bei der Behandlung von Menschen, die anderer Meinung seien, gebe es zwischen vatikanischen Institutionen und dem Zentralkomitee der rumänischen Kommunisten »kaum begreifbare Parallelen«[11]. Jetzt, nach der rumänischen Wende, steht der Vatikan ganz allein. Ein totalitärer Staat? Caritas? Nein, die Schuld der Stolzen.

Ein bei einem von der katholischen Sankt-Elisabeth-Stiftung getragenen und vom Staat wesentlich mitfinanzierten Krankenhaus in Bochum beschäftigter Arzt hatte sich 1989 im *Stern* gegen den Abtreibungsparagraphen engagiert. Viel hat er nicht getan. Er hatte nur ein wenig Meinungsfreiheit für sich in Anspruch genommen und sich an einer Unterschriftenaktion gegen den § 218 beteiligt. Die Folge war die fristlose Kündigung[12].

Ein weiterer katholischer Fall zur Illustration der tatsächlichen, karitativen Verhältnisse: Nach 16jähriger Tätigkeit wurde einer Buchhalterin von der Caritas fristlos gekündigt, weil sie zur evangelischen Kirche übergetreten war. Zusätzlich hatte die Caritas bei dem von ihr abhängigen Malteser-Hilfsdienst angerufen und auf den »Verstoß« der neuen Mitarbeiterin aufmerksam gemacht. Das Arbeitsgericht Münster erklärte die fristlose Entlassung für rechtswidrig und mahnte eine fristgerechte Kündigung an. Die Caritas verpflichtete sich ihrerseits, auf den neuen Arbeitgeber keinen weiteren Druck mehr auszuüben[13].

Nach Auffassung der Gewerkschaft ÖTV koppelt die »Arbeitsvertragsgrundordnung« der Kirche das Arbeitsrecht der kirchlich Beschäftigten vom geltenden Tarifrecht im öffentlichen Dienst ab[14]. Die Kirche, Wegbereiterin des Unsozialen? Ich wundere mich nicht, daß der Klerus keine Gewerkschaften liebt. Ich weiß, warum. Gewerkschaften könnten Menschenrechte einfordern, die die finanziellen Interessen der Kirche beeinträchtigen.

Es zeigt sich, wohin es führt, wenn Glaube, Caritas und Geld eine Verbindung eingehen wie in der Bundesrepublik. Stehen demgegenüber die ideologisch freien Verbände unseres Landes wirklich so schlecht da? Haben die Kleriker einen tatsächlichen Vorsprung an Caritas – oder nur einen an Privilegien? Ist beispielsweise das Deutsche Rote Kreuz der Kirche auf karitativem Sektor von vornherein unterlegen? Noch immer warten wir auf den schlüssigen Nachweis, weshalb eine Institution wie die Kirche, die ihre Sozialleistungen (in Kindergärten, Altenheimen, Krankenhäusern) ebenso wie ihre Beschäftigten bedingungslos an eine Weltanschauung bindet, einer weltanschaulich neutralen wie dem Roten Kreuz überlegen sein sollte.

Falls aber ein solcher Nachweis nicht geführt werden kann, besteht kein Grund, die Sozialarbeit der Kirche einer nichtkonfessionellen vorzuziehen. Im Gegenteil: Die Nachteile der klerikal gebundenen Caritas liegen auf der Hand. Sie betreffen die Umsorgten wie die Umsorgenden. Sich auf klerikale Art sozial versorgen lassen zu müssen ist für das demokratische Bewußtsein von Menschenrechten nicht weniger gefährlich, als bei den Einrichtungen der klerikalen Caritas beschäftigt zu sein.

Hat sich heute alles geändert? In der Nähe meines Wohnorts wurde neulich einer Frau gekündigt, die in einem kirchlichen Altenheim als Raumpflegerin angestellt war – und nach ihrer Scheidung wieder geheiratet hatte[15]. Die Wogen schlugen auch in den Medien hoch, und einige Kleriker beeilten sich zu erklären, daß sie selbst den »Fall« anders gelöst hätten. »Wir sind doch keine Sittenpolizei«, sagte der eine. Der andere meinte, das sei eine Überreaktion gewesen. Die Pressestelle des Bistums ließ erklären, im Privatleben der Beschäftigten werde zwar nicht spioniert, doch um den Tendenzschutz zu bewahren, gelte »die Regelung grundsätzlich vom Chefarzt bis herunter zur Putzfrau«. Die Regelung?

Paragraph 42 der kirchlichen Arbeits- und Vergütungsordnung sieht vor, daß eine Arbeitnehmerin, die gegen die Glaubens- und Sittenlehre der Kirche verstößt (durch »wilde Ehe«), fristlos gefeuert werden kann. In diese Richtung spricht der Deutsche Caritasverband bundeseinheitlich. Liebe und Recht? Oder Schuld der Stolzen?

Den »Fall« anders lösen? Humanität beweisen statt Paragraphen reiten? Es gab Stimmen, die meinten, man müsse unterscheiden »zwischen kirchlichen Angestellten in leitender Position mit Öffentlichkeitswirkung und einer Krankenschwester«. Auch sei man »in erster Linie um die optimale medizinische Versorgung ... bemüht und nicht um die Verbreitung des Evangeliums«. Im übrigen gebe es kirchliche Mitarbeiter mit und ohne Verkündigungsauftrag. Eine Putzfrau aber habe »doch eher einen Reinigungsauftrag«. Schwer, keine Satire zu schreiben. Aber ich bleibe ernst: Der »Spielraum«, den sich Kleriker in ihren »sittlichen Entscheidungen« offenhalten wollen, ist Ausdruck nackter Willkür. Er schafft zwar nach außen hin – medienwirksam – den Eindruck, nichts werde so heiß gegessen, wie es gekocht wurde. Doch bringt er keine Rechtssicherheit für die im Kirchendienst Beschäftigten. Auch wenn sich viele Pfarrer fürs erste menschenfreundlich verhalten, weil es ihnen gerade in den Medienkram paßt, kann doch ein einziger Scharfmacher unter ihnen wieder alles zerstören. Er hätte das klerikale Dienstrecht auf seiner Seite.

Rechtsstaatlichkeit hat nichts mit der persönlichen Haltung oder Meinung eines Richters oder eines Behördenangestellten zu tun. Das wissen die befragten Kleriker offensichtlich nicht. Woher sollten sie es auch wissen? Ihre Kirche kennt seit eh und je eine Klassenjustiz. Was sie hingegen nicht kennt? Die Gewaltenteilung, das Prinzip wechselseitiger Kontrolle, die Gesetzmäßigkeit der Verwaltung, die »gesetzliche Bestimmtheit«, den umfassenden Rechtsschutz aller ihrer Glieder gegen Willkürakte der Oberhirten.

Wennschon. Offensichtlich zahlt es sich in Deutschland für eine Kirche aus, selbst kein Rechtsstaatsprinzip zu kennen oder anzuwenden, doch »die eigenen Angelegenheiten selbständig wahrzunehmen«. Wer dabei unter die Räder kommt, ist nicht der Pfarrer, sondern immer die Raumpflegerin und ihresgleichen. Kardinal Meisner von Köln, sonst um keinen Pauschalspruch auf ungefährlich theologischem Terrain verlegen, mußte in einer Fernsehsendung im März 1990 passen, als er gezielt gefragt wurde, ob die Kirche ihren weiblichen Beschäftigten einen zusätzlichen Mutterschaftsurlaub bewillige oder ob sie, die immer für Ehe und Familie eintrete, den Ihren ein zusätzliches Kindergeld zukommen lasse.

Auf sozial verfängliche Fragen braucht ein Kardinal keine Antwort zu wissen. Weil die Kirche, die er – in Purpur und Goldbrokat – vertritt, selbst keine konsequente Lösung für ihre eigenen Mitglieder und Beschäftigten kennt. Es ist ein kleiner Unterschied, ob die Kirche aus dem Fenster zu anderen spricht – oder nach innen handeln muß. In derselben Sendung hatte der Oberhirte ungleich wortgewandter – im Zusammenhang mit dem Mahnläuten fürs ungeborene Kind – den fehlenden »Corpsgeist« seines Klerus beklagt (eine verräterische Vokabel für Priester und Soldaten!) und gemeint: »Es hat mich traurig gemacht, daß nicht alle mitgeläutet haben.« Daß er traurig war, nichts über Mutterschaftsurlaub und Kindergeld sagen zu können, hat er nicht gesagt.

Wer freiwillig in den Kirchendienst geht, ist selber schuld. Wer es nicht tut, tut noch zu wenig. Er sollte mithelfen, die undemokratischen Lebensumstände der Kolleginnen und Kollegen zu beseitigen. Eine fundamentale Änderung ist unumgänglich: Kein demokratischer Staat kann sich eine Partnerin wie die Kirche leisten, ohne das Gesicht zu verlieren. Ich spreche mich für das folgende Prinzip aus: Entweder bleibt die Kirche auch in Deutschland ihren Grundsätzen treu, oder sie gibt sie auf, weil sie sie für undemokratisch hält. Im ersten Fall muß sie, die Grundsatztreue, dann ohne Staatsleistungen auskommen, im zweiten Fall nicht. Einen dritten Weg wie gegenwärtig gibt es nicht mehr. Allerdings befürchte ich, daß die Interessenverquickung zwischen Staat und Kirche in nicht wenigen Bereichen bereits ein solches Ausmaß erreicht hat, daß nur noch geringe Aussicht auf Reform besteht. Der verfassungskonforme Staat und die verfassungskonforme Kirche sind schon Utopien. Wo die eindeutig privilegierte Gruppe der innerkirchlich Herrschenden, die »Väter« (Hirten, Theologen), ihren Anspruch auf die Führung in der Kirche so verwaltet, daß Aufklärung verhindert und das Gefälle zwischen oben und unten sorgsam bewahrt wird, wird Lüge statt Wahrheit, Tod statt Leben verbreitet.

Warum ist das so gefährlich für die Menschen? Die katholische Kirche unterscheidet nicht nur dogmatisch (also dem »Glaubenssatz« nach) zwischen den »Amtsträgern« und den »Laien«. Auch politisch und soziologisch gibt es da wesentliche Unterschiede. Auf der einen Seite stehen die Kleriker (alles Männer), auf der anderen die Nichtkleriker. Das biblische Bild vom Hirten und den Schafen ist längst nicht mehr idyllisch; Hirte sein bedeutet heutzutage Abstand wahren und Macht über die da unten besitzen.

Kleriker sind »nicht von dieser Welt«, wenn es sich lohnt, und »mitten in dieser Welt«, wenn es sich auch lohnt.

Es ist schwierig, sie da oder dort zu fassen. Sie sind Wanderer zwischen zwei Welten. Diese Doppelmoral unterscheidet sie von dem »Herrn«, auf den sie sich berufen. In der Bundesrepublik werden sie durchweg sehr gut bezahlt. Um »Gotteslohn« sind sie nicht beschäftigt. Davon wissen viele Menschen gar nichts. Sie wundern sich nur, daß ihr Pfarrer ein größeres Auto fährt, als sie es sich je werden leisten können. Aber das muß wohl so sein. Die Vernunft bleibt aus. Was zum Vorschein kommt, sind verborgene Emotionen, vielfältige Ideologien, subjektiv eingefärbte Beweisgänge und entsprechende Verdächtigungen. Eine durch und durch verwirrende Bewußtseinslage.

Die innerkirchliche Machtausübung ist exklusiv den Klerikern vorbehalten. Sie geschieht nicht nach den neuzeitlichen rechtsstaatlichen Grundsätzen der Gewaltenteilung. Sie ist keinem demokratischen Kontrollsystem unterworfen. Sie ist in jeweils einer Hand (Papst, Bischof, Pfarrer) vereint. Sie prägt eine Anti-Volkskirche durch und durch. Ein solches Unrechtssystem stellt eine Gefahr für die moderne Demokratie dar. Seine überholte Vorstellungswelt soll ja noch immer mit Hilfe politisch fügsamer Interessengruppen auf Gesellschaft und Staat übertragen werden.

Katholiken sind Bürger zweier Welten. Im Staat dürfen sie wählen und mitbestimmen, in ihrer Kirche nicht. Was Wunder, daß ihresgleichen nicht eben zu den historischen Vorkämpfern der Demokratie gehört haben? Ich wundere mich nicht, daß der »Laie« noch immer glaubt, was ihm vorgedacht wird. Daß beispielsweise »Kindsmörder«

in der Bundesrepublik am Werke seien. Daß das Abendland kurz vor dem Zusammenbruch stehe. Daß die sittlichen Werte einmal mehr verfielen.

Vollmacht ist in dieser Anti-Volkskirche als eine von Gott – und nicht vom Volk – ausgehende Gewalt definiert. Wer also kein Kleriker ist und auch niemals einer werden kann (als Frau), stellt weder eine letztentscheidende legislative noch eine exekutive oder eine richterliche Instanz dar.

Wir sind das Volk. Recht so, sagen die Kleriker. Ihr bleibt das Volk. Und das heißt bei uns eben, daß ihr nichts zu melden habt und niemals etwas zu melden haben werdet. Das hat unser Gott so gewollt und nicht anders. In dieser Kirche, die sich nie selbst aufgeben wird, bleiben Kleriker immer oben, da sie durch einen dogmatischen und sozialen Graben von denen da unten, den Laien, geschieden sind. Oben sitzen die Herren (die sich freilich hin und wieder nach unten neigen), unten die Laien (die nicht nur hin und wieder nach oben schauen). Das Gerede vom »Volk Gottes«, zu Zeiten des letzten Konzils aktuelle Mode, ist dem kirchlichen Alltag gewichen. Es ist keine Übertreibung, wenn Professor Johannes Brosseder dem Kardinal Meisner im WDR ins Gesicht sagt, außer im jetzigen Albanien gebe es in Europa kein ähnlich entmündigtes Volk wie in der katholischen Kirche. Und die Schuld der Institution? Die Sünde? Liegen sie nicht vor aller Augen?

Wenn ich den Papst sehe, wie er Staatsmänner aus West und Ost empfängt, um ihnen seine Ratschläge zu geben, denke ich mir mein Teil. Da steht einer, sage ich mir, der seine Schäfchen im trockenen hat und dessen Einfluß und Macht noch nicht ausreichend in Frage gestellt werden. Eine Revolution von unten wird es so schnell gegen ihn nicht geben. Noch sind die meisten Katholiken lammfromm. Das ist immer so gewesen und muß so bleiben, lehrt die Amtskirche. Sonst gäbe sie sich selbst auf. Demokratisches Denken und Handeln sind innerhalb solcher Strukturen nicht möglich. Das Volk bleibt seiner Freiheitsrechte beraubt.

Während die Kirche auf der ganzen Welt Ratschläge erteilt, wie es andere zu machen haben, nimmt sie sich selbst von diesen Ratschlägen aus.

Ein Beispiel, das ich einer Münsteraner Zeitung vom 3. März 1990 als »soziales Stichwort« entnehme, genügt für viele. Es zeigt das klerikale Prinzip der Fensterpredigt auf, das auch in finanziellen Angelegenheiten seine Gültigkeit beweist. Die sogenannte christliche Sozialethik, die ehrlicher »katholisch« und ganz ehrlich »klerikal« genannt würde, verlangt von den Gewerkschaften »eine demokratische Struktur und eine weitgehende Achtung von Minderheitspositionen in der Mitgliedschaft«. Hauptamtliche Gewerkschaftsfunktionäre dürfen sich nicht von den Mitgliedern abheben und verselbständigen. Die Forderungen der Gewerkschaften unterliegen einer »Gemeinwohlverpflichtung«; sie sollen daher nicht nur die Interessen der Mitglieder, sondern auch allgemeine Interessen im Auge haben (Verbraucher, Steuerzahler) und auf Drittwirkungen achten (Arbeitslose, dritte Welt, Umwelt). Um eine solche Rücksichtnahme zu gewährleisten, ist eine öffentliche Kritik an den Gewerkschaften legitim und unerläßlich.

Ich höre es mit Staunen. Jeder einzelne dieser an die Gewerkschaften gerichteten Sätze trifft auf die katholische Kirche, die sich als Wächterin über die Demokratie fühlt, nicht zu. Sie kennt weder eine demokratische Struktur noch eine weitgehende Achtung von Minderheitspositionen. Ihre Funktionäre haben sich bewußt von den »Laien« abgesondert. Ihre Forderungen haben die eigenen Interessen – und nicht etwa die der Allgemeinheit – im Auge. Drittwirkungen sind ihnen unwichtig, und eine öffentliche Kritik an der Kirche gilt weder als unerläßlich noch als legitim. Also gibt es undemokratische Strukturen überall da, wo katholische Kirche als Kirche tätig ist. Doch nur in der Bundesrepublik werden derart mittelalterliche Glaubenssätze auch vom Staat honoriert. Nur in unserem Land darf eine Institution, deren Seelsorger auf derlei verpflichtet sind, mit staatlicher Förderung rechnen.

Wieder stellt sich die Frage nach dem kirchlichen Mehr, das eine entsprechende Höherprivilegierung und -bezahlung rechtfertigen soll. Wieder läßt sie sich nicht beantworten, es sei denn im schlimm klerikalen Sinn. Denn das Mehr der Kirche gibt es nur in den Köpfen der Stolzen, die meinen, irgendeinen Vorsprung an »Moral« und an »Werten« zu besitzen. Die kirchliche Wirklichkeit entspricht dem behaupteten Vorsprung nicht. Schlimm werden die Auswüchse kirchlichen Stolzes freilich, wenn seine Defizite erkannt und zur »Theologie des Kreuzes« hochstilisiert werden. Dieses Stilmittel hängt eng mit der klerikalen Suche nach dem Mehr zusammen, das die Kirche angeblich leistet. Das Mehr liegt im Kreuz, dem »Siegeszeichen«. Oder doch nicht? Nähme man diesen klerikalen Trick ernst, so wären plötzlich die Einsichtigen – nach der Mahnung des Apostels in 1 Kor 1, 18–28 – die Toren, während die Einfältigen, die Systemgläubigen eine »göttliche Weisheit« beanspruchen dürften.

Es ist trickreich, wenn Kleriker immer dann, wenn sie der Welt etwas angeblich Bewegendes, Neues, Wertvolles anbieten, von ihrer eigenen höheren Warte ausgehen (vom Mehr an Einsicht oder Eingebung), wenn sie aber in allen Fällen, wo nach Herkunft und Inhalt dieses Mehr gefragt wird, keine höhere Einsicht mehr haben, sondern sich auf die Einfalt, Demut, Naivität ihres Glaubens zurückziehen. Dieser Dienst am eigenen Stolz ist eine bösartige Verdrehung der Realität. Jene Kirche, deren Hauptvertreter das von ihr geforderte Kreuz in Gold auf der Brust tragen, muß sich sagen lassen, daß ihr eigentliches Kreuz in ihrer Kreuzesvergessenheit besteht.

Wer das Kreuz Jesu vergessen hat, kann sich gegen jede weitere Kirchenkritik immunisieren. Unter diesen sich schuldlos Fühlenden stößt die Kritik ins Leere, weil sich diese Leute immer noch auffallend triumphalistisch mit einem geheimnisvoll-mächtig »weiterlebenden Christus« identifizieren. Sie geben dann gern zu, daß ihre Kirche schuldig und sündig ist, ja daß selbst sieben Todsünden nicht ausreichen, um die Korruption der Kirche hinlänglich zu beschreiben. Sie bieten wohlfeil Hunderte von weiteren Mängeln, Fehlern, Sünden an – und fühlen sich doch nicht schuldig, weil allein das »menschliche Antlitz« ihrer Kirche betroffen sei. Über diesem aber lebe der Christus fort, das Eigentliche, das Wahre, das Mehr.

Schon wieder ist der Schwarze Peter bei den Kritikern. Ein Kleriker, der alles Allzumenschliche konzediert, ist nie zu fassen. Er ist auf Selbstdispens abonniert. Er weiß immer weiter. Er verfügt immer über ein Schlupfloch im System, in das er sich rettet. Freilich gibt es für diese Rettung nicht den geringsten Beweis: Daß die Kirche mehr sei als eine irdisch mächtige, korrupte Organisation, ist wohl heftig geglaubt, doch noch nie bewiesen worden. Dennoch präsentieren sich die Kirchenbezahlten als Retter der Welt. Eindeutige Schuldbekenntnisse, die nicht in

Nebensätzen von päpstlichen oder konziliaren Erklärungen versteckt sind, fehlen nach wie vor. Mit dem Bekenntnis, die Kirche habe »damals«, irgendwann, Fehler gemacht, läßt sich leicht leben.

Aber die aktuelle Schuld? Fragen wir nach dieser, mit Namen und Adresse gleichsam, so verstummen die Priester. Sie warten offenbar auf die Zeichen, auf die Stunde Gottes, auf den schlagenden Beweis des Mehr. Keiner von ihnen ist mutig genug, konkret und in aller Öffentlichkeit für die maßlose Schuld der Institution einzustehen, von der und für deren Belange sie sich bezahlen lassen. Und wer trägt die Folgen dieses Starrsinns? Wieder die vielen, denen Kleriker über Jahrzehnte hinweg unter Androhung schlimmster Strafen die Unwahrheit im Glauben gesagt haben.

Wo ist der Papst, wo der Bischof, dem diese Schuld zu schwer geworden ist? Wer von den wohldotierten Hirten tritt aus Scham über seine langjährigen Fehlurteile – und nicht nur aus Altersgründen – zurück? Warum gibt es Menschen unter uns, die die Korruption einer Kirche, für die sie stehen, jahrzehntelang ertragen und decken können, ohne persönliche Konsequenzen zu ziehen? Erkennen Wirtschaftsbosse, daß sie ihr Unternehmen in den Bankrott geführt haben, müssen sie die Folgen auf sich nehmen. Erkennen sie, daß ihre Firma Millionen Menschen schlecht bedient, ja korrumpiert hat, möchten sie selbst nicht weiterleben. Nur in der Kirche gelten solche Prinzipien nicht. Ich nehme an, daß diejenigen, die innerkirchlich Macht ausüben, besonders unempfindliche Herzen haben.

Wäre es nicht ein Kriterium der wahren, heiligen Kirche, daß sie sich als konkret Schuldige zu bekennen wagt? Ich möchte nicht in der Haut derer stecken, die notwendige Veränderungen verzögern – und nachher, wenn Sachzwänge eine Veränderung bewirkt haben, mit einem Federstrich über frühere Versäumnisse hinweggehen, ohne auch nur ein Wort der Entschuldigung zu finden. Beispiele: die Regelung der sogenannten Mischehenfrage, die Frage der Geburtenkontrolle, das Problem des Zölibats.

Die Hauptmerkmale bleiben stets dieselben. Zunächst triumphieren Angstmache und Bannflüche. Dann werden auf Drängen der Betroffenen Surrogatlösungen angedient; es sieht nach widerwilligem Nachgeben aus. Schließlich erfolgt eine rechtliche Neuregelung, womöglich

mit rückwirkenden Folgen, aber ohne das längst überfällige Einge-
ständnis der Schuld an den Tausenden, die betroffen waren und immer
noch sind. Kann sich der Stolz der Unschuldigen auf schrecklichere
Weise zeigen?

Die sich ihrer »Klasse« bewußt sind

Der Stolz der Kleriker gründet auf einer bestimmten Sicht von der
Kirche und vom eigenen Amt, ja von der eigenen Klasse und der
entsprechenden »Klassenbindung«. Kleriker müssen sich notwendig
gegen alle Nichtkleriker verbrüdern. Ein einzelner Stolzer wäre auf die
Dauer verloren. »Berufene« müssen sich mit Gleichgesinnten zusam-
mentun und einen eigenen Stand für sich und die Gruppe reklamieren.
Klassenbindung schafft Klassenbewußtsein und umgekehrt.

Wie ist es zu diesem Klassendenken gekommen? Kein Gott hat es
irgendwann einmal »seiner« Kirche offenbart, sondern die Kleriker
haben es sich selbst beschert. Der geschichtliche Zeitpunkt war günstig
– und er ist noch heute auszumachen. Der Kirchenlehrer Augustinus –
selbst eine höchst zweifelhafte, richtiger: hochkriminelle Gestalt der
frühen Kirche – hat den »heiligen« Konstantin, den ersten »christlichen
Kaiser«, der 17 Jahrhunderten Kirchengeschichte seinen Stempel auf-
drückte, verständnisvoll gelobt: »In allen Kriegen, die er unternahm
und leitete, siegte er glänzend.«[16] Das Urteil trifft des Kaisers Kern.
Bischof Eusebius von Caesarea, den Jacob Burckhardt den »ersten
durch und durch unredlichen Geschichtsschreiber des Altertums« genannt hat[17], steht Augustinus in nichts nach, wenn es um die Tugenden
Konstantins geht: »Er allein hatte ja unter den römischen Kaisern Gott,
den höchsten Herrn, mit unglaublicher Frömmigkeit verehrt, er allein
mit Freimut die Lehre Christi verkündet, er allein seine Kirche verherr-
licht wie nie einer seit Menschengedenken.«[18] Und auch noch Theologen unserer Zeit sind voll des Lobes und feiern den Kaiser aus dem
4. Jahrhundert als »leuchtendes Vorbild« und »wirklichen Gläubigen«.
Denn »wer so handelt und vor allem so handelt in einer Welt, die
überwiegend heidnisch ist, ist Christ, und zwar Christ dem Herzen,
nicht nur der äußeren Handlung nach«[19].

Der englische Dichter Percy Bysshe Shelley kommt der geschichtlichen Wahrheit näher als alle Lohnschreiber: »...dieses Ungeheuer Konstantin... Dieser kaltblütige und scheinheilige Rohling durchschnitt seinem Sohn die Kehle, erdrosselte seine Frau, ermordete seinen Schwiegervater und seinen Schwager und unterhielt an seinem Hofe eine Clique blutdürstiger und bigotter christlicher Priester, von denen ein einziger genügt hätte, die eine Hälfte der Menschheit zur Abschlachtung der anderen aufzureizen.«[20]

Konstantin (geboren um 285) hat ein historisches Verdienst: Er begann damit, die bestehende Ordnung des römischen Staates umzudrehen, indem er einen Angriffskrieg nach dem anderen führte und einen Mitregenten nach dem anderen beseitigte. Er hat auf diese Weise revolutionär gewirkt, hat aus dem Christentum – bis dahin eine (in Maßen) staatlich verfolgte Religion – eine Staatsreligion gemacht. Diese Umwälzung förderte eine neue Herrenschicht, den Klerus, vom Kaiser hofiert und dotiert wie keine andere Interessengruppe im neuen Reich. Da dieser Klerus die alten, auf Krieg und Ausbeutung beruhenden Verhältnisse beibehielt, brauchte sich unter ihm nichts wirklich zu verändern – von der eigenen Stellung dieser Lobby einmal abgesehen, die sich zunehmend von unten nach oben drehte.

Klerus und Militär machten die Basis des neuen Reiches aus. Die verheerend fortwirkende politisch-militante Religiosität, die noch heute Gewalt über Menschen besitzt, gilt seit Konstantin als Staatsideologie. Da niemand besser als die Staatskleriker die neue Weltanschauung legitimieren konnte, wurden diese vom Kaiser mit Ehrungen überhäuft. Eine Hand begann, die andere sauberzuhalten. Konstantin »säubert vor allem die Welt von der Feindschaft gegen Gott«[21] und wird dadurch – in den Augen der kirchlichen Geschichtsschreiber – zum Vorbild aller späterer Kaiser, zum unerreichten Ideal eines Herrschers, der aller Welt zeigt, wie mit den Feinden und wie mit den Freunden Gottes zu verfahren ist. Auf die einen warten Folter und Hinrichtung, auf die anderen Geschenke im Überfluß. Konstantins Gunsterweise brechen über die Geistlichen herein. Gott in Gestalt eines Kaisers meint es gut mit ihnen. Bischöfe haben jetzt Anspruch auf besondere Titel, auf Weihrauch und Staatsgewänder, kurz: auf jenen Talmiglanz, der bis heute seinen Eindruck auf schlichte Gemüter nicht verfehlt. Bischöfe werden kniefällig begrüßt und sitzen auf Thronen. Viele der konstantinischen Gnadenerweise für die Bischöfe sind noch immer wirksam: Kleider, Throne, Titel. Wer feiertags eine katholische Bischofskirche betritt, kann sich satt sehen. Er bekommt in solchen »Gottesdiensten« kostenlosen Anschauungsunterricht in byzantinischer Geschichte.

Kirchen in Rom erhalten Grundbesitz nicht bloß im Stadtgebiet (über den sie noch heute verfügen), sondern auch in Süditalien und Sizilien. Roms Stadtkirche bekommt eine Tonne Gold und zehn Tonnen Silber geschenkt, die Kirchenbauten selbst werden erlesen geziert. Erst so sind sie das, was der Kaiser braucht: Dankesmale für seine – und des Christus – heilige Siege über das unheilige Gewürm auf Erden: die Andersdenkenden. Der katholische Papsthistoriker V. Gröne, der mit seiner Interpretation zahlreiche Verdreher und Schönfärber der Zunft vertritt, schreibt dazu: »Der oberste Bischof der Kirche wurde genötigt, sich mit weltlicher Pracht zu umgeben und in Kleidung, Wohnung, Gastmählern Aufwand zu machen, um die Kirche mit ihren kostbaren Bibliotheken, ihren goldenen Gefäßen, purpurnen Gewändern, herrlichen Altären auch der Welt gegenüber würdig zu repräsentieren.«[22]

Privilegien sind allen Klerikern lieb. Das ist ein Charaktermerkmal. Standesgruppen versteifen sich auf diese Vorteile. Da der Stand seit Jahrhunderten intakt war, haben es diese Leute nicht schwer, sich in ihre Bastionen zurückzuziehen. Die Zugehörigkeit zum »Klerus« in all seinen Spielformen bedeutete sozialen Aufstieg – und bedeutet ihn noch heute. Der Übergang von der kirchlichen Unterschicht zur zunehmenden Teilhabe an der Herrschaft gelingt noch immer. Um so sicherer werden solche Aufsteiger in das allgemeine Herrschaftsgefüge eingegliedert.

Die Auswahl der Kandidaten für das Bischofsamt nimmt eine Schlüsselstellung innerhalb des Systems ein. Da die Kirche ganz auf ihre Hierarchie ausgerichtet ist und ein Mann um so mehr zu sagen hat, je weiter er nach oben gelangt und je isolierter er von der Menge des Volkes ist, wird das Bemühen begreiflich, diese Bastionen nicht an Systemfremde abzugeben. Die Mächtigen sollen unter sich bleiben und sich selbst rekrutieren, wie es in absoluten Monarchien üblich und profitabel ist. Daher bleibt der Kreis der Wähler (deutsche »Domkapitel«!) möglichst erlesen (selektiert) und klein (minimalisiert). Am besten ist er sogar auf den Papst selbst beschränkt, der »Bischöfe macht«, wie immer er will. Von daher gesehen wurde im Fall des gegenwärtigen Erzbischofs von Köln, bei dem der Kandidat Wojtylas das Rennen machte, nur die Regel angewandt. In Monarchien ist dies üblich, und alle Kirchenglieder, die sich seinerzeit erregt hatten, weil der Papst »undemokratisch« vorgegangen war, scheinen dies inzwischen eingesehen zu haben. Den Beweis absoluter Macht an sich erfahren zu haben geschieht solchen recht; ich habe kein Mitleid mit Menschen, die noch immer nicht verstanden haben, woran sie mit der Kirche sind.

Was in der frühen Christenheit Lebensprozeß der ganzen Gemeinde war, die Bewahrung und Verlebendigung der sogenannten Heiligen Schrift, ist zum Besitz einer besonders vorgebildeten Kaste degeneriert. Niemanden wundert es, daß eigene Schriftexperten in der Kirche einen Brotberuf haben und über diesen eifersüchtig wachen.

Was rechte Schriftauslegung, rechte Lehre ist, legen die da oben fest. Den Menschen da unten bleibt nur noch, gehorsam anzunehmen, was von Kanzel und Katheder auf sie heruntergeht. Sie haben sonst nichts zu tun und zu sagen.

Ernst genommen werden die »Laien«, das kirchliche Niedervolk, nur in einem Fall. Wenn die Kleriker wieder einmal daran interessiert sind, mit der »Masse« der Christen Geld zu machen. Wie politische Parteien sich durch die Zahl ihrer Wähler finanzieren, halten auch Kirchenbedienstete die Hand auf für die angeblich vielen, für die sie sorgen. Daß sie für »alle Menschen« da sind, sagen sie dabei vernehmlich laut. Daß sie vor allem für sich und ihre eigene Zukunft sorgen, sagen sie weniger eindringlich. Kirche sorgt für sich selbst; die Selbstrekrutierung im geistlichen Amt verschlingt Unsummen, die Verkündigung der Heiligen Schrift vergleichsweise wenig. Ließe man die Menschen selbst zu ihrem Gott finden, machte sich die Amtskirche mit ihrem aufgeblähten Betreuungsapparat überflüssig, wäre ein riesiges Finanzproblem gelöst. Kein Einsichtiger wird dem widersprechen.

Worüber die amtliche Kirche spricht und worüber nicht, hat Methode. Die Sünden der Kirche werden tabuiert, die Fehlleistungen einzelner Amtsträger unter den Teppich gekehrt. Das »Reich Gottes«

ist ins Jenseits verlagert; dort schläft es gemütlich vor sich hin. Mit irgendeiner Ankunft des Herrn rechnet niemand; das Adventsgerede ist auf ein paar Wochen vor Weihnachten zusammengedrängt. Was an Einzelproblemen der Kirche diskutiert zu werden pflegt, zeigt die Bindung der Kleriker an ihre bürgerliche Klasse: Es dominieren Themen des Berufs, der Arbeits- und Leistungsmoral, der Gemeinnützigkeit der Arbeit, der Sozialverpflichtung des Besitzes. Und das Thema, wie Macht versittlicht werde, Militärgewalt vor allem.

Die Katholiken und der Krieg? Eines der leidvollsten Kapitel der »Heilsgeschichte«, das an dieser Stelle nur kurz angesprochen werden kann: Wer die Bibel wörtlich nimmt, kennt das sogenannte fünfte Gebot. Es lautet knapp und klar: »Du sollst nicht töten!« Der überlieferte Text des fünften der Zehn Gebote macht keine Umstände und keine Ausflüchte. Er sagt, was er will. Zumindest könnte der unbefangene Gläubige das meinen. Doch so naiv darf niemand sein, sagt ihm seine Kirche. Denn sie hat längst schon den Klartext des Gottesgebots umgesetzt in bedingte Tötungsverbote. Sie kennt eine Regel – und einige Ausnahmen davon. Getötet werden darf nicht, sagt sie. Das gilt für private Morde oder für Abtreibungen. Da läßt die offizielle Kirche (vorerst) nicht mit sich reden. Aber sie meint auch, daß es legitime Ausnahmen gibt: offiziell erlaubte Morde, Abweichungen vom Gottesgebot. Zum Beispiel »gerechter Krieg«, »Glaubenskrieg« oder »Todesstrafe«. Kardinal von Galen, dessen Widerstand gegen Hitler sich in wenigen Predigten, dessen Zustimmung zu Hitler sich andererseits in vielen Bekenntnissen gezeigt hat[23], ist ein leuchtendes Beispiel für den Umgang der Kirche mit Gottes fünftem Gebot: In derselben Predigt, in der er die Vernichtung von Geisteskranken in Heil- und Pflegeanstalten anprangert, unterstreicht er das Recht zur Tötung von Millionen gesunder Menschen in einem »gerechten Krieg«, dem des Adolf Hitler.

Du sollst nicht töten! Für Mord hatten die frühesten Synoden keine Strafe festgesetzt[24]. Sie waren davon ausgegangen, unter Christen käme so etwas nicht vor. Doch um dieselbe Zeit, als der Kirchenlehrer Basilius für Soldaten noch eine jahrelange Verweigerung des Abendmahls gebot, pries ein anderer Oberhirte bereits das Töten im Krieg: der heilige Athanasius, der berühmte »Vater der Rechtgläubigkeit«, ein ebenso kampferfahrener wie intrigenerprobter Mann. Der seltsame

Heilige, von Eidbrüchigen zum Bischof gewählt und fortan ein besonders eifriger Gegner zeitgenössischer »Irrlehren«, erklärte zwar den gewöhnlichen Mord für unerlaubt, fand es aber »sowohl gesetzlich als auch lobenswert, Gegner zu töten«. Sein Beispiel machte Schule, und bald war die Privatmeinung des Theologen allgemeine Kirchenlehre und Moral. Sein Kollege Ambrosius, der viel über die Nächstenliebe schrieb, schwieg sich über die Feindesliebe instinktsicher aus – sie hätte seiner Kirche nicht ins politische Konzept gepaßt. Christen wie er hetzten schon bald in den »gerechten Krieg«, während nichtchristliche Denker der Epoche durchaus noch zwischen den Parteien zu vermitteln suchten[25].

Ausschlaggebend für die Durchsetzung des legitimen Mordens aber wurde jener heilige Augustinus[26], der auch die schlimmsten sozialen Gegensätze gerechtfertigt hat und dessen Ratschlag an die Armen hieß, »im ewig gleichen unverändert harten Joch des niederen Standes« auszuharren. Dieser Schreibtischtäter, der lehrte, »wer härter straft, zeigt größere Liebe«, traf die folgenschwere Unterscheidung zwischen »gerechten« und »ungerechten Kriegen«. »Was hat man denn gegen den Krieg, etwa, daß Menschen, die doch einmal sterben müssen, dabei umkommen?« fragt Augustinus. Der heilige Mann, der die Zwangsbekehrung Andersgläubiger, die Konfiskation ihres Vermögens, die Verbannung Andersdenkender betrieb, auch schon die Folter erlaubte, sie sogar »leicht« im Vergleich zur ewigen Höllenstrafe nannte, eine förmliche »Kur« für den Menschen, verteidigte den »gerechten Krieg« als Weg zum Frieden, zumal der Erfolg des Guten eine gewisse Verlustquote rechtfertige. Diese Doktrin stammt von einem Täter, der als »Zunge des Hl. Geistes« gefeiert worden ist, von einem Verbrecher des Wortes, »der, wenn auch irdischer Mensch, doch ein Engel vom Himmel« geheißen wurde, zumal er »in überirdischen Visionen wie ein Engel immerfort Gott schaute«. Augustinus hat das blutige Handwerk rückhaltlos anerkannt und von Grund auf legitimiert. Wahrheit und Irrtum können und dürfen sich nicht vertragen, meinte der Große, und deshalb müsse alles, was nicht im klerikalen Sinn wahr sei, mit Stumpf und Stiel ausgerottet werden. Der frühe Theologe Theodoret gestand, »uns bringt Krieg mehr Nutzen als Frieden«[27], und hatte in bezug auf die Kirche nicht unrecht. Als Christ unter »Heiden« zu leben kann hart sein. Als Christ oder als Jude oder Heide unter Christen zu leben ist viel schlimmer.

Was macht einen Krieg gerecht? Alles, was der Kirchenlehre und der Kirchenpolitik nützt, alles, was deren Gegner schädigt.

Von hier bis zu der Meinung, alles antiklerikale Leben sei irrig und daher wertlos, war nur ein kleiner Schritt. Das reale Töten hatte seinen Ursprung in der vorhergehenden Vernichtung des anderen durch das Wort. Kardinal Nikolaus von Kues, nur einer unter Hunderten, hetzte den Christen im 15. Jahrhundert gegen die Türken, »das Tier der Apokalypse«, »den Feind aller Natur und der ganzen Menschheit«[28]. Während die agnostisch denkenden Römer in religiösen Belangen tolerant waren und alle Kulte duldeten, die nicht den Gang des öffentlichen Lebens störten, während sie auch die Christen erst verfolgten, nachdem diese Sektierer das Volk aufzuwiegeln begonnen hatten, haben sich Kirchenleute ihre Feinde systematisch zurechtgebogen, um sie bewußt auszurotten. Christliche Feindbilder und Ressentiments lassen sich austauschen: »Heiden«, Türken, Juden, »Ketzer«, »Hexen«, Kommunisten. Wer als irrend definiert ist, hat sein Leben verwirkt. Zunächst war das Abschlachten der sogenannten Heiden geboten. Dann galt jedes Gemetzel als gottgefällig, bei denen die Guten und Gerechten den Bösen die Feindesliebe mit dem Schwert beibrachten. Um der guten Sache willen durfte schon etwas härter als gewöhnlich zugelangt werden, besonders in jenen Kriegen, die man nicht nur gerecht, sondern »heilig« nannte. Jetzt konnten die Guten guten Gewissens töten, jetzt war das Gottesgebot endgültig ausgehöhlt. Der römische Kaiser Konstantin hatte 313 den Christen die volle Religionsfreiheit gewährt, und schon im folgenden Jahr beschlossen sie die Exkommunikation fahnenflüchtiger Soldaten. Wer die Waffen wegwarf, galt als gebannt[29]. Vordem war es umgekehrt. So schnell ändern sich die heiligsten Traditionen. So schnell sind statt der pazifistischen Christen die kirchlichen Feldpfaffen zu sehen, statt der getöteten christlichen Kriegsdienstverweigerer die tötenden christlichen Krieger. Die Kirche war plötzlich militärfreundlich, und die Namen der frühen Soldatenmärtyrer wurden aus den Heiligenkalendern getilgt. Soldatengötter, Christus und Maria, diverse Heilige hielten dafür Einzug und übernahmen genau die Funktion der heidnischen Kriegsidole. Im Jahr 416 schließt der Erlaß eines Christenkaisers alle Nichtchristen vom Heeresdienst aus; Massenmord im »gerechten Krieg« ist von nun an allein Sache von Christen.

Noch bis Vietnam reichte dieser Gedanke[30]. Im Spiel der Allianzen war die westlich geprägte Kirche des Landes zur bevorzugten Partnerin des US-Apparats aufgerückt. Kirche und Armee traten als mächtige Verteidiger einer etablierten Ordnung auf. Beide hatten im Gegner den Todfeind erkannt, die Verleiblichung des Teufels, dessen radikale Bekämpfung banale Selbstverständlichkeit unter Christen war. Der Krieg wurde de facto zur Religionsausübung. Das Adjektiv »gerecht«, durchaus ein schmückendes Beiwort, stand dem Kriegführen, an dem Christen beteiligt waren, stets gut an. Katholische Theologen haben es bis heute nicht auf die Empfängnisverhütung angewandt. Geburtenkontrolle ist – von der »natürlichen« Papst Pauls VI. abgesehen – auch nicht aus »noch so schwerwiegendem Grund« gerecht. Kinder zeugen und gebären ist ungleich wichtiger als sich um deren Los kümmern. Zum Nationalfeiertag 1872, nach dem von Frankreich gegen Deutschland verlorenen Krieg, wandte sich Kardinal Mermillod an die Franzosen und löste die Schuldfrage: »Du hast dich von Gott abgewandt, und Gott hat dich geschlagen, du hast in abscheulicher Berechnung Gräber geschaufelt, anstatt Wiegen mit Kindern zu füllen, deshalb hat es dir an Soldaten gefehlt.«[31]

Mit der Zeit kamen die Christen freilich in Bedrängnis, da sie immer häufiger und mit einer gewissen Regelmäßigkeit über ihresgleichen herfielen. Daß sie auf beiden Seiten durch Fasten, Gebete, Feldgottesdienst, Feldpredigten auf den »heiligen Krieg« vorbereitet worden waren, verschärfte ihr Problem. Was taugte ein »gerechter Krieg«, dessen Teilnehmer an allen Fronten, durch Predigt und Abendmahl gestärkt, zu gleichen Teilen mit einem glücklichen Ausgang der gerechten Sache rechnen konnten? Das Dilemma ist bis heute nicht behoben. Die »Waffen des Worts«, die »Waffen des Lichts« unterstützen dann, wenn es erst richtig losgeht, den Donner der Kanonen. Dann finden die Christen sich auf den Schlachtfeldern, dann morden sie millionenfach, dann werden sie zu Millionen ermordet. Dann gehen die Theologen, meist recht weit weg vom Schuß, an ihre Trauerarbeit, dann trösten sie Witwen und Waisen, und zum guten Ende stehen sie – wie ihre Oberhirten – wieder auf der richtigen Seite. Gerecht ist stets die Sache der Sieger, und da die Kirche Wahrerin der Gerechtigkeit (auch und gerade im Krieg) ist, wird es niemanden wundern, daß sie sich immer wieder als Siegerin feiern läßt. Verlegen wird die Kirche nie, daher kennt sie auch keine Scham. Wer sich für Kinder ausspricht, muß sich ebenso dezidiert gegen Kriege entscheiden. Sonst entscheidet man sich für »Kinder in den Krieg«[32].

Die deutschen Bischöfe haben 1939 ihre Schafe in einen objektiv verbrecherischen, also ungerechten Angriffskrieg gejagt und den Hitler-Eid von ihnen verlangt. Sie haben die katholischen Soldaten aufgefordert, »aus Gehorsam zum Führer ihre Pflicht zu tun und bereit zu sein, ihre ganze Person zu opfern«[33]. Sie haben den Überfall des Diktators auf die Sowjetunion »mit Genugtuung« begleitet, ihn mit dem »heiligen Willen Gottes« identifiziert. Und während sie unermüdlich für den Verbrecher beten und ihre Glocken läuten ließen, verlangten sie von »jedermann ganz und gern und treu seine Pflicht«, die »ganze Kraft« und »jedes Opfer«, priesen sie Hitler als »leuchtendes Vorbild«, seinen Schreckensstaat als »Retter und Vorkämpfer Europas«, seinen Angriffskrieg als »Kreuzzug« und »heiligen Krieg«. Kardinal von Galen 1936: »... ich als deutscher Mann und Bischof ... danke dem Führer unseres Volkes für alles, was er für das Recht, die Freiheit und die Ehre des deutschen Volkes getan hat.«[34] Was er damit konkret meinte, sagte der »Widerständler« auch: »Der Führer, dem Gottes Vorsehung die Leitung unserer Politik und die Verantwortung für das Geschick unserer deutschen Heimat anvertraut hat, hat in mutigem Entschluß die Ketten zerrissen, in denen nach dem unglücklichen Ausgang des Krieges feindliche Mächte unser Volk dauernd gleichsam gefangenhielten.«[35]

Die feindlichen Mächte macht dieser Bischof 1945, nach seiner »Bekehrung«, wieder aus, doch diesmal anderweitig: »Das Gift der nationalsozialistischen Irrlehre hat offenbar auch andere Völker angesteckt, selbst solche, die sich ihrer Demokratie zu rühmen pflegten. Selbst die Nationalsozialisten gestatteten den Häftlingen in Konzentrationslagern, zweimal im Monat Briefe mit Angehörigen zu wechseln und von ihnen Lebensmittelpakete zu erhalten. Solche Vergünstigungen gibt es bei den Engländern nicht.«[36] Fazit: Die KZs der Briten, in denen Nazis saßen und keine Briefe schreiben durften, waren schlimmer als die der Nazis, in denen Massenmorde an Juden begangen wurden.

Der Katholik Hitler war eben besser als die britischen Anglikaner. Der damalige Papst, Pius XII., wünschte dem Führer folgerichtig »nichts sehnlicher als einen Sieg«[37]. Als es dann anders kam als erwartet, fand sich derselbe Papst sehr schnell auf der Seite der wahren Sieger. Seine Kirche hatte doch den bösen Hitler schon vor 1933 tapfer bekämpft, und nach 1945 bekämpfte sie ihn wieder. Hatte sie nicht jedes moralische Recht, auch künftig zu definieren, was gut war und was böse? Was gerecht und was ungerecht? Der Kölner Kardinal Frings hatte schon 1950 den Mut, als erster öffentlich die Wiederaufrüstung der Deutschen zu fordern[38].

Auf, zu neuen »gerechten Kriegen«, wo immer diese sich lohnten, hieß die klerikale Devise. Kriegsdienstverweigerung aber galt deutschen Oberhirten als »eine verwerfliche Sentimentalität«. 1956 wurde der stellvertretende Armeebischof Hitlers, Werthmann – der einst hakenkreuzgeschmückt katholische Kriegsdienstverweigerer »ausgemerzt und einen Kopf kürzer gemacht« hatte sehen wollen –, Generalvikar in der Bundeswehr[39]. Du sollst nicht töten? 1959 verkündete der Jesuit Gundlach, einer der wichtigsten Berater Papst Pius' XII., als Resultat der päpstlichen Lehre über den »gerechten Krieg«: »Die Anwendung des atomaren Krieges ist nicht absolut unsittlich.«[40] Und die Folgen? Der Moraltheologe meint zum möglichen Weltuntergang: »...wir haben erstens sichere Gewißheit, daß die Welt nicht ewig dauert, und zweitens haben wir nicht die Verantwortung für das Ende der Welt. Wir können dann sagen, daß Gott der Herr, der uns durch seine Vorsehung in eine solche Situation hineingeführt hat oder hineinkommen ließ, wo wir dieses Treubekenntnis seiner Ordnung ablegen müssen, dann auch die Verantwortung übernimmt.«

Der Jesuit Hirschmann bejahte »unter Aussicht auf millionenfache Zerstörung menschlichen Lebens in der heutigen Situation das Opfer atomarer Rüstung«[41]. Ein Gremium katholischer Theologen billigte »die Anlegung eines Atomwaffenvorrates« und tat die Massentötung Unschuldiger als erlaubte »Nebenwirkung« des Atomschlages ab. Die katholische Militärseelsorge der Bundeswehr bereitet ihre Soldaten darauf vor, daß »Christus mehr von uns verlangt, als selbst Hitler...«[42].

So geht es unaufhörlich weiter. Die Kirche ist bis in die Gegenwart hinein ein erheblicher gesellschaftlicher Faktor des Unfriedens. Auch das Zweite Vatikanische Konzil hat die Idee vom »gerechten Krieg« nicht beerdigt; es hat keine ausdrückliche Verurteilung des Angriffskrieges ausgesprochen und Kriegsdienstverweigerung nicht direkt anerkannt[43]. Der Papst bezeichnete am 11. Juni 1982 vor der UNO die Abschreckung mit Atomwaffen als moralisch vertretbar, wobei er wie selbstverständlich nur die westliche Abschreckung meinte und nicht die der anderen Seite. Der New Yorker Erzbischof O'Connor legte vor dem Ausschuß für Außenpolitik im Repräsentantenhaus dar, daß die Kirche die Anwendung von Atomwaffen durchaus billige, wenn eine »geringstmögliche Schädigung von Zivilpersonen gewährleistet ist«[44].

Was der Oberhirte darunter verstanden haben wollte? Darf nur ein Zivilist unter Milliarden nuklear verheizt werden? Darf nur eine Stadt unter tausend Städten verstrahlt werden? Darf nur ein Land unter vielen verbrannt, nur ein Kontinent unter anderen atomar beseitigt werden? Darf nur ein Planet unter Millionen anderen ausgelöscht werden? Und was ungeborene Zivilpersonen im Mutterleib betrifft: Bis zu welcher Zahlenobergrenze stimmt die Kirche den nuklear bewirkten Abtreibungen zu? Und was ist schließlich mit dem Erbgut der Zivilpersonen? Ist eine Schädigung des Erbgutes bis in die dritte oder bis in die siebente Generation als »geringstmögliche Schädigung« für den katholischen Bombenkatechismus noch tragbar? Die Bischöfe der Bundesrepublik antworteten in ihrem einschlägigen Hirtenbrief von 1983 nicht auf diese Fragen. In der Tradition ihrer Vorgänger stehend, die »Hexen«-Verfolgungen belobigt und später Hitlers Angriffskrieg unterstützt haben, machen es sich diese Megaphone der Rüstung noch einfacher: Ihre Bombenmoral ist schon zufrieden, wenn sich die Atomwaffeneinsätze nicht gegen »Bevölkerungszentren« oder »vorwiegend zivile Ziele« richten[45].

Soviel an dieser Stelle zum Thema »Katholisches Morden«. Darüber reden viele Hirten fast ebenso ausführlich wie über die sogenannte christliche Soziallehre – die keine ist. Zwar hat sich Jesus aus Nazareth, wie ihn die Evangelisten darstellen, gerne »in schlechter Gesellschaft« aufgehalten und sich um diejenigen gekümmert, die zu den Verachteten seiner Zeit gehörten. Doch kann keine Rede davon sein, daß er die damals bestehenden Herrschaftsverhältnisse auch nur in Ansätzen in Frage gestellt hätte. So weit haben es die Evangelien nun doch nicht kommen lassen wollen, und die Kleriker, die sich auf die »Frohbotschaft« berufen, haben nichts dagegen. Die sogenannte Bergpredigt, in der Jesus sich in die Sehnsüchte der Ärmsten hineingefühlt haben soll, ist denn auch zur Fensterrede verkommen. Bewegen darf sie nichts.

Die gelenkte innerkirchliche Geschichtsschreibung (wer sollte gelenkt sein, wenn nicht sie?) hat in den Köpfen vieler Unheil angerichtet, hat bare Unwahrheiten zur Wahrheit hochgejubelt, hat Menschen glauben lassen, ihre eigenen Päpste hätten die soziale Not anderer zu lindern gesucht, theoretisch wie praktisch. Die Realität sieht anders aus. An den klerikalen Beteuerungen ist kein wahres Wort. Bis ins 19. Jahrhundert hinein hat kein einziger Papst für die Armen und sozial Bedrängten mehr übrig gehabt als ein Almosen, hat keiner praktische Vorsorge getroffen, um wenigstens das schlimmste Leid zu lindern. Soziale Neuerungen, die Erfolg hatten, kamen von nichtkirchlicher Seite. Und erst als sich diese Neuerungen durchzusetzen begannen, bequemten sich auch die Kleriker dazu, im nachhinein statt der üblichen Verdammung ein vorsichtiges »Ja, aber« zu formulieren[46].

Päpstliche Rundschreiben, die hin und wieder den euphemistischen Namen »Sozialenzykliken« führen (1991 stand wieder eine ins Haus), gehen durchweg von allgemeinen und daher ungefährlichen Betrachtungen aus. Sätze wie »Alle Gewalt kommt von Gott und nicht vom Volk« passen ins klerikale Menschen- und Gesellschaftsbild. Sie stützen die Institution, und sie tangieren die Betroffenen so wenig, daß diese sich zufrieden zeigen können. Kommen die Päpste schließlich zum Kern der Frage und sollen sie konkrete Innovationen nennen, die den Herren der Welt übel aufstoßen könnten, reden sie darum herum. Sie haben bis heute noch kein wesentliches Mittel genannt, das den Grund für die Mißstände träfe und helfen könnte, sie zu beseitigen. Sie wissen gut, warum sie solche Konkretisierungen unterlassen. Sie dürfen die nicht vergraulen, denen sie ihr Wohlleben verdanken. Als Pius XII. 1943 sagte, seine Kirche habe »sich immer der gerechten Ansprüche der

Arbeiterschicht gegen jede Unbilligkeit angenommen«[47], sagte er die Unwahrheit.

Leo XIII., der »Arbeiterpapst« aus dem Haus der Grafen Pecci, hat 1891 bestätigt, was die Seinen gern von ihm hören wollten: Privateigentum ist Naturrecht. Die Armen sollen nicht danach streben, mehr zu erlangen, als ihnen zukommt. Denn »vor allem ist von der einmal gegebenen unveränderlichen Ordnung der Dinge auszugehen, wonach in der Gesellschaft eine Nivellierung von Hoch und Niedrig, von Arm und Reich schlechthin nicht möglich ist«[48]. Reiche genießen (der Papst gehört selbst dazu), und Armen wird bestätigt, daß »Leiden und Dulden nun einmal der Anteil unseres Geschlechtes« sei. Es wird niemanden verwundern, daß Kaiser Wilhelm II. bekannt hat, in der Arbeiterfrage »durchaus mit dem Papst übereinzustimmen«. Kein Wunder auch, daß Leo XIII. ein Exemplar seiner Enzyklika an Zar Alexander III. gesandt hat, weil er allzugut wußte, gerade für den russischen Alleinherrscher würden die päpstlichen Sozialprinzipien akzeptabel sein[49].

Noch zur Zeit Leos XIII. hatte Lenin der Welt anhand der Guthaben von fast drei Millionen Sparkassenbüchern vorgerechnet, wie lukrativ es seinerzeit in Rußland war, Pope zu sein. Pro Buch besaßen Zivilbeamte durchschnittlich 202 Rubel, Händler 222 Rubel, Grundeigentümer 268 – und Popen mit 333 Rubeln die höchste Summe. Die Sorge für das Seelenheil der Armen war demnach kein unvorteilhaftes Geschäft[50]. Jahrzehnte zuvor hatte Victor Hugo gerufen[51]: »Erhebt euch doch, ihr Katholiken, Priester, Bischöfe, Männer der Religion, die ihr da in dieser Nationalversammlung sitzt und die ich da mitten unter uns sehe! Erhebt euch! Das ist eure Rolle! Was macht ihr da auf euren Bänken?« Die einzige Reaktion: Gelächter.

Erst als die entstehende Arbeiterbewegung Europas begann, selbst einige Christen aufzuwecken, sahen sich die Päpste – über Jahrhunderte hinweg Herrenmenschen und nichts als das – genötigt, die Bewegung zu »taufen« und scheinheilig in die eigenen Bahnen zu lenken. Dieses Süppchen mußte mitgekocht werden. Der sogenannte Arbeiterbischof Freiherr von Ketteler hatte als einer der ersten die neue Zeit richtig einschätzen können. Ketteler, der Arm zu Arm und Reich zu Reich legte wie gewohnt, sah das Risiko der Revolte und nutzte die

Chance, alles prinzipiell beim alten zu lassen, indem er an den Rändern kleine soziale Erleichterungen schuf. Der Klerus mußte handeln, nicht kraft eigener Einsicht, sondern aus Selbstschutz. Nicht ohne Grund geben alle päpstlichen Botschaften das eine Thema wieder: Die gottgewollte Weltordnung ist nun einmal so, wie sie ist, und alle Not der jeweiligen Zeit kommt allein vom Schwund des Glaubens, alle Arznei vom neu entfachten Glauben an uns, so die Hirten. Pius XII. hat 1939 in einem Schreiben an die Bischöfe der USA diese Meinung bekräftigt[52]: »Die Erinnerung an jedes Zeitalter bezeugt, daß es immer Reiche und Arme gegeben hat; und daß dies auch immer so sein wird, läßt die unabänderliche Beschaffenheit der menschlichen Dinge voraussehen… Die Reichen, wenn sie rechtschaffen und redlich sind, üben das Amt von Austeilern und Verwaltern der irdischen Gaben Gottes aus; als Werkzeuge der Vorsehung helfen sie den Bedürftigen… Gott selbst hat bestimmt, daß es zur Ausübung der Tugend und zur Erprobung der menschlichen Verdienste in der Welt Reiche und Arme geben soll.«

Ob der Papst – privat ein Multimillionär[53] – je darüber informiert worden ist, was Jesus aus Nazareth über die Reichen gesagt hat? Ob ein Gott, der nicht gerade zufällig ein Gott der Edlen und Reichen ist, wirklich der Reichen bedarf, um irdische Güter zu verteilen? Ob ein Gott, der nicht von Klerikalen erfunden wurde, wirklich daran interessiert ist, daß täglich 40 000 Kinder auf der Welt verhungern? Wozu es überhaupt eine Kirche gibt? Wenn diese doch nur bestätigt, was alle wissen: hier arme Leute, dort reiche? Warum Päpste keine »soziale Frage« beantworten? Nicht, weil sie zu dumm dazu wären. Nein, weil sie zu klug sind, um ihre eigene Basis zu gefährden. Alle Antworten, die wirkliche Antworten sind, gefährden den Reichtum der Kirche und infolgedessen deren soziale und politische Privilegien. Da macht man besser von »Sozialenzyklika« zu »Sozialenzyklika« viele nette Worte für Arm wie Reich und beläßt im übrigen alles beim alten.

Nicht von ungefähr besteht unter Katholiken ein ausgesprochenes Desinteresse an Fragen der Solidarität in sozialen Auseinandersetzungen, der Gewaltanwendung bei Arbeitskämpfen, des Streiks und der Teilnahme von Katholiken an den verlustreichen Kämpfen der Arbeiterschaft. Katholische Sozialethik bleibt der geschlossen antirevolutionären Front verpflichtet – und damit äußerst ideologieverdächtig.

Bürgerinnen und Bürger gewinnen nicht selten den Eindruck, die Oberhirten artikulierten einen »Willen Gottes«, der sich nur unwesentlich vom Wollen der maßgebenden Christenpolitiker unterscheidet. Von daher gesehen, nützen Kirchenleute in erster Linie den staatstragenden Parteitaktikern. Aber zugegeben wird dieses beiderseitige Bündnis nicht. Sie sprechen viel lieber vom »Volk« und der »Volkskirche«. Die Zahlen, welche die Klerusorganisation hierfür vorlegt, sind beeindruckkend. In den letzten Jahren wird von kirchlicher Seite vor allem auf die sozialen Dienstleistungen verwiesen. Das hat seinen Grund: Spezifische Glaubensfragen sind längst nicht mehr so spannend wie früher.

Es ist längst gewinnbringender, wenn die Kirche statt vom Dogma von der Caritas spricht und von deren Leistungen im Sozialbereich. Was bei den Massen zählt, ist soziales Engagement – »die Nächstenliebe«. Vorsicht ist jedoch angebracht, wenn die Kirche sich als Synonym der Liebe verkauft. Vorsicht, wenn sie sich als Resterscheinung von Zuwendung in einer lieblos gewordenen Umwelt verkündigt. Daß hinter den Kulissen der friedfertigen Charité (die Schuldgefühle in Form von Spenden und Kirchensteuern übernimmt) die alten Aggressionen lauern, bezeugen die vielen Berichte von psychisch gefolterten und vergewaltigten Menschen der Gegenwart, lauter Anklagen der von »Mutter« Kirche verkrüppelten Kinder. Eine Institution, welche die ihr Anvertrauten nicht so nimmt, wie sie sind oder sein wollen, kann sich nicht auf irgendeine Legitimation berufen. Da sie Kinder immer wieder auf ihr eigenes System hin verkrüppelt, bleibt sie ein ständiger Skandal.

Sie nennen Seelsorge, was sie anrichten. Sie »betreuen« ständig. Sie haben ihr Auskommen, und kein schlechtes, in dieser Betreuung. Sie fühlen sich erst wohl, wenn sie für die Seelsorge bezahlt werden, wenn sie sich sicher sein können, daß sie betreuend herrschen. Sie fürchten nichts mehr als den Verlust dieses Status, als den Verlust ihrer Identität mit der mittelalterlichen Systemkirche. Sie tun daher alles, um den Betreuten vorzugaukeln, sie, die Klerikerbetreuer, seien unersetzlich. Ohne sie gebe es kein Heil.

Seelsorge heißt eine Fülle von Normen vermitteln, mit einer Masse von Sündenängsten belasten, ein bißchen Erlösungsgeschwätz anbieten, geschäftsmäßig Angst und Hoffnung in einem machen.

Theologie und Seelsorgepraxis der stolzen Betreuer gehen über die Köpfe und Herzen derer da unten einfach hinweg. Die sogenannten Gläubigen werden systematisch zu Objekten von Glaube und Recht degradiert – und dadurch auf sehr unmenschliche Weise deklassiert. Nur das System der stolzen Wissenden regiert. Tugend, das heißt Tauglichkeit des Volkes, besteht allein darin, Gehorsam zu zeigen, Gehorsam gegenüber denen, die von Amts wegen kein Schuld zugeben können, weil sie einer Klasse angehören, in der sich der Stolz (und die Sünde) der einzelnen komprimiert.

Knecht statt Herr zu sein, Demut statt Hoffart zu üben, Beleidigungen zu verzeihen, Schuld zu bekennen, seinen Feinden zu vergeben, Andersdenkende zu achten, statt sie als Irrende zu verdammen – all das gilt nur für die einfachen Leute, nicht für die Kleriker. Da Kleriker nach Geburt (jahrhundertelang waren die Oberhirten Adlige) oder nach erworbenem Stand (»die Aufsteiger«) zur besser verdienenden Klasse gehören, haben auch alle teil an den Privilegien dieser Schicht. Sie haben deshalb auch mehr zu verlieren als nur ihre Ketten. Die Stolzen bringen den benachteiligten Schichten nur »christlich motiviertes Mitleid« entgegen, und das ist wenig genug. Von einer entschiedenen Teilnahme der Hirten am Befreiungskampf ist in den Ländern, die dieser angeht, nichts zu spüren. Die Hirten ziehen sich, sie wissen, warum, auf die Position der Neutralität zurück. Sie predigen Gewaltlosigkeit – und optieren damit für die Herren. Just in dem Moment haben sie die Gewaltlosigkeit entdeckt, wo die Gewalt der eigenen Kirche nicht mehr so uneingeschränkt ausgeübt werden kann wie in früheren Jahrhunderten, da Mord und Totschlag zur Seelsorge missionierender Oberhirten gehörten.

Gegenwärtig können katholische Bischöfe ebensowenig wie ihr Papst frühere Methoden anwenden. Scheiterhaufen anzuzünden ist ihnen ebenso verwehrt wie das Abschlachten von Andersdenkenden zum Zweck der »Mission«. Diese Formen stolzer Seelsorge sind – fürs erste? – überwunden. Aber, wohlgemerkt, nicht die Kleriker selbst haben dazu beigetragen, daß ihnen solche Instrumente nicht mehr zur Verfügung stehen. Die Mordmittel mußten ihnen entwunden werden; freiwillig haben sie auf Inquisition und Hexenverbrennung nicht verzichtet. Sie inzwischen von Menschenrechten faseln zu hören löst bei Wissenden Wut aus.

Kleriker sind Meister in der Anpassung. Solange Morden angesagt war, solange die sogenannte Wahrheit mit Feuer und Schwert gegen den Irrtum verteidigt werden durfte, waren sie wacker – und bis zuletzt – dabei. Nun, da sich der gesellschaftliche Wind gedreht hat, jetzt, da Menschenrechte verlangt werden, sind sie wieder dabei. Sogar in vorderster Linie, und noch immer lachen nur wenige Katholiken über ihre wendigen Pfaffen.

Wendehälse? Geblieben ist das Entscheidende. Der Stolz der Unschuldigen gehört zur Institution. Er wird sich nicht lösen lassen, solange die Kirche sich nicht auflöst. Nicht von ungefähr ist das verpufft, was manche Leichtsinnige vor 20 Jahren als »konziliaren Geist« begrüßt hatten. Nicht ohne Grund ist es der Kirche, vertreten durch den gegenwärtigen Papst, gelungen, wieder alles zur richtigen Ordnung zurückzubringen, was verdreht schien. Wer sich über diese Entwicklung ärgert, hat nichts von Kirche und Papsttum begriffen.

2.
Die TRÄGHEIT
der Satten

Was nicht der Wahrheit und dem Sittengesetz
entspricht, hat objektiv kein Recht auf Dasein, Propaganda und Aktion...

Papst Pius XII.

Trägheit, eine lebensbedrohende Todsünde der Kirche, hat nichts mit Geduld zu tun. Der stolze Satz »Die Kirche denkt in Jahrhunderten«, der dem Bibelwort nachgeformt ist, vor Gott seien tausend Jahre wie ein Tag, hat seine Hintergründe. Geduld ist jene Verhaltensweise des Menschen, die sich unter die Bedrohung, Last und Not der jeweiligen Geschichte beugt und dieser nicht auszuweichen sucht, sondern auf eine Besserung hofft und Befreiung mit herauführt. Trägheit leidet nicht, erträgt keine Unsicherheiten, hat sich längst abgesichert. Mit der Zeit gewöhnt sich der Träge an seine Scheinsicherheiten und weiß von Stund an, vom sicheren Port aus gemächlich zu raten. Um so aufgeregter reagiert er, wenn sein Ruhelager und die dazugehörige Konzession bedroht werden. Dann wird er zornig.

Die sich an den eigenen »Ewigkeitswert« gewöhnt haben

Ein sich als geschlossen ausgebendes System ist darauf bedacht, seine Ruhe nach innen aufs peinlichste zu bewahren. Besonderes Interesse, sich so zu verhalten, hat die Kirche: Sie geht davon aus, der normale Zustand einer Gesellschaft sei der der Harmonie. Friedlich, aufgeräumt, geordnet, gesichert sind die Lieblingsvokabeln eines solchen Denkens. Innovativ kann es nie wirken. Dazu ist es zu lahm. Zur Harmonie gehört die Integration, durch die allem und jedem ein sogenannter gottgewollter Platz zugewiesen ist. Konflikte gelten gegenüber dieser Plazierung als Störfaktoren – und als Faktoren, die grundsätzlich eliminierbar sind.

Mit Störern wird die Kirche seit eh und je »fertig«. Sie kann keine schwarzen Schafe brauchen; ihr genügen die weißen, die keine Fragen stellen.

Die Geschichte der Institution Kirche ist von den jeweiligen Siegern geschrieben worden, und die »mit Gottes Hilfe« überwundene Opposition hat einfach nicht in das Harmoniemodell gepaßt, geschweige denn Hausrecht und Heimat in der Kirche besessen. Der antihäretische Affekt der Kirchenleute, der Millionen Blutopfer geschaffen hat, ist systemkonform, harmonistisch, normal. Radikalenerlasse, Berufsverbote, Zensurmaßnahmen sind klerikale Erfindungen; ein Staat, der sie anwendet, erweist sich als Erbe der christlichen Weltanschauung. Innerkirchlich ist Gesinnungskontrolle an der Tagesordnung. Zensur und Selbstzensur sind so gewohnt katholische Übungen, daß es der betroffenen Herde und ihren Hirten nicht einmal mehr auffällt.

Schnüffler gibt es überall, doch es ist kaum bekannt, daß die Denunziation zu den erprobtesten Methoden kirchlicher Seelsorge gehört. Dabei spricht allein das Blutwort »Inquisition« (Nachforschung) Bände. Die Kirche kann es sich und ihrer Tradition zurechnen, nicht nur Bücher zensiert zu haben, sondern auch Menschen. In beiden Fällen hat das Feuer die schlimme Arbeit der Hetzer und Denunzianten vollendet. Auf dem »Index der verbotenen Bücher« finden sich große Namen unserer Geistesgeschichte wie Heinrich Heine, Immanuel Kant, Gotthold Ephraim Lessing und Arthur Schopenhauer. Wer vor diesem Hintergrund von »unvergänglichen kulturellen Großtaten der Kirche« redet, denunziert die Opfer. Ein Zensurdekret Papst Innozenz' IV. 1487 stellt lapidar fest, daß es dem Geschenk der göttlichen Vorsehung – der Buchdruckerkunst – widerspricht, werden Bücher übersetzt und gedruckt, die dem Glauben und der guten Sitte der Kirche schaden. Künftig haben alle Buchdrucker vor der Drucklegung ein »Imprimatur« einzuholen. Verstöße werden durch Geldstrafen (zugunsten des Baus der Peterskirche) geahndet. Hinzu kommt die Exkommunikation – und das beanstandete Buch wird verbrannt[1].

Die Oberhirten hatten und haben Angst um ihre satte Ruhe. Bücherzensur ist ein probates Mittel, Angriffe gegen sich selbst und die eigenen Geschäfte zu unterbinden, die Wahrheit über die bischöflichen Machenschaften zurückzuhalten, die »Laien« ignorant und glaubensgehorsam zu halten. Zensur ist in der heutigen Kirche – die sich soviel auf die ungestörte Kontinuität zum eigenen Gestern zugute hält – nichts zufällig Hinzugekommenes, Nebensächliches, sondern ein Wesensmerkmal. Der Klerus, der einen bestimmten, klar umrissenen »Glaubensschatz« vertritt und weitergibt, unternimmt keinen Versuch, die Existenz einer Kirchenzensur zu leugnen. Zensur wird als alltägliche Erscheinungsform des eigentlich Kirchlichen akzeptiert. Ein ziemlich großer Teil der Bevölkerung ist prinzipiell zensurfreundlich bis chronisch zensurwillig. Die meisten Kirchentreuen sind im Ausüben wie im Ertragen von Zensur durchaus geübt; derlei Maßnahmen, Berufsverbote für Abweichler inbegriffen, gehören zu ihrem gesunden Empfinden – und sind ein gottgefälliges Werk. Der »Volkswartbund«[2], eine Art katholischer Literaturpolizei, hat mit Hilfe eines Heeres anonymer Denunzianten allein von 1959–1962 nicht weniger als 700 Strafanzeigen erstattet sowie 271 Anträge auf interne Indizierungen »jugendgefährdender Schriften« gestellt (in 92 Fällen mit Erfolg).

Als die deutschen Bischöfe 1971 die katholische Wochenzeitung *Publik* einstellten – ausgerechnet wegen »finanzieller Schwierigkeiten« –, blieben die Massenproteste aus. Inzwischen unterstützen die Bischöfe ihre Hofblätter, auch dies ohne großen Protest. Und die Deutsche Bischofskonferenz hat im Februar 1976 den römischen Zensurerlaß vom 19. März 1975 zum Thema »Die Aufsicht der Hirten der Kirche über die Bücher« übernommen und adaptiert[3]. Das Grundgesetz, das in diesem Fall die Weimarer Verfassung zitiert (Art. 137 Abs. 3), leistet Schützenhilfe. An diesem Verfassungsgebot scheitern alle Reformvorschläge. Die Kirche darf selbständig regeln. Das bedeutet in der Praxis Berufsverbote gegen Menschen, die ihr Grundrecht auf Meinungs- und Wissenschaftsfreiheit wahrnehmen (»Lehrzuchtverfahren«), und fristlose Kündigungen von im Kirchendienst (Kindergarten, Krankenhaus) Beschäftigten wegen »Lebenswandels«. Kündigungen von Arbeitsverhältnissen gab es in der Bundesrepublik unter anderem wegen Verstoßes gegen die Ehelehre der Kirche, wegen Befürwortung einer Reform des § 218, wegen verspäteter Taufe von Kindern und »Verunglimpfung christlicher Politiker«. Beanstandungen von Andersdenkenden betrafen Hochschullehrer, Religionslehrer und – in Bayern – Schüler, die den Religionsunterricht »störten«[4].

Damit werden im Geltungsbereich des Grundgesetzes rechts- und demokratieferne Räume geschaffen und genutzt. In welchem Maß sich diese grundgesetzwidrigen Praktiken rentieren, zeigt die Tatsache, daß die »Schere im Kopf« gerade beim kirchentreuen Bevölkerungsteil funktioniert. Fälle von Selbstzensur in Hochschulen, bei konfessionellen Verlagen und Akademien, im Rundfunkbereich, bei den konfessionell betriebenen Sozialeinrichtungen sind an der Tagesordnung. Die Betroffenen, wenn sie sich ihrer unwürdigen Lage überhaupt bewußt werden, können stets neue Fälle nennen. Die Kirche »Hort der Freiheit« – eine krasse Lüge!

Ich weiß, wovon ich rede. Nachdem ich gegen Ende der jahrelangen Auseinandersetzungen mit kirchlichen Amtsträgern schließlich in einem förmlichen »Ketzerprozeß« (dem bisher einzigen in der Bundesrepublik) bestätigt bekommen hatte, ein paar Irrlehren verbreitet zu haben, meinte ein Bischof, damit sei wieder Ruhe eingekehrt im Land und man hoffe, daß wenigstens von mir keine Unruhe mehr ausgehe. Zugesagt habe ich ihm freilich diese Ruhe nicht. Inzwischen hat auch der Vatikan aus den Vorfällen der letzten 15 Jahre gelernt. Mittlerweile zeigt er wieder sein wahres Gesicht: Theologieprofessoren, die anderer Meinung sind als die offizielle Kirche, werden durch eine »Instruktion« aus dem Jahr 1990 angehalten, diese Meinung am besten für sich zu behalten – und vor allem nicht an die Öffentlichkeit zu gehen oder Gruppen Gleichgesinnter zu organisieren, um nicht irgendwelchen Schafen Ärgernis zu geben und die Sanktionen der Hirten herauszufordern[5]. Im übrigen sollen diese Querdenker sich in ihr Kämmerlein zurückziehen und bedenken, daß das stille »Leiden an der Kirche« ein besonderes Bußwerk darstelle.

Divergierende wissenschaftliche Meinungen stellen für den Vatikan, der sich als Hochburg moralischer Redlichkeit feiert, eine Art moralisches Problem dar. Sachlich sind sie für ihn, der seine Wahrheit als Wahrheit Gottes ausgibt (Satz für Satz!), nicht zu begründen. Sie wurzeln in einem persönlichen Defekt des abweichend Denkenden, beispielsweise in seiner mangelnden individuellen »Heiligung«, seinem ungenügend gebildeten Gewissen, seiner persönlich sündigen Verfaßtheit, seinem kritischen, das bedeutet unguten Geist, seiner persönlichen »Untreue wider den Hl. Geist«[6]. Nicht die Institution ist sündig, sondern der einzelne, sagt die Institution.

So geht die Kirche mit der Wissenschaft um. Das Grundgesetz schützt in Artikel 5 Absatz 3 die Freiheit von Forschung und Lehre, in

Artikel 4 Absatz 1 die Freiheit des Gewissens und des weltanschaulichen Bekenntnisses. Und es sagt in Artikel 1 Absatz 2, das deutsche Volk bekenne sich zu den »unverletzlichen und unveräußerlichen Menschenrechten als Grundlage jeder menschlichen Gemeinschaft, des Friedens und der Gerechtigkeit in der Welt«. Diese Aussage schert den Vatikan überhaupt nicht. Er lehrt so unverfroren wie eh und je noch im Mai 1990 (!): »Man kann sich darum nicht auf diese Rechte des Menschen berufen, um sich den Äußerungen des Lehramtes zu widersetzen.«[7]

Das vatikanische »Lehramt« stellt sich außerhalb der allgemeinen Menschenrechte und über diese, ja es erhebt den ungeheuerlichen Anspruch, über Verletzung oder Nichtverletzung demokratischer Grundrechte nach eigenem Gusto zu befinden.

Eine solche Instruktion läßt auch den Schluß zu, daß Theologie, die sich dieser Ungeheuerlichkeit unterwirft, statt auf unveräußerliche Grundrechte zu pochen, keine Wissenschaft ist, sondern Glaubensgehorsam leistet und daher an den Universitäten eines neuzeitlichen Staates keinen Platz hat. Ursula und Johannes Neumann (Kirchenrechtler und Soziologe) stellen in einem Gutachten fest, daß die rechtlich verbindliche Instruktion des Vatikans die Aufgaben des Theologen in Forschung und Lehre so klar definiert hat, daß kein anderer Schluß mehr zulässig ist: »Die katholische Theologie erfüllt nicht einmal theoretisch die Mindestvoraussetzungen der Wissenschaftlichkeit, sie ist lediglich Sprachrohr einer Ideologie.«[8]

Schade, daß diese Ansicht noch nicht Allgemeingut ist. Bürgerinnen und Bürger der Bundesrepublik lassen es noch immer zu, daß ihr Staat Jahr für Jahr mehr als eine Milliarde DM an Steuermitteln (nicht Kirchensteuermitteln!) aufwendet, um die Priester- und Theologenausbildung an seinen Universitätsfakultäten zu finanzieren[9]. Ein unglaubliches Faktum: Bei uns, einmalig auf der Welt, zahlen Kirchenfreie die Ausbildung von Kirchendienern mit, finanzieren Atheisten Theologen. Das Bundesland Bayern gibt durchschnittlich fast 2 Millionen DM pro Jahr aus, um »das Einkommen der Leiter und Erzieher an bischöflichen Priester- und Knabenseminaren zu ergänzen«. Hinzu kommen jährlich 320 000 DM als Unterhaltsbeitrag für solche Seminare. Für Neubauten im Bereich des Augsburger Priesterseminars wurden 1985 und 1986 je 2,5 Millionen DM aufgebracht; das Münchener Priesterseminar kostete die Steuerzahler (auch die kirchenfreien) zwischen 1982 und 1983 über 2 Millionen DM. Nordrhein-Westfalen war die Ausbildung von Priesterschülern und Theologen 1987 etwa 25 Millionen DM wert.

Die von den alten Bundesländern zu tragenden Kosten für die Priester- und Theologenausbildung an Universitäten und Kirchenhochschulen liegen, wie gesagt, gegenwärtig bei einer vollen Milliarde DM pro Jahr, eine horrende Summe. Noch makabrer erscheint diese Zahl, wenn man bedenkt, daß sie in etwa der Summe entspricht, die die Kirchen aus eigenen Mitteln für das öffentliche Sozialwesen ausgeben[10]. Also: Hier eine Milliarde vom Staat für den Klerikernachwuchs, da dieselbe Summe von der Kirche für die Caritas.

Eine um so üblere – wenn auch oft angewandte – Methode ist die Diffamierung Konfessionsloser als Schmarotzer kirchlicher Sozialeinrichtungen. Zum einen wenden die Kirchen nur einen sehr geringen Prozentsatz ihrer Kirchensteuereinnahmen für öffentliche karitative Zwecke auf, zum anderen finanzieren Kirchenfreie über ihre allgemeinen Steuern die Priesterausbildung, den Religionsunterricht, die Militärseelsorge und andere typisch klerikale Einrichtungen mit. Stellt man die kirchlichen Sozialleistungen zugunsten der Öffentlichkeit den Subventionen der öffentlichen Hand für klerikale Angelegenheiten gegenüber, so ergibt sich ein krasses Mißverhältnis von mehr als 1:8 zum Nachteil der Konfessionslosen. Wer's nicht glauben will, plädiere für eine schrittweise vorzunehmende Entflechtung staatlicher und kirchlicher Subventionierung und lasse verifizieren, welche Seite mehr von der anderen profitiert!

Grund für eine Finanzierung von Priesterschülern durch die Bundesländer wäre die Hoffnung, von den aus öffentlichen Mitteln Bezahlten wenigstens hin und wieder einen geistigen Beitrag für die Republik erwarten zu können. Solche Beiträge müßten innovativ sein, nach vorne weisen statt zurück. Ebendies können sie nicht leisten: Rom verbietet seinen Theologen das Weiterdenken. Der Vatikan ist an solchen Denkübungen nicht interessiert. Sie stören seine Harmonie, stören vielleicht sogar das »bewährte Verhältnis von Staat und Kirche in der Bundesrepublik«. Wo Ruhe als Selbstzweck gilt, wo Denkleistungen als Störfaktoren gedeutet werden, muß jede Innovation angst machen. Also streitet die Kirche nicht für das Neue, sondern dagegen. Ihr Interesse gilt nicht der Reform, sondern der Wahrung des detaillierten Besitzstandes.

Um diese Konserve kämpft die sündige Institution mit allen Mitteln. Das Problem der inneren Sicherheit wird dabei ins »Intime« verlegt, in die asketisch seit langem verdorbene Sphäre des Gehorsams, der von Menschen verlangt wird, die sich noch immer innerhalb des (absterbenden) Systems behaupten. Damit ist der Kampf gegen das Leben aufgenommen: Jedes Gehorsamsmodell ist notwendigerweise autoritär. Autorität entläßt Gehorsam aus sich und umgekehrt; ein Drittes gibt es nicht. Oder doch? Etwa die »Sensibilisierung« für das andere, das Neue? Oder gar die »Liebe«? Die Zuwendung zu den sündig gewordenen Menschen? Nein, weder Sensibilität noch Liebe lösen das Problem. Sensibilität bleibt für Kirchenleute befremdlich, und »Liebe« haben sie ins System integriert.

Sensibilität beweist sich gegenwärtig in einem erweiterten Sensorium für Konflikterfahrungen[11], in einer Erweiterung des Bewußtseins für das Leben (und Sterben) anderer, in neuen Kommunikationserfahrungen, neuen Motivationen und Handlungschancen. All dem stehen Kirchenleute nachweislich hilflos gegenüber. Was sie allein leisten? Die Flucht ins heimische Ghetto. Dort, abgeschottet von der Welt, fühlen sie sich wohl. Ihre »Sensibilität« äußert sich in Larmoyanz, in Empfindlichkeit gegenüber den Verletzungen der eigenen »Wahrheit« durch andere, in Empfindungslosigkeit gegenüber Andersdenkenden. Auffällig, wie oft und wie schnell gerade katholische Gläubige beleidigt reagieren, wenn ihre vermeintliche Sicherheit vermeintlich angegriffen – oder nur gestört – wird.

Wer sensibel nur gegen sich selbst, aber tödlich unsensibel und unbarmherzig gegen alle ist, die neue Erfahrungen zu artikulieren wagen, bleibt träge und satt.

Solche Trägen haben mit einer neuen, zukunftsweisenden Moral nicht einmal in Ansätzen etwas gemein. Sie verstehen nichts von Lernbereitschaft, von Aufgeschlossenheit für Bewußtseins- und Strukturveränderungen, von nüchterner Wachsamkeit für gesellschaftliche Probleme. Schlimmer als der Mangel an Einsicht in diese Probleme ist aber der Unwille, den Mangel durch Einsicht zu beheben. Diese Feststellung bleibt Gerichtswort über die etablierte Kirche. Klerikal-kirchlich zu denken und zu handeln bedeutet nach wie vor nur das eine: auf der heilen Insel zu stehen und im Ozean der Welt und der Zeit nur eine nasse Zehe zu riskieren. Sich auf Leben und Tod der Menschen einzulassen ist Klerikern fremd. Ich kenne keine soziale Gruppe, die physisch und materiell gesicherter und zugleich psychisch immunisierter ist. Feststehende Katechismus-Texte, ritualisierte Liturgien, Denk- und Sprechtabus zu lieben, sich Konfliktunfähigkeit, Denkfaulheit, Demokratieunfähigkeit strukturell absichern zu lassen ist kein Zeichen von vorwärtsweisender Humanität. Allzuoft verrät derjenige, der das »überzeitliche Wesen« des Menschen sucht, den konkreten Menschen. Wer den idealen Menschen liebt, beweist Haß auf den wirklichen. Gegen diese Todsünde hilft kein Kirchengott, kein Vater, keine Liebe.

Die ihren eigenen Gott, den »Vater« und die »Liebe« schufen

Wenn nichts mehr hilft, wenn die Angst übermächtig geworden ist, wenn die Sünde gar zu tief wurzelt, kommt »Gott« ins kirchliche Spiel – und damit Glaube, Hoffnung und Liebe. Aber diese Methode ist voller Tücke. Denn Liebe hat einen ganz bestimmten Platz im System der Gewalt, und noch nie ist es den Menschen gelungen, jene »reine, wahre Liebe« zu entdecken, von der sie träumen sollen. Gerade im kirchlichen Milieu hat Liebe, Zuwendung zum Sünder, eine klar kalkulierte Funktion einzunehmen. Kein Kirchenmann wird das inhumane Gesetz selbst aufheben (es wird »Gottes Willen« zugeschoben); aber jeder Hirte wird davon säuseln, dem reuigen Gesetzesbrecher stehe »Gottes Liebe« offen. Gesetzesgewalt und Liebe entsprechen sich,

Sünde und Erlösung sind Symptome ein und derselben Krankheit, einer Krankheit, die im Patriarchat verbreitet ist.

Die subtil gestrickten Zusammenhänge zwischen Gewalt (Gehorsam) und Liebe sind so gut wie nicht erforscht. Ich nehme an, daß diese Selbstvermeidung kein Zufall ist. Auch Forscher sind meist Väter, und immer sind sie Söhne von Vätern. Eine Analyse mußte vermieden werden, weil sie nicht nur die einzelnen Väter, sondern ein ganzes Gesellschaftssystem entlarvt hätte. Der gelungenste Trick aller Götter besteht darin, unsichtbar zu bleiben. Ich hole daher etwas aus und beschäftige mich zunächst mit diesem zentralen Thema unserer Gesellschaft, bevor ich etwas zu dem Gott sage, der so gut zu der Gewaltliebe-Gesellschaft paßt, die Patriarchat heißt[12]. Ich gehe also davon aus, daß wir in einer patriarchal (vaterherrschaftlich) verfaßten Gesellschaft leben – und daß der Kirchengott ein patriarchaler Gott sein muß und kein anderer sein darf, einer, der Autorität und Liebe auf die gleiche Weise miteinander verknüpft, wie seine Väter das gern sehen.

Die Gegenwart ist geprägt von einer sich ständig aktualisierenden Überlieferung siegreicher Patriarchate, die in einzelnen verselbständigten Institutionen (Ehe, Familie, Staat, Schule, Kirche) wirksam wird. Die Epochen patriarchaler Vergangenheit existieren nicht nur für sich. Patriarchen können nicht leben und nicht sterben. Sie sind mächtig genug, um ihre Zeit auch noch dann fortdauern zu lassen, wenn diese bereits um ist. Das Wort von »meiner Zeit« ist definitionsmächtig. Je absoluter sich aber patriarchale Ideen und Institutionen setzen, desto stärker durch Erosion gefährdet sind sie durch ihre Subjekte (Väter) und Objekte (Frauen und Kinder). Um die Gefahr gering zu halten, daß Ideen und Strukturen durchbrochen oder gar abgelöst werden, benötigen traditionelle Gewalten das Herrschaftskorrelat Liebe. Was geliebt wird, wird nicht getötet.

Gewalt und Liebe? Patriarchal zurechtgestutzte Liebe verbirgt sich hinter dem gewalttätigen »Besten«, das die einen Menschen den anderen antun. Zuwendung steht neben Härte, Zärtlichkeit neben der Flucht in die ererbte Gewalt. Der Eindruck täuscht, Liebe und Gewalt stünden beziehungslos nebeneinander und unvereinbar gegeneinander. Daß dies nicht so ist, wußte schon das Alte Testament: Wen der Vater liebt, den züchtigt er. Strafe ist Ausdruck von Liebe.

Züchtigung durch den Vater, Patriarchen, Gott? An Beispielen fehlt es nicht. Ich brauche sie nicht aufzuführen. Sie leben in uns fort. Nur muß ein Mensch, um sie noch als solche zu entdecken, erst einmal sehen lernen. Die nach wie vor – gerade in einem bestimmten kirchlichen Schrifttum[13] – beklagte »Krise des Vaters« ist eine bloße Nutzkrise. Sie wird von denen, die sie beklagen, gewandt zum eigenen Profit verwandt: Drohen Väter schwach zu werden, rufen Werteväter nach Autorität, nach der guten alten Zeit und so fort. Denn was früher galt, muß auch künftig gelten. Jugend wünscht Autorität! Ehen, Familien, Kirchen, Schulen, Staaten können ohne sie nicht auskommen. Deswegen sind sie patriarchale (autoritäre) Gesellschaften und Institutionen.

Immer führen die Institutionen, um sich selbst vor den Opfern zu legitimieren, den Satz vom »Besten« ein. Je mehr Glauben dieser findet, desto seltener wird die Frage nach dem Warum in den Bedienten wach. So legitimiert die Kirche die Familie, die Ehe, den Staat und so fort. Immer wissen sie alle, was das Beste für die Bedienten ist. Ganze Berufsgruppen leben von dem öffentlichen Wissen um dieses Beste. Die Liebe erfüllt dabei die ihr bestimmte Funktion. Sie ist notwendig. Sie deckt einerseits die Gewalt und kaschiert sie, andererseits sichert sie durch Ab-Deckung die Ausübung dieser Gewalt. Gewalt braucht nicht nackt aufzutreten. Nackte Gewalt ist noch immer die Ausnahme, denn der Mantel der Liebe deckt alle Sünden zu. Gewalt und Liebe stehen in einem spezifischen Funktionszusammenhang. Liebe geht notwendig in Gewalt über, und Gewalt bleibt ohne Liebe auf Dauer unwirksam.

Daß ein Mensch nur da wirklich geliebt wird, wo er sich schwach zeigen kann, ohne Stärke zu provozieren[14], darf im patriarchalen Herrschaftsbereich nicht gelten. Liebe ist schon lange verraten, indem sie so definiert worden ist, wie es dem System paßt. Wir wissen alle genau, was Liebe ist. Wir sind zugerichtet auf Ehe, Familie, Kirche, Staat. Die Gewalt hält sich ihre Defensivinstitutionen. Eine von ihnen ist die abendländische Religion.

Was sich nachweisen läßt, ist die Tatsache, daß die Kirche einen bestimmten Gott verbindlich vorstellt. Ich meine auch nachweisen zu können, daß der offizielle Gott nicht etwa den Menschen nach seinem Bild geschaffen hat, sondern daß Menschen ihn nach ihrem Bild gestaltet haben. Wer aber nur sagt, der Mensch habe sich seinen Gott geschaffen, bleibt beim vorletzten stehen. Präziser ist, was feministische Theologie lehrt (von der manche vielleicht erst jetzt erfahren): Nicht der Mensch, sondern der *Mann* hat einen Gott für die herrschende Männergesellschaft gestaltet.

Auch dieser Satz ist vorläufig. Er geht von einer unrichtigen Übersetzung von »Patriarchat« aus. Bloß mit »Männerherrschaft« zu übersetzen verkennt die jahrhundertealte Definition. Patriarchat heißt »Herrschaft der Väter«. Ich kann mir denken, daß diejenigen, die einen solchen Begriff gestalteten und durchsetzten, sich etwas dabei dachten. Ein gesellschaftlich so wichtiger Begriff, ja der wichtigste Begriff einer ganzen Welt wird nicht beiläufig, en bagatelle geprägt.

Die religiöse Tradition hat die Vokabel »Patriarchat« so ernst genommen wie möglich. Während sich ihre Philosophen und Metaphysiker denkerisch mit »Gott« herumgeplagt haben, sind die Kirchen ihren Heiligen Schriften in dieser Sache treu geblieben. Die biblischen Autoren (Autorinnen gibt es keine) schreiben nur von einem Vater.

Nicht von ungefähr ist der Kirchengott nicht einfach ein Mann (wie Feministinnen meinen), sondern ein Vater. Und ein lieber Vater.

Diese Chiffre besagt alles: Auch wenn sich so gut wie keine Theologie um dieses Hauptproblem kümmert, halte ich fest, daß der Vatergott genau so handelt, wie es patriarchal geregelt ist. Wer Augen hat zu sehen, wird feststellen, daß es ausnahmslos nur das eine Handeln Gottes gibt: Anerkennung der Norm und Vaterliebe auf der einen Seite, Liebe Gottes zum Sünder nur in den Fällen, wo sich der Sünder bekehrt. Endgültig ist – in der kirchlichen Tradition – dem verstockten Sünder die ewige Strafe zugesagt. Nur der verlorene Sohn, der zurückfindet ins Vaterhaus, kann auf Barmherzigkeit rechnen. Daß der christliche Gott die ewig und endgültig Unversöhnten an seinen Tisch sitzen ließe, wird zwar hin und wieder in der Theologie gelehrt, aber dies ist keine anerkannte Meinung. Vom katholischen Dogma möchte ich in diesem Zusammenhang gar nicht erst reden.

Gehorsam ist, das läßt sich an der Trostlosigkeit von Millionen Opfern geglückter religiöser Erziehung ablesen, die einzig straffreie

Leistung des Kindes. Opfer sind schließlich damit zufrieden, als »liebe« Kinder geliebt zu werden. Kinder lernen das mehr oder weniger schnell. Einmal lernen sie es alle. Die Regeln des Patriarchats leben in den Körpern und Geistern der von ihnen Befallenen. Sie sind dadurch ungefährdeter. Sie gelten als natürlich und als gesund. Denn die einen wollen das Beste der anderen. Wenn die anderen das Beste der einen akzeptieren, haben sie ihre Liebe bewiesen und werden nicht enterbt. Wenn nicht, sind sie verlorene Söhne.

Da kein Mensch auf Dauer ungeliebt sein will, wird ihm Gehorsam gegen das Beste (das andere für ihn definiert haben) zu einem Gebot der Selbsterhaltung. Kinder sagen sich: Ich bin ein liebes Kind, wenn Vater mich liebt. Er liebt mich aber nur, wenn ich alles in allem gehorche. Bin ich böse, straft er mich und sagt, das geschieht zu meinem Besten. Also aus Liebe, wie ich annehme. Ich lerne daraus, daß liebe Kinder es immer besser haben.

Widerstand ist keine Tugend im Patriarchat. Kritik an Religion, an Ehe, Familie, Schule und Staat muß sich immer ausweisen und legitimieren. Die Gewalt, die von diesen Institutionen ausgeht, wirkt demgegenüber normal, ordnungsstiftend. Patriarchen brauchen offensichtlich Opfer. Sie bestätigen sich darin, daß sie Frauen und Kindern sagen, was das Beste für sie sei. Dabei weiß kein Vater je, was das Beste für einen anderen Menschen ist. Vielleicht ahnt er hin und wieder, was für ihn selbst gut ist.

Patriarchale Kulturen schaffen lebendige Tote. Nicht nur brauchen sie Opfer und Beutepersonen in ihren Landnahmekriegen, sie machen auch im sogenannten Frieden (in ihren Alltagskriegen) Beute: Frauen und Kinder. Ob solche Kulturen überhaupt Kulturen genannt werden dürfen? Inmitten einer zugerichteten Welt habe ich meine starken Zweifel. Und je härter und schmerzhafter sich meine Thesen lesen, desto sicherer bin ich, daß die einen oder anderen unter den Lesenden das sogenannte Normale als das Perverse durchschauen werden.

In den Jahrtausenden jüdisch-christlicher Überlieferung ist die Anschauung vom »lieben Gottvater« wirksam geblieben wie keine andere. Sie hat Meinung, Überzeugung, Glauben organisiert. Beeinflussungen, Wechselwirkungen, Verschränkungen zwischen religiösen Vorstellungen und sozialen Erfahrungen sind daher die Regel. Glaubensexperten haben schließlich die Bedeutungen, die sie alldem zulegen wollten, verbindlich vereinbart. Nicht von ungefähr nennt sich der oberste Glaubenswächter der Kirche bis auf den heutigen Tag »Heiliger Vater«, Papst (papa).

Wer bei »Männergesellschaft« stehenbleibt, kann nicht erklären, weshalb der Gott der Kirche nicht nur als Gott und männlichen Geschlechts vorgestellt wird, sondern darüber hinaus als Vater und als lieber Vater. Dieser zunächst gering erscheinende Unterschied ist in Wirklichkeit gewaltig. Gelingt es, das Vatersein und das Liebesein Gottes ebenso schlüssig zu erklären, wie das die Feuerbachsche Doktrin für ihr Teil gemacht hat, ist der entscheidende Durchbruch gelungen. Er löst durchweg Entsetzen bei den Betroffenen aus.

Kirchendiener wissen gut, wovon sie Zeugnis geben. Wenn die religiöse Sozialisation von einem Vater, vom lieben Vater schlechthin, spricht, so ist das keine Floskel, die bei den Betroffenen folgenlos bliebe. Der geringste Versuch, diese Vaterfixierung zu lockern, schmerzt bereits. Ich will hier nicht die Käuflichkeit der Schriftauslegung gegen ihre Profiteure thematisieren und sagen, daß die Auslegung eine der jeweiligen Gegenwart entsprechende Verfälschung darstellt. Aber ich schaue hinter alle exegetischen Interpretationen und entdecke das eine Gemeinsame: Daß Gott ein Vater ist und die Liebe, hat noch keiner bestritten.

Warum muß Gott, in dieser Zurichtung, der liebe Vater sein? Zum einen entspricht das Bild Gottes als eines Vaters bis ins Detail der herrschenden Gesellschaft. Wo Väter regieren und alle Nichtväter, also Frauen und Kinder, unter sich lassen, ist es schlecht vorstellbar, daß ausgerechnet die höchste Instanz kein Vater ist. Gott als Mutter? Gott als Kind? Es gibt zwar Versuche, den traditionellen Gottesbegriff in diese Richtungen aufzulösen. Doch gehen sie an ihrer eigenen Basis vorbei. Statt »Vaterunser« künftig »Mutterunser« zu beten, verkennt den gesellschaftlichen Humus, auf dem dieses Hauptgebet der Christen entstanden ist. Worte aus dem Vaterunser wie »Dein Reich komme« oder »Dein Wille geschehe« (Mt 6, 10) sind geradezu vatertypische Herrschaftsfloskeln. Sie setzen den Gehorsam des – als »Kind« adoptierten (1 Jo 3, 1) – Menschen voraus, dem eines Tages – als Gratifikation – das Reich winkt, die Landnahme (1 Mose 5, 17; Ps 36, 3), das

Paradies, in dem er/sie zum »Richten« berufen sein soll, falls er/sie sich nicht bis zuletzt als ungehorsam erweist. Denn der in der Bibel geschilderte Gott ist ein eifersüchtiger Vater. Er wartet darauf, daß der verlorene Sohn zu ihm zurückkommt. Wer sich dieser Umkehr bis zuletzt verschließt, hat kein Erbarmen zu erwarten.

Auch wenn neuere Theologen an dieser Aussage herumdeuteln, um zu retten, was überhaupt noch vom Christentum zu retten ist, bleibt sie bestehen: Der ungehorsame Sohn ist in den Augen des Vaters kein Sohn mehr. Er wird enterbt – und in die »Hölle« geworfen auf ewig. »Habt keine Angst vor Leuten, die nur den Körper töten können, aber nicht die Seele! Fürchtet vielmehr euren Gott, der Leib und Seele ins ewige Verderben schicken kann!« (Mt 10, 28).

Gehört diese Warnung zu den inzwischen ausgesonderten Bibelstellen? Ich meine, eine solche Drohung sollte niemand auf die leichte Schulter nehmen. Die »Hölle« ist die letzte Konsequenz jener Angst vor Schuld, Sünde und Ungehorsam, die vor uns, unter uns und nach uns Millionen von Menschen gequält hat und quält. Erlösung, das Pendant zur Sünde, das andere Symptom ein und derselben Krankheit, ist ausschließlich denen zugesagt, die gehorsame Kinder ihres Vaters sein wollen. Wohlgemerkt, ich gebe nicht meine eigene Meinung wieder, sondern die tausendfach gepredigte. Sie malt das offizielle Gottesbild in feurigen Farben. Alle biblischen Autoren drohen – auch im Neuen Testament, das doch nach herrschender Meinung eine Frohbotschaft sein soll – den Unbußfertigen mit einer auf Ewigkeit berechneten Vatersanktion, während sie den Gehorsamen die ebenso ewige Gratifikation durch denselben Vater verheißen.

Aber »Gott ist doch die Liebe«? Eben. Er muß sie sogar sein.

Liebe ist dem System der Gewalt immanent. Es läßt sich in allen patriarchal verfaßten Gesellschaften nachweisen, daß Liebe ein Herrschaftskorrelat der Gewalt bleibt.

Liebe ist funktionalisiert wie ein Deckmantel: Sie deckt die Gewalt und kaschiert sie. Sie sichert und schützt sie, indem sie die Ausübung von Gewalt abdeckt. Gewalt braucht nicht nackt aufzutreten, wo die Liebe alles zudeckt. Gewalt ist nur Gewalt, wenn sie jeweils jene Liebe zu definieren mächtig bleibt, ohne die sie nicht überleben kann.

»Wie ein Vater seine Kinder liebt, so liebt der Herr die, die ihn fürchten« (Ps 103, 13). Und: »Wen der Vater liebt, den züchtigt er« (Spr 3, 12). Auch Gottes Vaterliebe ist ausnahmslos mit dem Anspruch auf Ehrfurcht verknüpft. Sohnesgehorsam provoziert Vaterliebe: Legitimation nach innen und nach außen, Schutz gegen Fremdvölker, Legalisierung des als Besetzung eines »verheißenen Landes« getarnten Land- und Frauenraubes und so fort. Der liebe Vatergott, von dem hier die Rede ist, unterscheidet sich nicht im geringsten von denen, die ich seine vielen Väter nenne. Sie haben auf religiösem Terrain ihr verheißenes Land in Besitz genommen: Ein genehmer Gott ist definiert, ein Gott ist erschaffen, der alle Ansprüche derer, die ihn gestaltet haben, im Gehorsam gegen seine Schöpfer-Väter erfüllt. Ein Gott, der beispielsweise schon im sogenannten Paradies die Angst vor der Frau und Mutter niederzuhalten hilft. Eva, die Nachgeschaffene, die aus der Rippe des erstgeschaffenen Mannes Genommene, die zur bloßen Gehilfin des Mannes herabgedrückte »Auch-Menschin«. Das paßt nur in ein patriarchales Muster.

In diesem Stil geht es durch die Jahrhunderte des Glaubens weiter: Alle phallokratischen Phantasien der Gottes-Väter werden auf jenen »allmächtigen« Vater-Gott abgelenkt, von dem letzte und gewisseste Sicherheit gegen die Angst (vor der Frau und vor dem Sohn, die vereint den Vater töten könnten) kommen soll. Wo immer von Größe und Macht gesprochen wird, wo man sich einen Namen verschafft, wo ein Volk zum Eigenbesitz erkauft wird (2 Sam 7, 23), ist dasselbe Prinzip wirksam: der absolute Wille zur Gewalt, der sich seinen Gott schafft. Ein solcher Gott muß notwendig ein Kriegsgott sein. Daß die spezifisch religiöse Variante des Kriegstreiber- und Kriegsgewinnlertums kaum untersucht ist, spricht für die Verhüllungsstrategien der Patriarchen.

Auch im sogenannten Neuen Testament findet man die traditionellen Herrschaftsstrukturen wieder, und der Vatergott, den seine Autoren schildern, scheint seit Jahwes Tagen nichts hinzugelernt zu haben. Das für patriarchale Systeme charakteristische Schema von Gewalt und Liebe wiederholt sich. »Harret aus in der strengen Zucht«, sagt ein Schriftsteller des Neuen Testaments, »denn als Söhnen begegnet euch Gott! Wo wäre der Sohn, den der Vater nicht in seine Zucht nähme?

Würdet ihr ohne Strafe bleiben, wie sie doch alle kosten müssen, so wäret ihr unechte Kinder, keine Söhne. Und wenn wir unsere irdischen Väter zu strengen Erziehern hatten und ihnen Ehrfurcht erwiesen, sollen wir uns da nicht gehorsam unterordnen dem Vater unserer Seelen, um das ewige Leben zu sichern?« (Heb 12, 7–9).

Ich stelle fest, daß der Gott des Alten und des Neuen Testaments, dessen einzelne Bildvorgaben hier nur angesprochen werden konnten, mit einem möglichen oder wirklichen Gott nicht mehr zu tun hat als der griechische Zeus oder der römische Jupiter oder der germanische Wotan. Alle miteinander sind die Götter unserer Breiten Herrscher-Bilder, Gewalt-Väter. Ob sich die gängige Religionswissenschaft oder die Theologie des Christentums intensiv genug mit diesen Vorstellungen, ihren Begründungen und ihren Konsequenzen für das Leben der Menschen befaßt haben? Das ist die wirksamste und die zäheste Form des Kampfes gegen die Befreiung: den Menschen Bedürfnisse einzuimpfen, die die veralteten Formen des Kampfes ums Dasein verewigen. Sünde: Verstoß gegen die Vaterordnung, Beleidigung der göttlichen Vaterliebe. Verzeihung: Dem bußfertigen Sünder zugesagt. Nur ihm.

Standardisierte Interaktionen wie diese, die sich ständig und regelhaft wiederholen lassen, sind auslösende Faktoren religiöser Organisierung. Bei den Betroffenen verfestigen sie sich zu psychischen Strukturen. Die Interaktionen zwischen Vater-Gott und Menschen-Sohn sind bereits zu so abstrakten Organisationsmustern (patterns) versteinert, daß Liebesleistungen wie Gebet, Reue und Gehorsam die Leistung der Vaterliebe Gottes auslösen. Wie? Ein Gott, der seine Leute liebt, vorausgesetzt, sie glauben an ihn und tun ihm seinen Willen? Ein Gott, der mit der Hölle drohen läßt, wenn seiner Liebe nicht geglaubt wird? Wie? Ein Vater? Selbstverständlich. Nicht mehr als ein Vater. Die Tüchtigkeit eines Vatergottes, der die Verlorenen liebt, wenn sie zu ihm zurückfinden (Lk 15, 11–32), kennt die große Geste gegen die Reuelosen ebensowenig, wie dies kleinbürgerliche Väter gegenüber ihren Kindern schaffen.

Wer hat den Mut, von seinem Gott Liebesgesten zu fordern, die von der patriarchalen Regel abweichen? Keiner der an den Christengott Glaubenden hat offensichtlich Mitleid mit einem Gott, der – wie ein richtiger Vater in den Augen seiner lieben Söhne – alles kann und alles weiß. Der nichts mehr vor sich hat. Der seine eigene Vergangenheit, seine eigene Zukunft ist. Kein Verständnis für die ungeheure Langeweile eines vollkommenen Wesens. Kein Mitgefühl mit einem Gott, der seine Mitkonkurrenten und Mitkonkurrentinnen um die Liebe der Menschen aus dem Feld geschlagen hat. Kein Erbarmen mit einem Gott, dessen Vorsehung für alles verantwortlich gemacht werden kann. Dessen Liebe alles zugeschoben und auferlegt werden darf.

Dogmen dienen duckmäuserischem Denken. Der Vatergott, den sich die Werteväter der Erde zugerichtet haben, stellt in der ihm zugeschriebenen Perfektion eine unvollkommene Schöpfung dar. Ihrer Moral fehlt jeder Abstand zu der ihrer Väter. Dieser Vater belohnt stets genau die Leistung, die ihn geschaffen hat. Die siegreiche Tüchtigkeit der als gut Definierten. Wer aber durch Nichtleistung auffällt, wer diesen Gott wieder abschaffen will, gehört bestraft. Ein armer Gott.

Daß Gott tot sein kann, schreckt die Interessenvertreter des Patriarchats nicht. Ihr System ist vor jeder Religion. Die weit ursprünglicheren Strukturen des Patriarchats behaupten sich gegen die spätere Religion, die kommen und gehen kann. Das Patriarchat bleibt. Es bedient sich seiner Kirche als der Deuterin und Verstärkerin seines eigenen Machtwollens. Hin und wieder benötigt das patriarchale Errettungsbedürfnis bestimmte Über-Väter. Sie können neuerdings auch »Große Brüder« heißen. Patriarchat reicht weiter als nur bis an seine Religion hin. Falls sich die Kirche endgültig als für das Patriarchat unnütz erweisen wird (und daran zweifle ich nicht), ist ihr Tod für dieses beschlossene Sache. Und ihr Ersatz durch profitabler zu nutzende neue Weltanschauungen.

Von daher gesehen, ist es nicht weit her mit dem »Ewigkeitswert« der Klerikergruppe. Diese Leute taugen weder für die gegenwärtige Zeit noch für das, was sie Ewigkeit heißen. Mit einer derart verbohrten »Elite« ist weder Staat noch Kirche zu machen, sagen diejenigen, die in die Zukunft des Patriarchats schauen. Klerikern, die sich in einem als unanfechtbar ausgegebenen Glauben gesichert fühlen, die gegenüber anderen Systemen eine nur erzwungene Toleranz beweisen, die gegen innovative Entwicklungen immunisiert erscheinen, kann keine Zukunft beschieden sein. Ihre Kirche war den früheren Erscheinungsformen des Patriarchats besser und eindeutiger angepaßt als heute, wo

»Hierarchie« überholt ist. Schade, meinen manche, daß diese Kleriker-kirche sich nicht mehr so behende anpaßt wie damals. Gegenwart und Zukunft gehen ihr deswegen verloren. Sie ist tot und hat keine Chance auf Wiedergeburt. Konservative Werteväter von heute (z. B. Politiker) bedienen sich ihrer zwar noch unverfroren. Doch bemühen sie sich nicht mehr, die Tatsache zu verhüllen, daß sie sich nur aus taktischen Gründen um die sterbende Institution sorgen.

Kirche stellt einen Gott vor, der zu schwach für die Zukunft ist, weil er eine widersprüchlicher werdende Welt nicht mehr zureichend erklä-ren kann. Seine »Vorsehung« verspricht nur noch eine zu alte und zu wenig profitable Problemlösung. Was als »Abwesenheit Gottes« durch manche Theologien der Gegenwart geistert (die Amtskirche schert sich um solche Probleme erst gar nicht), soll die eingetretene Lage verschlei-ern.

Die Kirche – vertreten durch ihre Oberhirten – überlebt nur des-wegen, weil sie sich im Tagesgeschäft geschmeidiger und kompromiß-fähiger als in ihren sogenannten Substanzen und Strukturen zeigt. So ist es ihr bis jetzt gelungen, ihren Abstand zur entrinnenden Zeit und zur davoneilenden Welt zu verdecken. Den Abstand zu überwinden, schafft sie nicht. Kirchenpolitische Erfolge täuschen über die Distanz zum Heute und zum Morgen hinweg und leisten dem klerikalen Wunschdenken wie der Selbstüberschätzung der Ewiggestrigen Vor-schub. Aber bei hellerem Licht betrachtet, leben Kirche und Papsttum nur noch auf Abruf. Die wirklichen Probleme der Kirche sind Pro-bleme der eigenen Liquidation geworden: Wie sterbe ich am unauffäl-ligsten, nachdem ich mich überlebt habe?

3.
Die UNKEUSCHHEIT
der Keuschen

Drei Ding sind gern in Pfaffenhand: das
schönste Weib, das schönste Haus, das schönste Land.

Spruchweisheit

Keuschheit? Unkeuschheit? Dieser Abschnitt kirchlicher Sündhaftigkeit handelt nicht von Dingen, die als pikant gelten. Voyeure kommen kaum auf ihre Kosten. Von Sexualität wird zwar gesprochen, auch an Beispielen fehlt es nicht. Doch geht es nicht in erster Linie um Verfehlungen einzelner gegen die Ehe oder den Zölibat. Mir sind die strukturell angelegten Obszönitäten der Kirche wichtiger. Ich versuche aufzuzeigen, was wirklich obszön ist, gerade wenn es sich seit jeher mit einer Vorliebe für Keuschheit tarnt.

Dabei versuche ich nicht, die eine Haltung gegen die andere auszuspielen oder sie gegeneinander aufzurechnen, als erlaubte etwa eine »strukturelle Keuschheit« hin und wieder ein kleines prickelndes Versagen. Auch in diesem Punkt geht es um mehr: Die kirchliche Handlungsmoral soll durch den Hinweis auf neue Ethiken abgelöst und die bisherigen blinden Flecken sollen ausgefüllt werden. Vielleicht könnte man in Zukunft das eine tun und das andere nicht lassen (Mt 23, 23).

Die Kirche sieht noch immer nicht ein, daß Obszönität sich nicht ausschließlich auf diejenigen Passagen der einschlägigen Handbücher bezieht, die das sogenannte sechste Gebot behandeln. Die Unkeuschheit läßt sich durchaus auch auf die übrigen Kapitel solcher Bücher beziehen, die das bisherige System kritiklos wiedergeben. Viele Hirten kümmern sich nur um Details einer bestimmten Art von Keuschheit und mobilisieren dafür die Schafe, doch sagen sie diesen nicht, wo andere, ungleich schlimmere Gefährdungen – die des Systems – liegen. Diese strukturellen Gefahren finden sich nicht in den Details, in »Minze, Anis und Kümmel« (Mt 23, 23), sondern beispielsweise in der Gesamtanlage des kirchlichen Eherechts, in dem »Recht, Treue, Barmherzigkeit« hintangestellt worden sind. Das Wort Jesu von den Heuchlern, die die Mücke sieben und das Kamel schlucken (Mt 23, 24), paßt durchaus in die Gegenwart der Kirche.

Aus der Feststellung, kirchliches Recht und klerikale Moral seien ihrer
Struktur und Tendenz nach unsittlich, läßt sich folgern, daß niemand sie
noch zu beachten habe. Doch löst die gelassene Verweigerung nicht das
Grundproblem.

Werden Gesetze und Normen von einzelnen nicht befolgt, lösen sie
sich noch nicht von allein auf. Im Gegenteil: Die Verteidiger der
Altmoral können in einem solchen Fall laufend von »Gesetzesübertre-
tungen« sprechen, ohne selbst grundsätzliche Änderungen vornehmen
zu müssen. Hinzu kommt, daß der »normale« Sünder gar kein großes
Interesse an einer Veränderung der Gesetzeslage hat. Er »sündigt« am
einfachsten nach dem intakten Schema und erhält nach demselben
Schema seine Absolution. Deswegen ist er ein Systemverteidiger besonderen Zuschnitts: Schafe, die vor einem radikalen Veränderungs-
willen stärker erschrecken als vor der eigenen Sünde wider den Gehorsam, können die Hirten immer brauchen. Die Bischöfe sind ihrerseits
darauf aus, Verfehlungen innerhalb des Systems zu billigen und damit
auch zu provozieren: Auf diese Weise konservieren sie das zugrunde
liegende Gesetz und bieten eine multiplizierbar auf Vorrat gehaltene
»Absolution« an, die immer wieder ihre eigene Position legitimiert und
stärkt. Mit dem Gesetz kommt auch heute noch die Sünde – und mit
dieser der Tod. Aber es fragt sich, von wessen Tod hier die Rede ist.

Die in Mitleid schwelgen

Hirten sind stets bereit, Verstöße ihrer Schafe gegen die selbsterrichte-
ten Normen in Kauf zu nehmen und mit einer Vergebung zu winken.
Eben diese Gesetze zugunsten menschlicher Freiheit abzuschaffen,
sind sie unfähig. Mit den Gesetzen fielen sie selbst. Also lassen sie
munter »drauflossündigen«, und gerade ihr eigener Lebensstand, der
sogenannte Zölibat, hat die Folgen zu tragen.

Der regierende Papst hat den Pflichtzölibat im Jahr 1979 eine
»apostolische Lehre« genannt[1]. Zwar wären die – durchweg verheirateten – Apostel sehr erstaunt gewesen ob dieser Doktrin aus Rom, doch
über zwei Tatbestände kann keine Diskussion mehr geführt werden:

Die Kirche muß, strukturell unmoralisch wie sie ist, die Ehelosigkeit ihrer Amts- und Würdenträger offiziell beibehalten, und sie muß – wie stets in ihrer Geschichte – damit fertig werden, daß die wenigsten der von diesem Gesetz Betroffenen sich normgerecht verhalten. Ein Diskurs über Wohl und Wehe des Eunuchentums um des Reiches Gottes willen ist anachronistisch. Die Oberhirten lassen nicht davon ab, sich ihres Gesetzes zu versichern, und die niederen Kleriker wissen, warum und wie sie in aller Stille auch viel Gutes tun können.

Das Priesterleben ein »Opferleben«? Gewiß nicht, weil es an dienstbaren Frauen fehlte. Die waren den Willigen stets zur Hand. Eher ein Opferleben, aber ein selbstgewähltes, weil der Kleriker sich als allzeit disponibles, nicht an Frau und Kinder gebundenes Menschenwerkzeug erwiesen hat, mittels dessen die Oberhirten herrschen konnten. Empfand der Kleriker sich noch als sündig, weil er einmal mehr sein Gelübde gebrochen und eine Frau angefaßt oder mit den Augen begehrt hatte, wurde er zum besonders qualifizierten Instrument: Niemand gehorcht so willig wie der reuige Sünder demjenigen, der ihm Erlösung zusagt. Verzeihung freilich nur für den Reuevollen. Der ließ – seine nächste Gelegenheit zur Sünde im Auge – sich auch schon mal bespitzeln und denunzieren. Der schaute zu, wie ertappte »Mitbrüder« gefoltert und getötet wurden (im Mittelalter) oder wie sie, falls sie nicht nur Kinder gezeugt, sondern auch geheiratet hatten, aus dem Amt gejagt wurden (in der Gegenwart). Priesterkinder und Priesterfrauen: ein noch unaufgearbeitetes Thema klerikaler Mordgeschichte.

Die Bettgeschichten der Eunuchen? Zölibatäre haben, anstelle des ihnen versagten einen Weibes, Liebchen in hellen Scharen gehabt[2]. Keine Klerikerehe, doch ein Klerikerharem ist die Regel. Im 8. Jahrhundert spricht Bonifatius bereits von Geistlichen, die sich »vier, fünf, auch noch mehr Konkubinen nachts im Bette halten«. Später wird es – in Basel, in Lüttich – Bischöfe mit 20, ja 61 Kindern geben. Im 13. Jahrhundert nennt Papst Innozenz III. seine Priester »sittenloser als Laien«, bestätigt Papst Alexander IV., »daß das Volk, anstatt gebessert zu werden, durch Kleriker vollständig verdorben wird«. Geistliche »verfaulen wie das Vieh im Miste«, sagt ein anderer Papst dieser Epoche. Im nächsten Jahrhundert sieht ein Prediger die Kirche Christi als ein »Bordell des Antichrist«. Im 15. Jahrhundert streben »stinkende Menschenkadaver« nach dem Bischofsamt. Beim Konzil zu Konstanz, das den sittenstrengen »Ketzer« Jan Hus zur höheren Ehre Gottes verbrennt, sind 300 Bischöfe zugegen und 700 Huren zu deren Bedienung, nicht gerechnet jene, die die Oberhirten schon selber mitgebracht hatten.

Papst Pius II. hat 1460 dem Kardinal Borgia (und späteren Papst Alexander VI.) vorgeworfen, er habe in Siena ein Fest veranstaltet, bei dem »keine Verlockung der Liebe fehlte« und zu dem die Ehemänner, Väter und Brüder der anwesenden Frauen nicht eingeladen worden waren, »auf daß der Wollust keine Grenzen gesetzt seien«[3]. Solche Vorwürfe konnten die Nachfolger sich schenken; sie kümmerten sich nicht mehr um das, was zur Regel geworden war. Papst Sixtus IV. baute nicht nur die nach ihm benannte Sixtinische Kapelle im Vatikan, sondern auch ein Freudenhaus. Er führte – einer der Geilsten seines Standes, der seine Schwester, seine Töchter beschlief – 1476 das Fest der »Unbefleckten Empfängnis« ein und kassierte von seinen Huren 20 000 Golddukaten Luxussteuer jährlich[4]. 1490 führt eine Statistik in Rom 6800 Dirnen auf. Papst Pius II. hatte recht, als er gegenüber dem böhmischen König, unter Berufung auf einen Kenner, den heiligen Augustinus, beteuerte, ohne ein geordnetes Bordellwesen könne die Kirche nicht leben[5]. Papst Alexander VI. präsidierte einem Bankett, das in den Annalen der Pornographie unter dem Namen »Kastanienballett« berühmt geworden ist. 50 Dirnen tanzten nach dem Mahl, zuerst in Kleidern, dann nackt. Man stellte Kandelaber auf den Boden und streute zwischen ihnen Kastanien aus, die die nackten Dirnen, so der päpstliche Sekretär Burchard, auf Händen und Füßen zwischen den Leuchtern durchkriechend, aufsammelten. Papst und Kurie schauten hin, gewannen Einblicke und geilten sich auf, so daß alsbald die Gastgeber sich mit den Kurtisanen paarten – und Preise für diejenigen ausgesetzt wurden, »welche mit den Dirnen am häufigsten den Akt vollziehen konnten«[6]. Alexander VI. hatte bereits sieben Kinder gezeugt, als die Vaterschaft des achten sogar in der eigenen Familie strittig wurde: Zwei päpstliche Bullen legitimierten dieses Kind, die eine als Nachkomme des Papstsohns Cesare Borgia, die andere als Sohn des Papstes selbst[7].

In den ländlichen Gegenden der Champagne, wo viele Pfarrer im 15.

und 16. Jahrhundert eine Konkubine hatten, bestand der verbreitete Brauch, diese am Sonntagvormittag zu entführen und gruppenweise zu vergewaltigen[8]. Nicht alle »Laien« achteten Kleriker, die ohne weiteres die Nacht in einer Herberge zu zweit verbrachten, gemeinsam mit einem Mädchen, dem sie einen ihrer Talare geliehen hatten. Bischöfe erlaubten, so nebenbei, ihren Priestern Nebenfrauen und nahmen dafür einen eigenen »Hurenzins«. Noch im 17. Jahrhundert hatten die Hirten nicht nur Schafe, sondern auch Frauen und Kinder. Salzburgs Erzbischof von Raitenau allein 15[9]. Am lustvoll ehelosen Leben der Pfaffen mag sich bis heute nicht viel geändert haben, doch dürfen sie es nicht mehr so offen treiben. Inzwischen gehört die Heuchelei zum Geschäft: »Wenn du schon nicht keusch leben kannst«, sagt ein Klerikerwort, »so wenigstens vorsichtig.« Nun ist die alte katholische Unterscheidung zwischen einer heimlichen und einer bekanntgewordenen Sünde wieder wichtig. Die geheime und allerorten grassierende Unzucht der Priester mag noch hingenommen werden, aber nicht die schwangeren Leiber und schreienden Kinder ihrer Konkubinen. »Was schreit, macht Ärger«, sagt die Kirchenmoral unter Hinweis auf ihren eigenen Zustand.

Papst Paul VI. hat in seiner Zölibatsenzyklika[10] die Meinung vertreten, eine zeitweilige Untreue von Priestern sei trotz ihrer offensichtlichen Sündhaftigkeit bei weitem nicht so streng zu beurteilen wie der endgültige Entschluß, eine (wohlgemerkt, gültige!) Ehe anzustreben. Bei einem Konkubinat handelt es sich eben nach klerikaler Ansicht nur um eine Sünde der Schwachheit des allzeit willigen Fleisches, beim Eheschluß jedoch zusätzlich um eine schwere Verfehlung gegen den Gehorsam, die obendrein auch noch in die Öffentlichkeit gedrungen ist. Daher gilt der Eheschließungsversuch eines Priesters als das schlimmste aller Übel. Nur wenig anderen Vergehen – wie dem Mord, nicht aber der Abtreibung! – drohte das kirchliche Gesetzbuch über Jahrzehnte hinweg eine gleich schwere Strafe an[11].

Gewiß gibt es seit einiger Zeit die Möglichkeit für den betroffenen Priester, sich dem Verfahren einer sogenannten Laisierung zu unterziehen und mit oberhirtlicher Billigung den Klerus zu verlassen sowie eine Ehe einzugehen. Doch sind nicht nur die konkreten Umstände einer solchen »Laisierung« für den einzelnen entwürdigend, sondern das

107

gesamte Verfahren bringt (schon in der Wortwahl) zum Ausdruck, daß es kaum Schlimmeres in der Kirchenwelt gibt, als vom elitären Priester zum »Straflaien« degradiert zu werden. Daß die Schafe sich solches gefallen lassen, daß sie nicht aufbegehren, wenn ihr eigenes Leben als zweitklassig bezeichnet wird, sondern daß sie straflaisierte Priester ihrerseits verfolgen (die bösesten Mäuler sind immer getauft), spricht für sich. Ich bedaure alle Priester, die sich – oft genug aus finanziellen Rücksichten – der inhumanen Praxis einer Laisierung unterwerfen und, psychisch erniedrigt, ihr »Versagen« gestehen müssen, um ihre Ketten ablegen zu können. Selten wird die strukturelle Unmenschlichkeit ihrer Kirche so unverhohlen sichtbar, die die Systembewahrung der Würde des Menschen vorzieht.

Der gegenwärtige Papst, der überall, wo er den Boden küßt, die Menschenrechte bejubelt, handhabt die Laisierungspraxis im übrigen wieder restriktiv, um die Seinen bei der Stange zu halten. Daß mehr und mehr Priester in aller Welt den Beruf aufkündigen, schert ihn nicht. Er hofft, mit Durchhalteparolen zu retten, was nicht mehr zu retten ist. Er hat seine Gründe: Er will nicht als Menschenbefreier in die Geschichte eingehen, sondern als strikter Bewahrer der Tradition. Menschenschicksale sind für ihn offenbar »Affären« und isolierbare Einzelfälle, denen allenfalls mit einer Art klerikalen Mitleids begegnet werden darf. Ich nenne dieses Vorgehen Ausdruck struktureller Obszönität.

Aber der Papst tut nichts, was seiner Kirche fremd wäre. Er lebt ganz einfach nach der professionellen Moral. Ihm Konservatismus vorzuwerfen verkennt die Lage der Kirche. Johannes Paul II. muß so handeln; seine eigene Kirche verlangt es von ihm. Von keinem seiner Nachfolger darf anderes erwartet werden. Reformer, die auf einen Engelspapst hoffen, täuschen sich und andere. Kein Papst, der auf sich hält, kann von der traditionellen Linie abweichen. Gerade die Vorzeigepäpste der sogenannten Reform, in unserem Jahrhundert Pius X.[12] oder Johannes XXIII., haben dies bewiesen.

Kein Papst, kein Bischof ist je vom Weg abgewichen, den das harte Denken der mittelalterlichen Kirche vorgegeben hat. Ich nenne als Beispiel das sogenannte Dispenswesen der Kirche. Viele, die das hören, nehmen an, es betreffe sie nicht. Doch sie täuschen sich. Dispensen gibt es in der Kirche zuhauf. Das System verlangt sie: Unter »Dispens«

versteht die Kirche eine vom zuständigen Amtsträger einem Bittsteller völlig freiwillig zugestandene Befreiung von der Verpflichtungskraft eines kirchlichen Gesetzes. Mit einer solchen Dispens kommt der Gläubige immer wieder in Berührung: Bei der Ehevorbereitung (wo es um die Befreiung von Ehehindernissen geht), bei der Sonntagspflicht, bei der Befreiung vom Abstinenzgebot. Es mag einem merkwürdig vorkommen, aber es gibt noch immer Mitmenschen, die erst ihren Pfarrer fragen, wenn sie in der »Fastenzeit« Bonbons lutschen oder sonntags ihr Feld bestellen wollen. In den alltäglichen Fällen, wo es sich um eine kirchliche Trauung handelt, sind schon manche aus allen Wolken gefallen, als sie erfuhren, daß sich ohne Dispens nichts erreichen lasse.

Das System hat es in sich, und es ist zutiefst unmenschlich. Denn es führt dazu, daß der eine (stets ein »Laie«) immer als Bittsteller fungiert, dem kein Recht auf Gewährung einer Bitte zusteht, und der andere (stets ein Kleriker) immer Macht ausübt, indem er, nach Ermessen, von einem Gesetz dispensiert, ohne dessen Existenz es überhaupt keine Bittsteller gäbe. Wieder das alte Lied: Die Kirche stellt, aus Gründen eigener Machtentfaltung und -erhaltung, Gesetze auf, die die Menschen belasten. Und sie gewährt, aus Gründen der Machtentfaltung und -erhaltung, von diesen Gesetzen Dispens. In beiden Fällen bindet sie. die Schafe in ihren Pferch.

Abgestufte Abhängigkeiten schaffen heißt geistliche Macht bis in den Gewissensbereich der Menschen hinein entfalten.

Was ist von einem Recht und einer Moral zu halten, die von dem Grundgedanken beseelt sind, zunächst Berge von Normen aufzubauen und diese dann einzeln wieder abzutragen? Wie sagte doch jener Jesus aus Nazareth? »Die Schriftgelehrten und Pharisäer sitzen auf dem Lehrstuhl des Mose... Sie machen Worte, handeln aber nicht danach. Sie binden schwere, ja unerträgliche Lasten zusammen und bürden sie den Menschen auf. Selbst aber rühren sie mit keinem Finger daran« (Mt 23, 2–4).

Aber wozu Jesus im Zusammenhang mit der Kirche nennen? Zum einen kann nachgewiesen werden, daß der geschichtliche Jesus keine

Kirche gegründet oder auch nur angeregt hat[13]. Das bringt jene Gläubigen, die einen festen Grund, eine unfehlbar sichere Basis für ihren Kirchenglauben brauchen, um überleben zu können, in schwere Bedrängnis. Sie rechnen nämlich ständig mit Kraft und Festigkeit ihrer Kirche und gründen diese höchst unsicheren Begriffe auf den »Herrn Jesus Christus«. Doch dieser verläßt sie, falls er als Gründer einer Kirche in Betracht gezogen werden soll. Selbst wenn eine solche Gründung nachgewiesen werden könnte, rechtfertigte sie nur ein bestimmtes klerikal-autoritäres Bewußtsein, das Wert auf derlei legt. Die Kontinuität zwischen Jesus und Kirche ist nicht durch Gründungsurkunden zu erweisen, sondern durch den Selbstvollzug einer Gemeinschaft. Und gerade daran hapert es bei der Kirche gewaltig. Ihr Selbst fußt auf Gehorsam und Fremdbestimmung, auf Klasseneinteilungen und Hierarchiebildungen, auf dem Bedürfnis nach Absicherung. Gehorsame, Gläubige, Rückgratgeknickte brauchen eine Kirche, die die Garantie geglückten Lebens übernimmt, die Himmel und Hölle verwaltet. Wenn sich der einzelne ihr nur ganz und gar anvertraut, ihr absolut gehorcht, an sie glaubt, sie kindlich liebt. Mit derart extremen Verobjektivierungen des Menschen kann Jesus aus Nazareth überhaupt nicht dienen. Es sei denn, sein eigenes Leben wird umgeschrieben, umgedichtet und angepaßt.

Nicht um des Wahren willen, das Jesus gepredigt hat, sondern wegen einer Vorhersage, in der er sich geirrt hat, konnte dieser Mensch zum Mittelpunkt einer Religion werden.

Zum anderen ist jener »Christus«, den die dogmatisch verfaßten unter den vielen Kirchen so lieben, gegenwärtig nicht so attraktiv, wie ihre Werbung es verspricht. Es ist nicht jedermanns (und nicht jederfrau) Sache, sich einem Gottessohn auszuliefern, der mit förmlichen Hoheitstiteln überschüttet wird, der allmächtig, allwissend und so fort sein soll – und der nichts mit dem geschichtlichen Jesus zu tun hat. Die »Christen« befinden sich in einem Dilemma, und die »Jesuaner«, die noch hoffen wollen, weil sie nicht kämpfen können, nicht weniger. Beide Richtungen kommen sich nicht näher, und die Menschen, die weder mit den einen noch mit den anderen zu tun haben wollen, werden zahlreicher.

Leichter als zu sagen, wer Jesus gewesen ist, fällt die Aussage, wer er nicht gewesen ist oder was er nicht getan hat. Kein christlicher Lehrsatz, der sich nicht bei anderen finden ließe, so beispielsweise bei den Essenern. Die 1947 entdeckten Schriften der Essener (Qumran am Toten Meer), die zur Zeit Jesu entstanden und die in unmittelbarer Nähe seines Wirkens verfaßt worden sind, erwähnen keinen Jesus aus Nazareth[14]. Hat er überhaupt gelebt? Wir wissen es nicht mit 100prozentiger Sicherheit. Seine Existenz aber vorausgesetzt, war dieser Jesus nicht Christ, sondern Jude. Die Mitglieder seiner Urgemeinde heißen Hebräer (die neuere Forschung nennt sie »Judenchristen«). Jesus propagiert eine Mission nur unter Juden, Jesus ist stark von der jüdischen Apokalyptik beeinflußt, Jesus glaubt daran, daß das Gottesreich bald kommt. Ob dieses Reich freilich jenes sein sollte, das uns die – mittlerweile gereinigten – Evangelien präsentieren, ist eine andere Frage.

Ob der historische Jesus überhaupt der überbrave Gottessohn gewesen ist, der nach Meinung der Evangelisten von Gehorsam gegen den Vater überfließt? Vielleicht war alles ganz anders. Vielleicht war Jesus ein trotziger Sohn, der so wenig von »Vater« und »Vaterliebe« gehalten hat, daß ihn die Werteväter seiner Zeit umbringen mußten. Vielleicht haben sich die Evangelien, die von ihm berichten, nur deswegen durchsetzen können, weil sie aus dem rebellischen Sohn einen Bestätiger patriarchaler Gesellschaften im Himmel wie auf Erden gemacht haben, wer weiß. Jesus ist kaum der notorische Ja-Sager gewesen, der zu allem, was auf ihn zukam, »Amen, lieber Vater«, gesagt hat. Dieser Sohnesgehorsam paßt freilich auffallend gut in die Interessenlage der Evangelien. Jesus hat das unmittelbar bevorstehende Weltenende gepredigt und sich in der zentralen Aussage seiner Verkündigung vollständig getäuscht. Dies gilt als die sicherste Erkenntnis der gesamten modernen historisch-kritischen christlichen Theologie[15].

Die eine unkeusche Moral kultivieren

Ehe und Familie gelten ihrem Wesen nach als naturgegebene, vor jeder Rechtsetzung und unabhängig von dieser bestehende Gemeinschaften. Diese Annahme ist nicht unumstritten. Denn beide »Institutionen« sind nicht vom Himmel gefallen, sondern – von interessierten Menschen und Gruppen – geschaffen, legitimiert und erhalten worden. Seit den frühen Tagen des Patriarchats zumindest sind Ehe und Familie rechtlich und moralisch normiert und bestimmten Zwecksetzungen unterworfen. Die Frage nach dem Zweck der Verbindung von Ehe und Familie könnte denn auch, je nach Interesse der Fragenden, verschieden beantwortet werden. In nicht wenigen Kulturen, vor allem in den religiös oder gar klerikal bestimmten, hat sich die mittlerweile sozial stark sanktionierte Antwort durchgesetzt, Ehe sei »eine von der Rechtsordnung anerkannte Verbindung eines Mannes und einer Frau zu dauernder und ungeteilter Lebens- und Leibesgemeinschaft«[16]. Familie aber stelle eine von (derselben) Rechtsordnung geförderte (Wohn-)Gemeinschaft der in einem fortdauernden Eheverhältnis (mit Teilung des Lebensunterhalts) lebenden Eltern und ihrer unverheirateten Kinder (»Kernfamilie«) dar.

In Gesellschaften, die sich – langsam, aber sicher und unwiderruflich – von den traditionellen Religionen lösen, bleiben solche Meinungsantiquitäten noch länger am Leben als die Kirchen, die sie einst legitimiert haben. Die Menschen glauben noch lange nach ihrem Abschied von der Gesetzesreligion, sie seien, um menschenwürdig leben zu können, auf Normen angewiesen. Erst langsam setzen sich abweichende Meinungen durch – und legitimieren gesellschaftlich andere Formen der Beziehung zwischen Menschen. Und das, was klerikale Definitionsmacht lange Zeit als »Natur« ausgegeben hat, wird in sich als unnatürlich fragwürdig: Monogame Beziehungen haben unter diesem Wertewandel zu leiden, gleichgeschlechtliche Beziehungen oder Partnerschaften, die nicht auf ein ganzes Leben angelegt sind, laufen herkömmlichen Ehen und Familien den Rang ab.

Die – meist klerikalen – Definitionsmächtigen von einst wundern sich, ärgern sich über die aufkommende »Unmoral« – und ziehen sich in die alten Burgen ihrer Legitimation zurück. Wieder einmal ist Gott gefragt, der – wie Kleriker meinen – alles Eheliche und Familiäre so normiert habe, wie Kleriker es gerne hätten. Und wenn die Sprüche dieser höchsten Instanz nicht mehr so überzeugen wie erhofft, sehen sich selbst Kirchendiener gezwungen, an »Reform« zu denken. In einer Zeit, wo die Scheidungszahlen sich multiplizieren und Familienprobleme öffentliche Konjunktur haben, verriete jedes Nichthandeln einen Mangel an politischem Instinkt.

Änderungen auf einem so hochsensiblen Gebiet wie dem der Ehe und Familie, das jeden Menschen vor persönliche Entscheidungen stellt und ihm Konsequenzen für seine Gegenwart und Zukunft abnötigt, werden von Kirchenleuten freilich nur vordergründig durchgekämpft: in Form von sogenannten sozialen Reformen. Wieder zeigt sich das gewohnte Bild: Das klerikale Gesetz, das sich mit Gottes Norm identifiziert, wird nicht tangiert (»Ehe bleibt unauflöslich«). Doch neigt sich der gesetzesbewußte Hirte den sündig gewordenen Schafen zu – und sorgt für sozialverträgliche Hilfe. Am kirchlichen Ehegesetz läßt er nicht rütteln. Vielmehr verlangt er stets aufs neue die richtige Sicht des Gesamtproblems. Denn wenn richtig gesehen wird, fühlt er sich im trockenen: Für »Wahrheit« ist er seit eh und je zuständig. Wer nicht so sieht wie er, ist weltfremd.

Warum können Kleriker noch immer so argumentieren? Jede Gesellschaft muß sich die zu ihr passenden Werteväter, -schöpfer, -bewahrer und -vermittler halten, um den für ihr Überleben wichtigen Minimalkonsens zu garantieren. Daher ist die richtige Perspektive in Sittenfragen untrennbar mit der in eben dieser Gesellschaft herrschenden Macht-Sicht und mit deren Institutionen verknüpft. Gewiß finden sich zur Zeit gesellschaftlich und politisch voneinander geschiedene Machtblöcke, die sich die Welt in ihre Welten aufgeteilt haben. Eines ist der ersten, zweiten, dritten Welt aber gemeinsam: das überkommene patriarchale System. Ihm ist es gelungen, sich seit Jahrtausenden in seinen wesentlichen Bestandsformen fast unangefochten zu behaupten und zu vererben. Nur das Patriarchat ist, vor jeder Differenzierung in politische Systeme, nicht allein in seinen Institutionen verankert, sondern auch bis in die Herzen und Köpfe der von ihm gegenwärtig Beherrschten hinein wirksam.

Entgegen der egalitären Ideologie, die sich auf der Oberfläche der

Gesellschaft ausgebreitet hat und an der sich bestimmte Schichten wie der Mittelstand der Intellektuellen abarbeiten, sind Ehe und Familie im Durchschnitt der Masse patriarchal geprägte, immobile Binnensysteme geblieben. Vorerst bleibt die Diskussion um Ehe und Familie durch die sozialen Bedingungen der Werteväterschaft belastet: Alles, was ausgesagt wird und menschliche Wirklichkeiten näher bestimmen soll, muß von den strukturellen Vorgegebenheiten der patriarchalen Gewalt und von deren Verankerung in den Psychen der Betroffenen ausgehen. Unsere Gegenwart hat keinen tiefgreifenden Wandel miterlebt oder gar mitgestaltet. Die weitaus überwiegende Mehrheit ihrer Menschen wurde durch Gewalt (auch und gerade der Kirche) zum Gehorsam gegen bestehende Autorität (Sitte, Recht, Moral) erzogen – und reformunwillig gemacht. Von Klerikern wird alles zu erwarten sein, nur nicht die freiwillige Aufgabe der eigenen Position auf diesem Terrain, das sich mit Gewissensnormen so profitabel beherrschen läßt.

Eine Kirche, deren Herrschaft auf selbstgesetzten Regeln basiert, täte unklug daran, sich zu ändern. Sie muß das Erbe an Wertüberzeugungen und -haltungen verteidigen, das sie ihren Glaubensschatz heißt. Fällt diese Tradition, fällt auch der Einfluß der Kirche. Also muß sie alles daransetzen, die ererbte Überordnung der Männer über die Frauen und die traditionelle Autorität der Eltern gegen ihre Kinder zu festigen. Diese Aufgabe nennt sie »Seelsorge« an Ehe und Familie.

Unter Klerikern gilt es als ausgemacht, daß ihre Kirche einen besonderen Auftrag hat, »Sakramente« wie Taufe, Buße, Krankensalbung dogmatisch abzusichern und juristisch auszuformen. In solchen Fragen lassen die Kirchenleute nicht mit sich handeln. Noch aufgeregter werden sie, geht es um das Sakrament der Ehe (das unter nichtkatholischen Christen keines ist). Auf diesem Terrain verstehen Geistliche keinen Spaß. Sie wissen, warum.

Wer – wie gegenwärtig noch die Kirche – die Hand auf der Ehe hat, kann Millionen Gewissen gängeln.

Sie selbst, die elitär sittlichen Kleriker, fürchten die eheliche Bindung wie ihr Teufel das Weihwasser. Sie nehmen lieber jahrzehntelange Konkubinate in Kauf. Sie opfern ihre Geliebten auf dem Altar der

Wahrheit. Noch im Oktober 1990 diskutiert eine Bischofssynode in Rom ernsthaft, ob die römische Kirche als Ausnahme auch verheiratete Männer zum Priesteramt zulassen dürfe[17]. Als schließlich bekannt wird, daß es in Brasilien zwei (!) solche Männer gebe, gerät alles in Aufregung. Die sogenannten Reformer sehen wesentliche Forderungen erfüllt (die Kirche ändert sich leibhaftig), die Konservativen glauben damit den Anfang vom Ende gemacht. Um derlei Probleme dreht sich die Moral einer Kirche, die Millionen von historischen Blutopfern verschweigt und Abermillionen von gegenwärtigen Gewissensopfern knebelt.

Nun, der Papst weiß Rat, und in den folgenden wenigen Grundsätzen ist die »Moral« einer ehelos geführten Kirche greifbar. Sie richtet sich fundamental gegen die Ehe, und sie weiß, weshalb. Dispens vom allgemeinen Gesetz der priesterlichen Ehelosigkeit gibt es nur unter bestimmten Bedingungen: Der verheiratete Kandidat muß sich bewußt zu einem zölibatären Leben bekennen, obwohl seine (gültige!) Ehe nicht annulliert, sondern nur »suspendiert« wird. Seine Frau und seine Kinder müssen sich rechtsverbindlich mit der Priesterweihe des Mannes und Vaters einverstanden erklären. Die Ehefrau muß künftig »von ihrem Mann total getrennt leben«, sie darf weder »im selben Bett noch unter demselben Dach« anzutreffen sein. Die Angst der Männer vor den Frauen? Die uralte Furcht, Klerikerhände könnten nachts einen Frauenleib, morgens den Christusleib anfassen? Jeder Mensch, der Menschenrechte kennt und wahrnimmt, schüttelt sich. Doch Millionen Christen, denen solche Rechte versagt bleiben, schweigen, wie sie immer schweigen, weil sie zu schweigen gelernt haben. Sie übertreten stillschweigend die geltenden Ehegesetze und »Moralnormen«. Sie bestätigen sie, indem sie nach dem intakten Schema weitersündigen – und bei jenen, die ihre Gewissen gefesselt haben, »Vergebung« erlangen, Woche für Woche. Moraltheologen (ein schrecklich doppelmoralisches Wort!) können zufrieden sein: Das geltende Normensystem der Klerikerkirche ist nicht tangiert. Gesündigt wird nach wie vor, von Verheirateten wie von Zölibatären, und jeder Sünder und jede Sünderin erlangt, nach Reuebeweis, die Absolution just von den Pfaffen, die Verantwortung tragen für die Lage der Frevler(innen).

Die Ehefrau, die noch vor Jahren im Beichtstuhl angebrüllt und als

Mörderin diffamiert worden ist, weil sie Verhütungsmittel angewendet und dies als »Unkeuschheit« gebeichtet hat, zeugt gegen die Institution, welche sich heute nicht einmal für die eigenen Todsünden gegen das Leben der Menschen entschuldigt. Der pubertierende Junge, der noch vor wenigen Jahren jeden Samstag dieselbe »geheime« Sünde gebeichtet hat und dessen Leib und Leben Stück für Stück gedemütigt wurden, klagt den Kleriker an, der im Beichtstuhl für eine Institution tätig ist, die selbst weder öffentliche Scham noch öffentliche Reue kennt. Weil gegenwärtig die Beichstühle leerer sind als früher, kann der Junge auf mehr Verständnis hoffen. Schließlich macht er das »Sakrament« Beichte noch nicht ganz überflüssig. Aber sind Sünden, die vor zehn Jahren noch unnachgiebig als solche galten, heute plötzlich keine mehr? Hat der Zeitgeist die Kleriker endlich eingeholt? Nochmals: Wer besonders inhuman sein will, der erstelle Gesetze, die zu schwer für die Menschen sind, der lasse sie übertreten, der neige sich den Übertretenden zu und verspreche ihnen, bis zum nächsten Mal, seine Absolution. Dies Vorgehen schafft wie kein zweites Herren und Knechte. So und nicht anders pflanzt sich die Unmoral der Kirche fort von Generation zu Generation. Beispiele für solch klerikale Unsittlichkeit, die im Vergleich zu den Übertretungen der ihr Unterworfenen ungeheure Ausmaße angenommen hat, sind Inhalte der offiziellen Kirchenlehre: Geburtenkontrolle, Zölibat, Ehescheidung, Normsexualität.

Die Frage, wer sich über Sexualität am besten auslasse, ist kirchenamtlich beantwortet: Wenn Sexualität »ausgelebt« sein muß (ein Problem, mit dem Generationen von Eunuchen-Theologen sich herumgeplagt haben), dann auf geregelte Weise. Denn, so Pius XII., die nun einmal nicht wegzudiskutierende menschliche Lust wird nur akzeptiert, um »zum Dienst am Leben anzutreiben«[18]. Wehrdienst und Liebesdienst? Kriegsdienst und Lebensdienst? Über alles wacht der Papst. »Geregelt« heißt: innerhalb der gültig geschlossenen Ehe, nicht vorher, nicht nebenher und moralisch korrekt. Das bedeutet, die Kleriker haben sich ihre Gedanken gemacht und wissen inzwischen, was sie erlauben können und was nicht. Kondome sind nicht erlaubt (der Papst sagt das in Afrika und in Lateinamerika). Das Messen der Innentemperatur zur Bestimmung empfängnisfreier Tage ist natürlich. Ehebruch ist ebenso Frevel wie Masturbation, vorehelicher Verkehr ebenso verwerflich wie Verkehr zwischen zwei Männern. Das eine ist natürlich, das andere nicht.

Was Natur ist, bestimmt der Patriarch. In der Vätergesellschaft kann der Heilige Vater mit Bestimmtheit sagen, daß es Tage der Frau und Nächte des Mannes geben muß – und was zu diesen Zeiten geschehen darf und was nicht. Wehe jenen, die dies nicht anerkennen! Sie stellen sich auf die Seite der schwarzen Schafe. Da verstockten Sexualsündern der Liebesentzug durch Vater Bischof und Vater Papst droht, muß der heutige Gläubige andere Wege suchen. Er klatscht dem Papst bei einer von seinen »Pastoralvisiten« Beifall und denkt gleichzeitig an seine Freundin. Diese applaudiert ebenfalls dem Mann in Weiß – und trägt die Pille im Handtäschchen. So sind alle zufrieden, denn der Papst denkt, er habe die Volksmassen überzeugt, und die Volksmassen haben ihre private Lösung der wichtigsten Probleme des Vatikans bereits gefunden.

Freilich geht es nicht in jedem Fall so friedlich zu. Es gibt auch Opfer der vatikanischen Sexualmoral, die nicht mehr applaudieren können. Hier seien diejenigen genannt, deren Selbstverwirklichung den harten Priestermännern als »Sünde gegen die Natur« gilt. Homosexuelle Menschen sind im Lauf der Kirchengeschichte immer verfolgt und oft ermordet worden. Sie reihen sich ein in die Gruppe der Abweichler, auf die beide patriarchale Institutionen – Kirche und Staat – Jagd gemacht haben, um sich selber und ihre Ideologie vor Ansteckung zu schützen. Das historisch vorerst letzte Beispiel bietet die Hitler-Diktatur: Von einem Protest der Kirche gegen die Verfolgung Homosexueller ist nichts bekannt. Die Kirche hat die Verfolgung und Tötung von Menschen einer sogenannten Minderheit geduldet – und wurde einmal mehr mitschuldig. In der Regel stehen kirchliche Amtsträger und Ideologen nicht auf der Seite der Diskriminierten. Die Regel heißt: Homosexuelle sind – auch beruflich – zur Diskriminierung durch sogenannte gute Christen freigegeben. Nach (inzwischen verschwiegener) katholischer »Moraltheologie« war es einmal verwerflicher, sich homosexuell zu betätigen oder die Empfängnis zu verhüten, als eine Frau zu vergewaltigen oder mit der eigenen Mutter zu schlafen. Denn das eine war »natürlich«, das andere nicht[19].

»Natürlich« ist für Kleriker jene jahrhundertealte Tradition des

»Weiber schweigen in der Gemeinde!«, die Paulus, der wichtigste Apostel dieser Kirche und ihr Stifter, begründet hat. Warum Frauen es in der Kirche so schwer haben, ist hiermit beantwortet. Opferleben? In der Kirche ein gewichtiges Wort. Die einen raten dazu, die andern führen es. Es ist schon nicht mehr merkwürdig, sondern systemimmanent, daß die großen Ratenden stets Männer, die kleinen Ausführenden immer Frauen sind. Den Frauen wird – von Klerikerherren – eingeredet, daß es »frauliche Art« sei, opferbereit zu werden, zu sein und zu bleiben. Warum ist das so? Daß Männer sich gern lieben, bedienen lassen, daß sie deswegen den Frauen einreden, Lieben und Bedienen sei deren Sache, ist ganz üblich in Männergesellschaften. Wo Patriarchen herrschen, brauchen sie Untertanen, Opferwesen, Beutemenschen[20]. Solche zu definieren, auszubilden und sich ihrer dann zu bedienen, ist ein herrliches Privileg, also Männerart. In der Männergesellschaft Kirche finden sich nur Spiel- und Abarten dieses generell patriarchalen Prinzips. Freilich ganz besonders mickrige und verletzende Varianten. Eine Distanzierung der Kirche vom jeweiligen Zeitgeist gibt es nicht. Kleriker sehen zwar in nackten Brüsten und kurzen Röcken die schwersten Gefahren für die Moral. Doch dadurch heben sie sich nicht von der »Welt« ab, sondern bestätigen ihren Männerstatus. Sie machen alles mit; ihre Moral erhebt sich zu keiner Zeit über die der anderen. Ihr Gott handelt selbstverständlich so, wie es von ihm verlangt wird.

»Zur Frau sprach der Herrgott: Vermehren will ich deine Schmerzen bei deiner Schwangerschaft. Unter Leid sollst du Kinder gebären, und doch geht deine Brunst hin auf deinen Mann, obgleich (oder: gerade weil) der über dich herrscht« (1 Mose 3, 16). Das Wort eines Herrengottes, der dazu geschaffen erscheint, die Brunst dem Weibchen zuzuschreiben, ist charakteristisch und verräterisch. Es verkehrt den Sachverhalt. Wer ist denn brünstig? Wer denn will die tatsächlichen Besitzverhältnisse zwischen Mann und Frau im eigenen Sinn legitimieren? Wenn dieser Männer-Gott den Mund auftut, weiß Eva immer, woran sie ist. Die Patriarchen haben es geschafft, ihre Tradition seit den Zeiten der Bibel lückenlos aufrechtzuerhalten. Der Vatikan, ein Hochsitz des Patriarchats, äußert sich noch 1988 genauso über »Würde und Berufung der Frau«, wie er es zu allen Zeiten getan hat[21]. Er spricht von »Berufung«, um der Welt anzudeuten, daß er sich zum Sprachrohr des

Herrengottes macht. Er spricht vom »grundlegenden Erbe der Menschheit« und bezieht dadurch ungefragt die Menschen aller Zeiten und Zonen ein, um sie seiner Doktrin zu unterwerfen. Er meint mit diesem Erbe der Menschheit (Mannheit) nichts anderes als die »gottgewollte Tatsache«, daß die Frau und Mutter sich gehorsam gegen den Willen des Mannes und Vaters zu erweisen habe, sich also »typisch fraulich« verhält.

Übernimmt die Frau den Manneswillen, so ist sie eine gute Frau. Wer aber nicht dienen, sondern eigenbestimmt sein oder werden will, der sündigt. Kein Wunder, daß Papst Johannes Paul II. sich auf Paulus beruft. Kein Wunder, daß er einen der vielen frauenfeindlichen Sätze dieses ehelosen Frauenhassers verwendet: »Eine Frau soll still zuhören und sich ganz unterordnen. Ich gestatte es keiner Frau, zu lehren und sich über den Mann zu erheben. Zuerst wurde ja Adam erschaffen, und dann erst Eva. Doch nicht Adam wurde verführt, sondern die Frau ließ sich verführen. Aber ihre Rettung besteht in der Erfüllung ihrer Mutterpflichten, wenn sie sie sorgsam in Glauben, Liebe und Gehorsam versieht« (2 Tim 2, 11–15). Der Papstmann hat gesprochen, der Apostelmann, der Mann-Gott. Die Frauen wissen jetzt, was zu tun und zu lassen ist.

Die Geschichte der klerikalen Frauenfeindlichkeit beweist, daß sich der Manneswille nie zu ändern brauchte. Die Aussagen waren klar, die Positionen von Mann und Frau ein für allemal festgelegt.

Nachzubessern gab es an dieser unkeuschen Moral nichts, von den wenigen Fällen abgesehen, in denen einige Frauen gegen den Herrenwillen aufbegehrten. Wo klerikale Predigt nicht mehr fruchtete, griff »man« zu dem innerkirchlich nicht weniger erprobten Mittel des Mordes. Ungezählte (»Hexen«-)Frauen mußten sterben, weil sie nicht so gewollt hatten, wie die Kirche der Männer es ihnen gepredigt hatte. Solange diese Kirche Macht über die Herzen besitzt, werden Männer-Inquisitoren noch immer mit den Frauen da unten fertig.

Der »Hexenhammer« (Erstdruck 1487 in Straßburg) wurde von einem Papst abgesegnet und sofort auf der ganzen damals bekannten Welt als autoritatives Kirchenwort verbreitet. In seinen 29 Auflagen findet sich eine päpstliche Bulle, die zum Mord aufruft und wider die kein einziger Papst auch nur ein Sterbenswörtchen verlor – fast 200 Jahre Heilsgeschichte lang[22]. Warum denn auch? Wenn schon der klerikale Gott sich moralisch so verhalten mußte wie seine Schöpfer, war dieselbe Forderung auch an die Päpste zu richten: Also ist es folgerichtig, daß ab 1258 Hexenerlasse von Päpsten nachzuweisen sind. Also paßt es ins Bild, daß die Hexenbulle des Jahres 1484 sich brüstet, Ausdruck einer das Innerste bewegenden oberhirtlichen Fürsorge zu sein. Frauen werden peinlich befragt, schamlosen Verhören durch Priester ausgesetzt. Die inquirierenden Schweine foltern Geständnisse heraus, erbärmliche Sauereien allesamt: Riesige Glieder tauchen auf, stinkende Böcke paaren sich mit lüsternen Weibern, und die Kleriker hören zu, die Hand unter der Kutte am Glied.

Köstliche Befriedigungen fürwahr, für die Kleriker und ihre Helfershelfer reserviert, denn die geduldige Suche nach dem teuflischen Mal am Körper der angeklagten Frau blieb eines der Wesenselemente des Prozesses. Das christliche Abendland hielt sich Tausende von Folterknechten, die sich abmühten, in der Nähe der Brüste, des Gesäßes oder der Geschlechtsteile die berüchtigten schmerzunempfindlichen Zonen zu finden und zu testen, welche die Zugehörigkeit zum Satan bewiesen.

Das Konzil von Trient (1545–1563) gilt als eine Sternstunde des Hl. Geistes. Wichtige Dogmen trug es der Kirche ein; Luther und die Seinen wurden in jenen Jahren zumindest theoretisch besiegt. Doch verlor die hochheilige Versammlung der Kirchenväter, die sich jahrelang mit den subtilsten Problemen der richtigen Definition einer »Glaubenswahrheit« herumgeschlagen hatte, auch nur ein Wort über den Mord an »Ketzern«, an Juden, an Frauen? Frühere Päpste und Konzilien hatten die Folter legitimiert – die eine geschichtliche Wahrheit. Die andere? Die damals in ganz Europa brennenden Scheiterhaufen haben keinen einzigen der sogenannten großen Konzilsväter und Theologen in Trient interessiert[23].

Bei dem Jahrhunderte andauernden Frauenmord geht es nicht um vereinzelte Sünder im Schoß der Kirche, sondern um eine päpstliche Lehre, um die strukturelle Unkeuschheit der Kirche. Kein Konzil hat sie angefochten. Beendet wurde das Morden erst, nachdem sich Stimmen durchgesetzt hatten, die von außerhalb der Kirche kamen. Sie selbst führte ihr Foltern und Morden auf den Willen Gottes zurück. Und da ihr eigener Gott ein gehorsamer, dem jeweiligen Zeitgeist folgender Gott ist, wird sie recht gehabt haben. Und heute? Da das apologetische Geschwätz der Erben Konjunktur hat? Da gerade »feministische Theologie« der letzte Chic ist? Da es keiner mehr gewesen sein will? Da sich ein Papst lächerlich macht, der von »Hexen« redete wie seine Vorgänger? Da er sich nicht mehr daran erinnern lassen will, daß diese jahrhundertelang – unter dem Einfluß des Hl. Geistes, wohlgemerkt – dunkelste Magie unterstützt haben, Mord an »Hexen«, Aberglauben? Heute zieht sich ein Papst aus der Schlinge, indem er das Vorkommen von »Hexen« leugnet – und die Tatsache ihrer Verfolgung verschweigt.

Fraulicher Ungehorsam? Ein Nein der Frauen gegen das ihnen von Gott auferlegte Oben des Mannes? In solchen Fällen regt sich nicht nur die Angst der Männer vor den Frauen, regt sich nicht allein die Erinnerung an das allen Männern (zumal den Klerikern) gemeinsame Wissen um die Überlegenheit des »anderen Geschlechts«. Da wird aus Angst nackte Gewalt. Da zeigt »man« es denen da unten. Da werden Definitionen gezeugt, Kopfgeburten, zu denen nur Männer fähig sind. Albertus Magnus, ein 1941 von Pius XII. zum Patron aller Naturwissenschaftler erklärter Mönch aus dem 13. Jahrhundert, nennt die Frauen defekte Wesen[24]. Der anerkannteste Lehrer der römischen Kirche, Vorbild bis heute (wenn es nach dem Wunsch des Papstes ginge), Thomas von Aquino, wird Angst und Sadismus in einem los: Frauen sind mißglückte Männer, Menschen, denen etwas (was wohl?) zum richtigen Menschsein fehlt[25]. Denn eigentlich müßte ein Mann stets männliche Kinder zeugen, weil jede Wirkursache ein ihr Ähnliches hervorbringt, meint der heilige Kirchenlehrer. Doch das klappt nicht immer. Denn wirkten widrige Umstände bei der Zeugung mit, war beispielsweise das Sperma defekt oder bliesen während des Liebesaktes feuchte Südwinde (so daß Kinder mit größerem Wassergehalt entstanden), wurden, Gott sei's geklagt, Mädchen gezeugt[26]. Hier spricht – über die Jahrhunderte der Kirchengeschichte hinweg – eine »vernünftige Autorität«. Denn hier spricht ein Kirchenmann.

Die Frauen werden sich zu richten wissen. Sie wissen, daß die Kirche – weit entfernt, sich gegen den Zeitgeist der Männergesellschaft zu wenden – selbst eine Ausgeburt des Patriarchats ist, nicht um ein Haar besser als diejenigen, die sie sich erfunden haben. In dieser Kirche wurde zum Beispiel die Prostitution »für das vergewaltigte Mädchen letztlich als einzige Möglichkeit betrachtet, ihre Lust zu sühnen«[27]. Das Bußbuch des Alanus ab Insulis fordert den Beichtvater auf nachzuforschen, ob die Frau, mit der man gesündigt hat, attraktiv war; wenn ja, wurde dem Sünder die Buße reduziert[28].

Noch im 11. Jahrhundert war unter Kirchenmännern strittig, ob Frauen überhaupt eine Seele haben. Jedenfalls blieben sie unten, wo männliche Lust sie so gern sah. Frauen dienten der Männerkirche, wo immer diese solcher Dienste bedurfte: in Klöstern, in Pfarrhäusern, bei Tag und, lieber noch, bei Nacht. Die Zahl der zu Mätressen und Konkubinen Herabgewürdigten in der Kirche ist fast unendlich; sie ist unter den zölibatären Umständen von heute nicht geringer geworden. Frauen haben die Kirche ihrer Männer mit aufrechterhalten, Frauen, die nicht aufmucken, tragen diese Kirche weiter mit: in den Klöstern und auf Ehebetten wie auf den Lotterbetten der Pfaffen. Über allem aber schwebt wie eh und je die geile Phantasie derer, die – als Männer – etwas von Philosophie oder Theologie zu verstehen glauben. Da träumt sich die augustinische »Civitas Dei«, eins der Hauptbücher des Abendlandes und für unzählige Gewissensmorde verantwortlich, in ein Paradies hinein, das vor allem deswegen ohne Sünde ist, weil ihm trotz seiner Nacktheit die sexuelle Leidenschaft fremd bleibt[29]. Im Garten Eden ist die Schande des Koitus noch unbekannt, und das freut jenen Kirchenvater Augustinus besonders, der erst ein Leben voller Laster hinter sich bringt, bevor er sich »bekehrt« – und aufbricht, ganz Europa zu bekehren. Welcher Kleriker hat ein Wort des Verständnisses oder der Entschuldigung für die Millionen, die diesem Kirchenherrn auf den Leim gegangen sind und ihr (Sexual-)Leben, an den schmachvollen augustinischen Gedanken orientiert, vergeudet haben?

Kirche und Ehe? Da sind klerikale Obsessionen am Werk, wie sie Hieronymus Bosch wiedergab: Das neuzeitliche Europa sollte, so der renommierte Historiker Jacques Solé, »im Koitus und den Versuchungen des Fleisches die höchste Gefahr sehen und dieselbe Lektion von Kanzeln und in Traktaten unablässig wiederholen«[30]. Da ist von Geschlechtsakten die Rede, die lasterhaft sind und eklig. Da kann die Frau sich nur vor der Einschätzung als Hure retten, indem sie sich als jungfräuliche Braut des Herrn oder als treue Ehefrau und Mutter vieler Kinder bewährt. Der katholische Theologe A. J. Rosenberg schreibt 1915 allen Frauen ins Stammbuch, worum es christlicher Militanz und Kinderliebe geht: »Moderne Kriege sind Kriege, in denen die Massen sehr viel mehr bedeuten. Die gewollte Einschränkung der Kinderzahl (in Frankreich) bedeutete also den Verzicht auf gleiche nationale Stärke mit Deutschland... Tausende von Eltern beklagen den Verlust des einzigen Sohnes... Strafe muß sein... Der Krieg hat das Problem der gewollten Kinderscheu in ein neues Licht gerückt.«[31]

Die gern Spezialisten für »Sexuelles« wären

Warum ausgerechnet jene viel über voreheliche, eheliche, außereheliche, uneheliche und nacheheliche Themen zu sagen wissen, die selbst ehelos sind, weil ihre Oberhirten ihnen dies befohlen haben? Die Geistlichen antworten: Wir sind auserwählt, ein bevorzugtes und reserviertes Wissen über alles und jedes zu haben – und dieses Wissen, in Normen, in Regeln verpackt, nach unten weiterzugeben, damit jeder Christenmensch Bescheid weiß, wie er vor und in seiner Ehe zu leben hat. Mangelnde Sachkompetenz gibt es unter Klerikern nicht: Sie wissen ohnehin alles (da der Geist ihnen einflüstert, was sie nicht wissen). Sie verkünden ihre Wahrheiten, sie predigen, je nachdem, Gebrauch, Mißbrauch oder Enthaltsamkeit. Und der Umstand, daß die Bibel so gut wie nichts zum Thema sagt, fällt den Eingeweihten gar nicht mehr auf. Sie haben ihre eigene Praxis.

Menschliche Sexualität gilt als eines der schwierigsten, weil am offensten verdeckten Probleme. Was zunächst gemeinsame Habe aller ist, stellt sich mehr und mehr als Mangel dar, der von Experten verwaltet werden muß. Alle Branchen vom richtigen Leben, die professionellen Therapeuten, Angst- und Hoffnungsmacher, Kleriker voran, beschäftigen sich mit dem profitablen Thema. Der gut honorierte Markt der ideologischen Liebeshilfen und -prothesen weitet sich aus.

Doch scheitert der Versuch, Sexualität bleibend zu definieren, um sie definitiv zu beherrschen. Bereits die gemeingängige Forderung, Begriffsbestimmungen zu erstellen und Handlungstheorien nachzureichen, die den Massenwünschen entsprechen, bleibt vorkritisch. Hinzu kommt, daß Geschlechtlichkeit, falls sie nicht nur – wie in den Fällen der Pornographie und der Gruppensexualität – die tristen Ergebnisse der Abstumpfung und des Erlebnisverlustes von Lust wiedergibt, sich einer Festlegung entzieht. Ihr haftet ein prinzipiell Ungeordnetes an. Das kann hoffentlich gesagt werden, ohne in Verdacht zu geraten, das Sexuelle aufs neue dämonisieren oder Sexualität als undefinierbar definieren und damit wieder dingfest machen zu wollen. Nur wer noch immer meint, Systeme hafteten dem wahren Sein der Dinge an, während das Unberechenbare ein Irrtum sei, wird dies bedauern.

Kleriker leben in dem Wahn, die eigene Freude am System als Wahrheit der Dinge ausgeben zu können. Sie täten besser daran, sich bescheiden als Eklektiker mit etwas Sinn für Ordnung zu bezeichnen. Verständnis für offene Situationen, wie sie das menschliche Grundgefühl schafft, das als Lust umschrieben wird, bringen sie nicht auf. Dabei ist nur hier, wo Liebe Brot der Armen bleibt, das Widerspenstige noch nicht völlig unterworfen, auch wenn die mit totalitären Normen herrschende Moral ihrem Leben beständig unrecht tut.

Sexualität bedeutet Leben, und damit muß sie der Kirche verdächtig sein.

Warum suspekt? Jener Anteil am Sexuellen, den ich als »natürlich« bezeichne (was weder die Wertung »normal«, »gesund«, noch die »wild«, »unverdorben« beinhaltet), kann nicht ganz und gar aufgelöst werden. Um so beflissener sucht klerikale Sexualmoral auf dem ihr chaotisch erscheinenden Feld der Sexualität (der Begriff ist vor etwa 200 Jahren der Biologie der Pflanzen entlehnt worden) Ordnung in das Chaos zu bringen. Lange Zeit hindurch geschah dies mit bloßen Berufungen auf einen Gott, der als ausgesprochen lustfeindlich gedeutet werden durfte. Dann wurde diese Sicht, die sich wenig um sachliche Argumente scherte, durch das Problem abgelöst, ein »Bild vom Menschen« zu erstellen. Nach diesem Schema geht die Kirche noch immer, wenn auch mit abnehmendem Erfolg, ans Werk der Normenfindung: Nachdem die Gläubigen erfahren haben, daß sie instinktunsichere

Lebewesen seien, deren Verhaltensmöglichkeiten beschränkt werden müssen, haben sie auch erlernt, was die ihnen oktroyierte Kultur als gebräuchliche und annehmbare Sexualität normiert.

Ein gehorsam gläubiger Mensch, der sich nach dem ausrichtet, was ihm seine Hirten sagen, weiß, daß er an ein bestimmtes Wertsystem normierter Geschlechtlichkeit angepaßt werden muß, um nicht gegen das sogenannte sechste Gebot zu verstoßen. Er hat – erzogen, sozialisiert, angepaßt – zu verstehen bekommen und sich entsprechend intensiv gemerkt, was als seine wahre Sexualität definiert ist, welche Normen und Tabus[32] dieses sechste Gebot umschreiben und ausdeuten, welchen Regeln er sich zu unterwerfen hat, um nicht sanktioniert, sondern gratifiziert zu werden. Schließlich ist er ja auf Erden, »um in den Himmel zu kommen«, und zu diesem Zweck muß er sich sexuell besonders gutwillig und hirtenfreundlich zeigen.

Übernimmt ein Mensch, am besten ein für allemal, die ihm von seinen Bischöfen zugewiesene spezifische Sexualität in seinen Lebensstil, so darf er künftig der Gesellschaft aller ähnlich Zugerichteter (Kirche) als Träger und Bewahrer von Normalität gelten. Er ist im Lauf seiner Sexualisation zu einem normtypischen Sexualcharakter geworden. Ob er damit auch zu einem typischen Sexualneurotiker wurde, fragt er am besten nicht. Dabei müßte jedes soziale System, gerade ein klerikales, sorgfältig daraufhin untersucht werden, ob und inwieweit die in ihm herrschenden Rollenerwartungen den einzelnen Menschen die Befriedigung eigener Bedürfnisse und insofern Zufriedenheit ermöglichen, in welchem Maß es den Individuen offensteht, ihre Rolle auch anders zu verstehen und zu spielen, als es die im System gerade dominanten Optionen vorsehen, und vor allem, in welchem Maß es als erlaubt gilt, von den (»gottgewollten«) Normen abzuweichen.

Gegenüber diesen Fragen versagt die Kirche. Sie bleibt weit hinter den Möglichkeiten menschlicher Freiheit zurück. Ihre Hirten haben eine Sexualmoral und ein Sexualrecht erstellt, das schon immer inhuman war und das durch Wiederholung und Einschärfung nicht menschlicher wird. Kleriker reden allzugern davon, daß sie – gerade auf dem Gebiet menschlicher Sexualität – die wahre Wahrheit gefunden hätten. Kein anderes Feld beackern sie so intensiv – und auf keinem anderen wächst ihnen so viel Unkraut.

Was sie angerichtet haben? Sie haben Millionen von Menschen gedemütigt, indem sie ihnen einredeten, ihre Sexualität sei nicht so zu leben und zu erleben, wie sie selbst wollten, sondern so, wie Päpste es sagten. Sie haben gelehrt, daß die klerikalen Wege zur Geschlechtlichkeit die für Menschen einzig gangbaren seien – und sie haben auch in diesem Fall gelogen. Sie haben ihr eigenes Recht und ihre eigene Moral mit so vielen Unwahrheiten und Obszönitäten angefüllt[33], daß sie schamhaft schweigen müßten, wenn es künftig um solche Probleme geht. Doch da sie keine Scham kennen und keine Reue, wird nicht damit zu rechnen sein, daß sie sich nicht wieder in Fragen einmischen, von denen sie historisch nachweislich nichts verstehen.

Geschichtliche Fehler, Sünden der Kirche am Menschsein? Ich kann aus der Fülle nur ein paar Stichworte nennen[34]: Das grundsätzlich menschenfeindliche Eherecht dieser Kirche, der Biologismus klerikaler Ehevorstellungen, die nur bedingten Scheidungsverbote (»Scheidung auf katholisch« ist immer möglich!), das Schicksal der außerehelich Geborenen, die starke Akzentuierung »sexueller« Vergehen, die andere, wesentlich schlimmere Taten vergleichsweise geringachtet, die prinzipielle Geringschätzung des fraulichen Anteils an Ehe und Familie, der durchgängige Sexismus klerikaler Äußerungen und Handlungen. In allem beweist sich kirchliche Todsündigkeit, der lebendige und lebensbejahende Menschen so schnell wie möglich den Abschied geben sollten.

Abschied von der Lehre der Kirche in Sachen Geburtenkontrolle: Die Meinung der Kirchenvertreter zur Frage der Empfängnisverhütung scheint eindeutig. Aber sie ist es nicht. Zum einen lehren nichtkatholische Kleriker ganz anders als katholische, und zum anderen ist selbst unter katholischen Theologen die richtige Wahrheit umstritten. Neuerdings haben Oberhirten in diesem Zusammenhang sogar das Gewissen wiederentdeckt. Zwar nicht ihr eigenes, doch das der »Laien«, die noch auf derlei Spitzfindigkeiten hören.

»Laien« sollten sich hüten, von amtskirchlichen Wahrheiten allzuviel zu halten. Nicht selten haben die Hirten schwer geirrt, als sie »Wahrheit« meinten. Häufig haben sie baren Unsinn erzählte, als sie glaubten, Dogma und Moral zu verteidigen. Der Historiker Rudolf Lill hat solche Verfehlungen und Zeitirrtümer aufgelistet[35] und gemeint, der

Papst würde gegenwärtig keine Zeile mehr auf die Verteidigung mancher Lehrmeinungen seiner Vorgänger verschwenden.

Wie die Frau hat die Kirche – sosehr sie es bestreitet – durch fast 2000 Jahre auch die Ehe diffamiert. Angefangen bei den Kirchenvätern bis zum heutigen Papst loben Kleriker den Eunuchen um des Himmelreiches willen mehr als den Ehemann. Laut Kirchenlehrer Hieronymus leben Verheiratete »nach Art des Viehs«[36]. Sie unterscheiden sich im Beischlaf »in nichts von den Schweinen und unvernünftigen Tieren«. Augustinus (der es wissen muß) predigt, daß Verheiratete im Himmel schlechtere Plätze erhalten als die Eunuchen, daß nur die »Josephsehe« (die der Namensgeber am wenigsten kannte) eine »wahre Ehe« sei. Von Geschlechtlichem hält sich der Erwählte am tunlichsten frei (sagt er öffentlich), denn es befleckt ihn. Menschen, die ein zweites Mal heiraten, wälzen sich, so ein geflügeltes Wort des Mittelalters, »wie die Sau nach der Schwemme wieder im Kot«. Der Witwenstand ist ungleich heilsamer, sagen die Ehelosen. Am besten werden Frauen im vorgerückten Alter (über 30) bei Unterleibsoperationen durch den Gynäkologen »ganz zugenäht«; am besten tragen Frauen (in südlichen Ländern Katholiens) nach ihrer Hochzeit tiefes Schwarz.

So mußte der Verkehr rigoros eingeschränkt werden. Die Moralisten der Kirche waren mit Verboten schnell zur Hand. Was ihnen selbst (offiziell) ganz verboten war, sollten andere nur zu bestimmten Zeiten genießen dürfen. Untersagt war Geschlechtsverkehr in den Jahrhunderten des Mittelalters an Sonn- und Feiertagen, Buß- und Bittagen, allen Mittwochen und Freitagen oder Freitagen und Samstagen, um Ostern und Pfingsten, während der 40tägigen Fastenzeit, während der vierwöchigen Adventszeit, vor der Kommunion, mitunter auch danach, während der Schwangerschaft und zu Zeiten der Menstruation[37]. Den Übertretungen folgten Kirchenstrafen und -bußen, den »Ausschweifungen« schreckliche Racheakte des Patriarchengottes: aussätzige, epileptische, verkrüppelte, besessene Kinder. Besser hatten es unter diesen Vorzeichen die Tiere. Als sittliches Vorbild galten in Klerikerpredigten das Kamel, das nur einmal pro Jahr, und die Elefantenkuh, die lediglich alle drei Jahre koitiere[38].

Wenn schon geliebt werden mußte, dann ohne »Gier«. Ohne unerlaubte Hilfsmittel, ohne streng verbotene – und daher sündhafte –

Verhütungsmittel, auf die korrekte (gottgewollte) Art, in der klerikal empfohlenen (gottgewollten) Lage, die Frau unten, wo sie hingehörte, auf dem Rücken, der Mann obenauf, die »Missionarsstellung« also, ein bedeutender – und viel belächelter – Beitrag des Abendlandes zur Mission der »Wilden« in Afrika. Liebten sich zwei Menschen auf andere als die behördlicherseits angeregte Art, galt dies als Verbrechen, schlimm wie Mord. Sich »nach Art der Hündlein« zu lieben: Verboten! Sich vor unerwünschter Schwangerschaft zu schützen: Streng verboten! Die Gläubigen, so verkündigten die deutschen Bischöfe 1913, sollten lieber jede Not tragen, jeden Vorteil preisgeben als Kondome benutzen[39]. Die einschlägige Industrie wurde damals wegen »verbrecherischer Beihilfe« als fluchwürdig bezeichnet, da ihre »verruchten Artikel ... unser armes deutsches Volk nicht mit seinem Geld allein, sondern auch mit seinem Blut, mit der Gesundheit des Leibes und der Seele, mit dem Glück der Familie« zu bezahlen habe. Hersteller von Gummiartikeln und Antibabypillen können demnach, so die klerikale Moral, verdammt werden. Die Rüstungsindustrie hat es da entschieden besser. Bis zu ihr reicht kein kirchlicher Fluch. Granaten, Kanonen, Bomben sind augenscheinlich weniger fluchwürdig als Präservative, ja, sie sind es gar nicht. So war es im Ersten, so war es im Zweiten Weltkrieg – so ist es noch heute. Der gegenwärtige Papst ist der amtlichen Meinung, selbst die »Lustseuche« AIDS sei nicht Grund genug, Kondome zu benutzen. Krieg also den Verhütungsmitteln, kein Krieg dem Krieg! Selbst der Verkauf von Präventivmitteln gilt als »formelle Mitwirkung mit der Sünde des Käufers«. Der Verkauf von Granaten nicht.

Peinlich wirkt vor diesem Hintergrund die Mitteilung aus dem Jahr 1990[40], die katholische Kirche habe jahrelang am Verkauf von Antibabypillen mitverdient. Die Fernsehsendung »STERN-TV« berief sich auf Dokumente der Mailänder Staatsanwaltschaft. Diese belegen, daß die Vatikanbank Ende der 60er Jahre die Aktienmehrheit an einem italienischen Chemieunternehmen in Rom besaß, welches die »Pille« herstellte. Worte und Taten ...

Übervölkerung der Erde? Verhungern von Millionen? Kein Thema vatikanischer Moral. Der jetzige Papst meint: »Es ist eine lebensfeindliche Haltung entstanden, die sich bei vielen aktuellen Fragen bemerkbar macht. Man denke etwa an die gewisse Panik, die von demographischen Studien der Ökologen und Futurologen ausgelöst wird, die manchmal die Gefährdung der Lebensqualität durch das Bevölkerungswachstum übertreiben. Aber die Kirche ist fest überzeugt, daß das menschliche Leben ein herrliches Geschenk der Gnade Gottes ist. Gegen Pessimismus und Egoismus, die die Welt verdunkeln, steht die Kirche auf der Seite des Lebens.«[41] So verantwortungsvoll denkt und handelt der selbsternannte oberste Hirt der Weltmoral: Er bezweifelt wissenschaftliche Ergebnisse, ignoriert die lebensfeindliche Vergangenheit der eigenen Kirche, hofft auf bessere, »unegoistische« Zeiten, erwartet Hilfe von der Vorsehung – und ruft die Eheleute zum Weitermachen auf. In einer Ansprache an katholische Apotheker hat er 1990 den Verkauf von empfängnisverhütenden Mitteln untersagt, weil es sich um Medikamente handle, die »direkt oder heimlich gegen das Leben benutzt« werden könnten. Zwar hat sich an dieses Verdikt die Mitteilung aufgeschreckter deutscher Oberhirten angeschlossen, Johannes Paul II. habe gar nicht die Pille gemeint, sondern sich grundsätzlich zum Leben geäußert. Doch wird dieser Papst, der keine Gelegenheit ausläßt, sich über Kondome auszulassen, mit den »Medikamenten gegen das Leben« wohl kaum Rattengift gemeint haben.

Wozu Frauen und Kinder da sind, ist unter Klerikern aller Couleur klar. Die einen sollen dafür sorgen, daß auch die nächste Generation von Christen bereitsteht – und Hirten wie Schafe sich nicht verlieren. Die anderen stellen diese neue Generation dar. Beide, Frauen wie Kinder, sind funktionalisiert, von vornherein in den Status von Opfer- und Beutemenschen verbracht. Das ist der Kirche systemimmanent: Wo Männer herrschen, werden Opfer benötigt. Diese Opfer zählen, was Morde an Frauen und Kindern betrifft, nach Hunderttausenden. Was die denkerischen Totschläge angeht, die durch die patriarchale »Erziehung« (von Kindern und Frauen) erfolgen, reichen Millionen nicht aus.

Die gegenwärtig virulenten Auseinandersetzungen um den § 218 StGB sind nicht nur aktuell; sie werden von den Klerikal-Konservativen als Kämpfe von zeitloser Gültigkeit angesehen. Es geht dabei nicht bloß um eine typisch katholische Wahrheit, noch nicht einmal um eine spezifisch kirchliche (obgleich solche Wahrheiten bereits Millionen

Tote gefordert haben). Es geht um ein allgemein menschliches Problem. Denn hier kämpfen Männer gegen Frauen vor einem archaischen Hintergrund, streiten Weltanschauungssysteme gegeneinander[42], und das macht dies so gefährlich erregend, läßt die Probleme zu einem wesentlichen Stück Kampf zwischen Vater, Mutter und Kind werden. Kein Wunder, daß sich alle patriarchal verfaßten Institutionen und die von deren Denken befallenen Charaktere auf die eine Seite schlagen, und ebensowenig ist es verwunderlich, daß die nicht (mehr) patriarchal denkenden und fühlenden Menschen sich auf der anderen wiederfinden. Beide Seiten setzen den uralten Kampf in seinen neueren Erscheinungsformen fort.

Hinter dem nur scheinbar errungenen Sieg der Frauen über die mannmenschliche Reproduktionskontrolle lebt nach wie vor der Männerdiskurs über die Reproduktion als solche weiter. Dieser Diskurs stärkt sich selbst durch immerwährende Hinweise auf die Notwendigkeit des Kinderkriegens und -erziehens: Wir, die Patriarchen, brauchen Kinder (am besten viele echte Söhne und dazu ein nettes Töchterchen), um die Tradition der Herrschaftsausübung fortzusetzen. Solange wir dafür auf Frauen angewiesen bleiben, müssen diese ran. Ihre Männer haben dafür zu sorgen, daß sie sich nicht verweigern. Die Grundprinzipien des Patriarchats bestehen weiter, und manche Moralisten würden sich wundern, wagten sie einmal nachzulesen, woher sie ihr Wissen über die »Natur« beziehen: von Autoren, deren einzige Denkleistung es war, die Angst der Männer vor der Frau zu verschleiern. Ausgekeimt muß in einer Männergesellschaft werden; der kostbare Männersamen darf nicht verschleudert sein, auch wenn Millionen Kinder hungern und verhungern.

Verschleierung kann und soll auch durch Überhöhung geschehen. Je stärker sich das eine Faktum vernebeln muß, desto wichtiger muß sich das andere nehmen. Je weniger über die Atomkraft (männlich) gesprochen werden darf, desto häufiger muß für das ungeborene Leben (fraulich, kindlich) demonstriert werden. Aussagen von Klerikern zum einen Thema finden sich nur sehr sporadisch, zum zweiten Thema plappern sie ungefragt und ungebrochen. Solange Kirche und Staat aber sanktionieren, daß beispielsweise die Belastung menschlicher Ei- und Samenzellen mit Gemischen toxischer Fremdstoffe andauern darf[43], ist die Behauptung unglaubwürdig, der § 218 StGB schütze ungeborenes Leben.

Eine Institution wie die katholische Kirche, deren Lehrsätze Millionen von Menschen auf dem Gewissen haben, eine strukturell unkeusche Organisation, die nicht nur Millionen in »heiligen Kriegen« und »Ketzer- wie Hexenverfolgungen« hat umbringen lassen, kann vor dem Gewissen einer informierten Menschheit weder in der Gegenwart noch in der Zukunft den moralischen Anspruch erheben, für das Leben zu sprechen oder zu handeln. Sie ist – historisch nachweisbar – als todbringende Institution desavouiert. Was ihr Menschen nur noch wünschen können, ist ihr verdienter Tod.

4.
Der ZORN
der Klassenbewußten

Wir sind fest davon überzeugt, daß das christliche Fundament der Armee festgefügt werden muß... Im geistigen Ringen der Zeit und
in der geistigen Auseinandersetzung mit den
totalitären Kräften, mit dem Machtbereich
des Bolschewismus, geht es im Grunde doch
um die letzten geistigen, sittlichen und religiösen Werte.

F. J. Strauß

»Wir«, sagt ein Kumpan, »wir« bekämpfen unsere Angst, indem wir uns feste Überzeugungen einreden – und kriegerische Gelüste daraus ableiten, Krieg gegen die Andersdenkenden legitimieren, gegen die Menschen mit den vermeintlich vorletzten, irrigen Werten. Welche Angst muß einem solchen Denker – und christsozialen Verteidigungsminister – die Feder geführt haben? Das »christliche Fundament der Armee« wird beschworen, und kein Bischof ist traurig über diese Perversion. Warum auch? Krieg gehört seit alters zum Geschäft.

Der englische Bischof Joseph Hall hat es im 17. Jahrhundert gesagt: »Man ist seines Lebens dort sicherer, wo es gar keinen Glauben gibt, als dort, wo alles zur Sache des Glaubens gemacht wird.«[1] Der Oberhirte hatte recht. Daß die Geistlichkeit, um der Verteidigung der eigenen Werte willen, in bestimmten Abständen von einer »erzieherischen« oder »ausgleichenden« Funktion eines handfesten Krieges spricht, der sich gegen das »Reich des Bösen« richtet, verwundert nicht. Offensichtlich kann die Kirche, um ihres lieben Friedens willen, nicht auf den Verteidigungsfall verzichten. Was nach menschlicher Erfahrung an dessen Ende steht – der Tod von Millionen –, zählt gering im Vergleich zu der Aussicht der Kirche, alte Werte zu sichern und neue Güter zu ergattern.

Inwieweit Priester Kriegsgewinnler hohen Grades sind, muß nicht erst nachgewiesen werden: Nicht allein Gewinne durch »Landnahme« machen den heutigen Kirchenbesitz aus. Kurz nach dem jeweiligen Friedensschluß ist die Predigt gefragt, die außerhalb der eigenen Reihen nach Schuldigen sucht und nach innen Schuldlosigkeit verspricht.

Soll hingenommen werden, daß offizielle Verlautbarungen der Kirche bis in die jüngste Zeit hinein sich dezidiert für die Vernichtungswaffen aussprechen, daß Atomwaffengegner mit dem mitleidheischenden, wenn nicht gar diffamierend gebrauchten Namen »Pazifisten« belegt sind? Muß es abendländisch-vernünftig bleiben, daß man Abrüstungsvorleistungen als der Bergpredigt des Jesus aus Nazareth widersprechend hinstellt, daß Kontinente sich zu Tode verteidigen lassen, daß Weihnachten als einziger Friedenstag unter 365 Tagen des (kalten und des heißen) Krieges zelebriert wird[2], daß werdenden Müttern ungleich mehr klerikale Aufmerksamkeit gilt als werdenden Atomopfern, daß die Menschheit in jeder Minute des Kirchenjahres eine Million DM für die Rüstung hinauswirft, während alle paar Sekunden ein Kind verhungert? Sollen wir einfach schweigen, wenn – wie 1981 in Münster – der Ring Christlich-Demokratischer Studenten (RCDS) fordert, daß die Bundesrepublik als »potentieller Frontstaat« an der »Vorwärtsverteidigung« festhält und auch an der »Bereitschaft zum nuklearen Ersteinsatz, vor allem auch unmittelbar gegen sowjetisches Territorium«[3], und kein einziger Oberhirte dagegen ein Wort verliert.?

Sollen wir zusehen, wie vielen Mitmenschen die Seele ausgetauscht, wie ihnen suggeriert wird, es sei Aufgabe der Deutschen (wohlgemerkt, der Kriegsmacher in diesem Jahrhundert), auf den nächsten Weltkrieg zuzurasen, wie man anderslautende Meinungen als »Einmischung« in die Kriegsspiele der Experten disqualifiziert? Oder sollten wir uns von den falschen Propheten lösen, von jenen zumal, deren staats- und kirchenerhaltende Kraft sich schon zweimal in grausamen Kriegen hat entfalten dürfen?

Der Friede? »Gottes Geschenk, den Menschen anvertraut«? Diese arg klerikale Formel, die fromm daherkommt und einleuchtend wirkt, kann die Kenner der Kirche nur schaudern machen. Vielleicht zählen diese deswegen nicht zu den in päpstlichen Ansprachen so gern genannten »Menschen guten Willens«. Vielleicht sind sie bloß nützliche Idioten, die das Geschäft der Gegenseite betreiben, gegen die der abendländliche Friede so drohend gerichtet ist. Doch der offerierte Gottesfriede bleibt verdächtig. Zu lange hat sich die Kirche darin gefallen, »Gott« und »Krieg« in einem Atemzug zu nennen und für diese Gleichung Millionen Tote in Kauf zu nehmen. Zu lange hat sie die jeweils modernsten Waffen gesegnet, als daß ausgerechnet sie heute denselben Gott als den Geber (ihres?) Friedens interpretieren dürfte, ohne massive Zweifel an ihrer Glaubwürdigkeit aufkommen zu lassen. Wer die Schand- und Mordtaten der Kirche, wie sie sich – geschichtlich beweisbar – gegen Juden, »Heiden«, »Ketzer«, »Hexen«, Indios und

Andersdenkende schlechthin gerichtet haben, nicht vergessen kann, wird auf den Gedanken kommen, es gebe eine ganz gewöhnliche Gewalt innerhalb der Kirche, eine förmliche Kriegstheologie auch, eine spezifisch aus dem Kirchenglauben herrührende Bedrohung der Welt.

Allerdings ist diese Einsicht kein Allgemeingut. Die Kirchenleute verschließen sich ihr – freilich nicht aus Scham über die Untaten der eigenen Konfession. Im Gegenteil. Sie schämen sich nicht, sie leugnen und verdrängen schamlos, was sie wissen oder wissen müßten.

Wie lange wird es dauern, bis es als Schande gilt, sich öffentlich zur Kirche zu bekennen? Wie lange wird es noch als humaner gelten, die Millionen Toten, die auf dem Gewissen der Kirche lasten, zu ignorieren, als sie zu nennen und zu ehren? Was muß denn noch passieren, bis auch der letzte Christ sich dafür entscheidet, die Geschichte des Grauens abzubrechen, um ein freier Mensch zu werden?

Haß ist es nicht, was die Greuel der Kirche aufdecken hilft. Die Unterstellung, Kirchenkritiker seien haßerfüllte Menschen oder handelten aus Rache, ist zwar beliebt, doch gerade deswegen spiegelt sie das Denken und Fühlen jener wider, die das unterstellen. Kein Wunder, denn Kirchentreue haben zu hassen und sich zu rächen gelernt. Ihre eigene Konfession hat über die Jahrhunderte hinweg aus keinen anderen Beweggründen gelebt: Haß gegen Andersdenkende und Rache an diesen sind Grundmuster starr ideologischen, sprich dogmatischen Denkens. Die Geschichte der Kirche zeigt, wie sehr sie ihre Gläubigen korrumpiert.

Keiner von den lieben Christen merkt, daß etwas nicht stimmt. Das »Wir-Gefühl« macht stark. Das Ringen gehört dazu, und das Draufschlagen gehört sogar wesentlich zu den »letzten geistigen, religiösen und sittlichen Werten« des Abendlandes. Man würde etwas vermissen, wenn es nicht auch zur Kirche gehörte, der Wächterin über eben diese letzten Werte, der Retterin des Abendlandes. Zorn ist keiner Kirche fremd. Im Gegenteil. Zorn gehört – noch ungleich mehr als etwa Obszönität – zu den strukturellen Sünden einer Kirche. Keine Kirche kann als gesellschaftliche Organisation überleben, wenn sie nicht gegen diejenigen, die nicht so wollen wie sie, mit äußerstem Zorn vorgeht.

Selbstverständlich ist auch der Gott einer solchen Kirche zornig. Er verhält sich wiederum kein bißchen anders als seine Väter. Wie sollte er auch? Er erhebt sich an keiner Stelle über diejenigen, die ihn gestaltet haben. Er spiegelt jede einzelne Untugend seiner Schöpfer wider. Der Gott der alttestamentlichen Schriftsteller ist zornig gegen sein ungetreues Volk (2 Mose 32, 11; 5 Mose 13, 17; Ps 2, 5; 73, 1; Jes 5, 25; 51, 20; Jer 10, 10) wie gegen dessen unfähige Hirten (Zach 10, 3). Das Neue Testament berichtet ähnliches (Mt 3, 7; Jo 3, 36; Röm 1, 18; 2, 5; Eph 5, 6). Zornig ist auch Jesus aus Nazareth, als er den Tempel reinigt und schreit: »Mein Haus soll ein Gebetshaus heißen, ihr aber macht es zu einer Höhle von Räubern!« (Mt 21, 13). Von alldem rede ich hier nicht, sondern weise nur auf einen derart »menschlichen« Gott hin. Wer zieht die richtigen Folgerungen?

Ich spreche von einem Zorn, der sich gegen die eigenen Glieder der Kirche richtet, von einem Zorn, der den »anderen« gilt. Für diesen Zorn gilt: »Der Zorn des Menschen tut nicht, was vor Gott gerecht ist« (Jak 1, 20). Von diesem Zorn aber lebt die Kirche. Ihn öffentlich bloßzustellen hilft weiter.

Die auf sich selbst zornig sind

Immer wieder ist zu hören, daß alle Christen in einem Boot sitzen, ja, daß »wir alle eins« sind – oder wenigstens werden sollen. Nichts scheint die Oberhirten mehr aufzuregen als eine Gefährdung dieser Einheit. Wer die Einheit zerstört, gehört ausgeschlossen, sagen sie. Er bringt unsere Sicherheit in Gefahr. Wer nicht so will wie wir, soll draußen sitzen.

Aber nicht nur dieser Zorn auf die anderen, die nach draußen abgeschoben werden können, ist hier gemeint. Zornig sind die Hirten auch gegen die Eigenen, gegen die »Laien«, gegen die »Frauen«, gegen die »Eheleute«. An kaum einem anderen Beispiel ist so klar darzustellen, wie tödlich eine derartige altkirchliche Sünde wirkt. Die verworfenen Laien laufen ihren Klerikern in Scharen weg, die gemaßregelten Ehepartner tun dies ebenso. Zurückbleiben werden nur noch die Zornigen selbst; sie sind unter ihresgleichen im selben Wahn gefangen.

Es geht mir nicht darum, die vielen Maßregelungen aufzulisten, die von Kanzeln und Kathedern seit Jahrhunderten auf die Menschen niedergehen. Obgleich dies traurig genug ist, bleibt es nur ein Symptom für eine tiefer liegende Wirklichkeit. Denn die Kirche ist nach Meinung der Herrschenden aufgeteilt in die Gruppe der Gouvernanten und in die der Unmündigen. Die einen lehren, die andern werden belehrt. Die einen schimpfen, die andern werden beschimpft. Das bedeutet ein Gefälle mitten in der Kirche.

Zwar hatte sich dieses klerikale Schimpfen und Zuordnen einmal mit Materien beschäftigt, die man als theologisch klassifizieren konnte. Über den lieben Gott redete nun einmal am besten sein Bodenpersonal. Die anderen hörten zu und schwiegen. Denn von diesem Stoff verstanden sie nichts, hatte man ihnen gesagt. Gott war eine Domäne derer, die die letzten Werte definierten und predigten. Ihre letzten Werte, ihren eigenen Gott.

Aber mit der Zeit genügte den Herren nicht einmal der liebe Gott. Über den war bald alles definitiv gesagt; nach ein paar Jahrhunderten Kirchengeschichte waren keine Dogmen über ihn mehr zu erwarten. Gotteslehre wirkte nur noch langweilig. Mit Dogmatik im engeren Sinn konnten die Kleriker nichts mehr anfangen. Sie wollten mehr. Ihre Interessengebiete weiteten sich aus. Schließlich gelang es denen da oben sogar, die Vorstellung im Volk durchzusetzen, alle Regungen eines Christenlebens müßten von einigen Besserwissern, den Amtsträgern, zunächst diagnostiziert, abgewogen, gewertet und endlich, als Norm für alle Eventualitäten, geregelt werden. Diagnose und Therapie lagen in einer Hand.

Jetzt hatten die Kleriker zu tun. Jetzt konnten sie sich bestätigen, indem sie alles und jedes perfektionistisch lenkten. Jetzt wußte jeder, was eine Sünde war und was nicht. Und wer es doch noch nicht recht wußte, konnte den Experten fragen. So füllten sich die Beichtstühle. Bald war das Leben des Christenmenschen umschlossen von einem immer enger gestrickten Netz moralisch anspruchsvoller Normen. Der umsorgte Christ war nur noch darauf hinzuweisen, daß er, falls notwendig, von oben jederzeit Fürsorge erhalten würde, am besten in Form mundgerecht vorgekauter Erklärungen zu Moralproblemen (die nicht unbedingt die seinen waren, doch die der Hirten). Schließlich war er noch dazu zu erziehen, wollte er wirklich ein guter Vertreter seines Laienstandes bleiben, auf diese Stimme aus der Höhe auch zu hören.

Kann die Welt überhaupt so perfekt erklärt werden? Läßt sie sich theologisch so vollkommen kategorisieren, daß es den Klerikern nicht schwerfällt, ständig zwischen Gut und Böse zu entscheiden? Ich glaube nicht. Die dauernden Entscheidungszwänge, denen die Hirten unterliegen, offenbaren nichts anderes als die tiefgehende Unsicherheit der selbsternannten Experten.

Diese wissen von Gut und Böse nicht mehr als unsereins. Was sie uns voraushaben, ist die Angst, etwas nicht perfekt genug zu wissen und entsprechend als Besitzer von Achtelwahrheiten entlarvt zu werden. Niemand kann so simpel, wie es diese Hirten tun, zwischen Wahrheitsbesitz (bei sich selbst) und Wahrheitsbeurteilung (bei anderen) hin und her schaukeln, ohne sich lächerlich zu machen. Es sei denn, einer zöge sich in einen elfenbeinernen Turm zurück, fern der Gesellschaft und ihrer Fragen und Nöte, und ließe sich »Papst« nennen.

Der Herr im Vatikan sitzt ziemlich allein auf seinem Heiligen Stuhl. Er hat sich selbst zunehmend isoliert. Waren 1982 noch 47 Prozent der deutschen Katholiken davon überzeugt, die Religion des Papstes könne auf die meisten Zeitfragen eine hilfreiche Antwort geben, sind es 1989 nur noch 36 Prozent[4]. Die Bereitschaft, sich wichtigen Lehrentscheidungen des Papstes zu beugen, ist auf 16 Prozent gesunken, ein noch nie erreichter Tiefstand. Nur noch 16 Prozent der Katholiken zwischen 20 und 29 Jahren gehen jeden Sonntag zur Messe. Es ist zweifelhaft, ob unter diesen Umständen weiter behauptet werden darf, das christliche Sittengesetz sei auch künftig die Basis beispielsweise für die Rechtsprechung in Ehe- und Familiensachen. Den Klerikern wie den von ihnen beeinflußten Juristen kommen nicht nur die Argumente abhanden, sondern auch die Menschen.

Von Moral darf niemand reden, wo ihre Vorbedingungen fehlen, wo wortgeübte Strategen der Tabuierung Strukturen, die unverändert von den Hirten des Mittelalters übernommen wurden, derart mystifizieren, daß sie den Schafen als unvergängliche Werte erscheinen. Von Moral kann niemand sprechen, wenn es um ein sündiges System geht, das lebendige Menschen zum Gegenstand seiner Lenkung macht. Dieses System vergaß, daß freie Menschen seinetwegen in Unfreiheit überführt werden mußten, daß Kindereien an die Stelle der Kindschaft traten. Kritik an solchen Traditionen, die sich vor der Freiheitsgeschichte der Menschen schamhaft verstecken müssen, wird – Stolz der Unschuldigen – als moralisch unsauber disqualifiziert.

Und die Herde? Sie schweigt, nimmt hin, schluckt immer wieder – und fühlt sich gläubig. Ihr ist suggeriert worden, sie müsse an ein bestimmtes System glauben. An ein System, das schlicht antidemokratisch ist und bleibt, aber als gottgewollt gepriesen wird. Was nur ist von einem Gott zu halten, der mit Demokratie nichts zu tun haben möchte? Der im Innenraum der Kirche, wo seine angeblich treuesten Anhänger wirken, demokratische Verhältnisse haßt wie die Pest?

Die antidemokratische Kirche desavouiert ihren eigenen Gott. Denn es steht in der Bibel nicht in allen Details nachzulesen, daß Jesus aus Nazareth die innerkirchliche Machtausübung exklusiv einigen wenigen Nichtdemokraten (Monarchisten) vorbehalten hat. Fällt es schon schwer zu glauben, daß dieser Gottessohn irgend etwas mit der Kirche zu schaffen haben soll, so wird seine Position noch mehr durch die offizielle klerikale Meinung geschwächt, er habe seiner »Gründung« ausgesprochen undemokratische Elemente eingestiftet – und eine absolute Monarchie gewollt. Stimmte diese Annahme der Kleriker, wäre Jesus aus Nazareth wirklich ein Monarchist gewesen, dann hätte er schon lange nichts mehr mit unserer Welt (dafür viel mit dem Feudalismus) zu tun. Dann wäre er längst – und für immer – als anachronistischer Narr überholt.

»Seine« Kirche soll keine Gewaltenteilung kennen? Gesetzgebung, Rechtsprechung und Verwaltung sollen ungeteilt in den Händen weniger liegen? »Vollmacht« soll in der Kirche vom Gott der Kleriker und nicht vom Volk ausgehen? »Vollmacht« muß bei den wenigen Hirten liegen – und die sollen niemandem außer dem Papst verantwortlich sein? Wer dies lehrt (und es ist die kirchenoffizielle Meinung), entlarvt sich selbst. Er beschreibt den eigenen Machtwillen und hat mit Jesus aus Nazareth nichts zu tun. Merkwürdig, daß der Nazarener von einem neuzeitlich-demokratischen Denken, das heute allein human ist, gegen die angeblich eigene Herde verteidigt werden muß.

Demgegenüber machen es sich die Zornigen sehr leicht. Zu leicht, wie ich meine, denn sie versuchen, eine schon überholte und eigentlich indiskutable Klassengesellschaft mit rattenhafter Wut zu verteidigen oder neu zu etablieren. Jedes frühere Privileg, das ganze elitäre Führertum von ehedem soll bewahrt werden. Das nenne ich detaillierte Wahrung eines Besitzstandes, das heiße ich Profitsuche auf katholisch. Alleinvertretungsansprüche bringen, wie geschichtlich erwiesen, das meiste Geld.

Wer zahlt die Zeche? Die »Laien«. Sie müssen – von Definitions wegen – gegenüber den Klerikern ohnmächtig bleiben. Rechenschafts- und Begründungspflichten können dem kirchlichen Amtsträger nicht zugemutet werden. Je höher ein Kleriker in der Hierarchie steigt, desto weniger muß er sich rechtfertigen, desto mehr profitiert er von seinem Amt. Werden einfache Pfarrer hin und wieder, wenn es nicht mehr anders geht (wenn sie viel Geld unterschlagen oder zu viele Kinder gezeugt haben), von ihren Bischöfen zur Rechenschaft gezogen, so werden Bischöfe selbst ungleich weniger gemaßregelt. Der Papst selbst ist völlig unantastbar. Er kann sich – wie kein anderer Mensch auf Erden – leisten, was er will. Niemand sitzt über ihn zu Gericht.

Diesen Status haben sich frühmittelalterliche Päpste erkämpft. Er stammt aus gesellschaftlich völlig anderen Verhältnissen als heute. Aber er gilt als zeitlos. Der Vatikan macht es sich sehr leicht, solange die Herden schweigen: Er reklamiert eine biblische Fundierung für Zustände, die nichts sind als eingefrorene Anpassungen an einen frühen Zeitgeist. In einer konkreten Epoche der Kirchengeschichte ist es den Päpsten gelungen, bestimmte Privilegien zu ergattern, und nun – 1000 Jahre später – nutzen sie diese noch immer, als hätte sich auf der Welt nichts geändert.

Kein Wunder. Denn die neuzeitliche Geschichte der Menschenrechte hat der päpstliche Hof entweder nicht mitbekommen oder nicht zur Kenntnis genommen. Im Vatikan wursteln die Prälaten so weiter, wie es ihre Vorgänger vor Jahrhunderten taten. Gewiß, inzwischen haben Elektrizität und Computertechnik Einzug im Vatikan gehalten. Aber die Mentalität hat sich nicht verändert. Telephone und Fernschreiber sind Instrumente, mit deren Hilfe eine mittelalterliche Geistigkeit in die Welt verbreitet wird.

Die Wahrheit ist konkret; große Worte machen sie ebensowenig aus wie Fensterpredigten. Machiavelli, ein genauer Beobachter der Wirklichkeit, erkannte in den Jahren zwischen 1510 und 1520, »daß die Völker am wenigsten Religion haben, die der römischen Kirche, dem Haupt unseres Glaubens, am nächsten sind«[5]. Im Kirchenstaat, einer wahren Klerokratie, in der Priester und Polizei kommandierten, gab es noch im 19. Jahrhundert 70 Prozent Analphabeten[6]. Ein weiteres geschichtliches Faktum erlaubt andere Einblicke in das undemokratische Innenleben einer »Volks-Kirche« mit Hauptsitz Rom: In einer Volksabstimmung im Herbst 1860 hatten sich 230 000 Menschen gegen die päpstliche Herrschaft in den Provinzen Umbrien und den Marken entschieden, und nur 1600 hatten für Pius IX. gestimmt[7]. Das hielt den Souverän nicht davon ab, nach wie vor ein Fünftel der landwirtschaftlichen Fläche Italiens zu beanspruchen und den Seinen die Freiheiten zu versagen, die sie außerhalb seines Machtbereichs schon längst errungen hatten.

Als der Papst schließlich 1870 seinen Staat verlor, obgleich die Bischöfe des Erdkreises immer wieder versichert hatten, das weltliche Regiment des Heiligen Vaters – und wohl auch die 40 000 Quadratkilometer Landbesitz – seien von Gottes Vorsehung gewollt, und als sich bei einer Volksabstimmung 133 000 Wähler für den Anschluß an Italien (und nur 1500 dagegen) ausgesprochen hatten[8], zog sich Pius IX. schmollend in den Vatikan zurück. Entschädigungsangebote lehnte er ab. Aber nicht etwa, weil er der Auffassung war, sein früheres Territorium sei ohnedies von seinen Vorgängern zusammengestohlen gewesen, sondern weil er auf eine Befreiung aus seiner »Gefangenschaft« hoffte. Schon 1871 wollte er allen Ernstes, daß das Deutsche Reich ihn militärisch (»Kreuzzug über die Alpen«) aus seiner Lage befreie und die »Beraubung des Heiligen Stuhles« rückgängig mache. Da hätte er lange warten können. Ganz so dumm schossen die Preußen nicht. Befreit wurden die im Vatikan »gefangenen« Päpste erst durch Mussolini. Der Faschismus in Italien machte ein für allemal klar, wie gute Katholiken mit ihren Päpsten umzugehen hatten. Daß der Name »Mussolini« in goldenen Lettern in die Geschichte der katholischen Kirche eingetragen werde, stand 1929 in einem Glückwunschtelegramm aus Köln zu lesen[9]. Absender? Konrad Adenauer.

Papst Pius IX., dessen Eigensinn die Kirche das Dogma von der »Unfehlbarkeit« verdankt[10], ist zu Recht schon lange nicht mehr im

Gespräch. Er war ein Zeitirrtum. Einmal mehr zeigt sich die Erfahrung der Menschen: Grundrechte müssen gegen die Amtskirche durchgesetzt werden. Mit ihr zusammen läßt sich nichts bewegen. An der Emanzipation des neuzeitlichen Menschen hat die Kirche keinen Anteil. Martin Dibelius, protestantischer Theologe aus Deutschland, sagte einmal knapp: »Darum waren alle, die eine Verbesserung der Zustände dieser Welt wünschten, genötigt, gegen das Christentum zu kämpfen.«[11]

Mit der Demokratie hatte der Vatikan – bis heute Sitz einer in Europa einmaligen absoluten Monarchie – nichts im Sinn. Immer wieder kamen von Papst und Bischöfen strikt antidemokratische Äußerungen: Rom weigerte sich aus Gründen der Selbsterhaltung, die bürgerlichen Rechte auch nur von fern anzuerkennen. Zur Erinnerung: Die Kirche beantwortete die Erklärung der Menschenrechte zu Beginn der Französischen Revolution mit einer Verlautbarung, die diese Menschenrechte – Gedankenfreiheit, Religionsfreiheit, Rede- und Pressefreiheit – als Ungeheuerlichkeiten verdammte[12].

Neuzeitliche Menschen fühlen sich durch solche Fakten beschmutzt. Eine solche Kirche kann nichts mit der Gegenwart zu schaffen haben; sie bleibt hilflos anachronistisch.

Kein Gott wird sie retten, es sei denn der, den sie sich zurechtgemacht hat. Dieser kann, schweigsam wie er geworden ist, nichts dafür, daß er herhalten muß, schlimme Zustände zu rechtfertigen: das Fehlen von Chancengleichheit beispielsweise, wie es die römische Kirche charakterisiert. Denn in ihr sind bestimmte Personengruppen an sich privilegiert und andere rechtlich unterentwickelt. Es gibt in der Catholica keine soziale Autonomie der Individuen, keine praktikablen Formen der Mitbestimmung, keine Transparenz der Entscheidungsprozesse, weder ein Mehrheits- noch ein Öffentlichkeitsprinzip, keinen hinlänglichen Rechtsschutz, kein Dienstrecht, das nicht am Gehorsam orientiert wäre.

Der katholische Kirchenrechtler Georg May, Hochschullehrer an der Universität Mainz, darf widerspruchsfrei verlauten lassen: »Die Verfassung der Kirche ruht in ihrem Grundbestand nicht auf dem

Willen des Volkes, der Gläubigen, sondern auf dem Willen Christi, in ihrer Ausgestaltung auf dem Willen der Hirten der Kirche.«[13] Widerspruch ist nicht vonnöten; dieser Denker gibt nur den Herrenwillen der Hirten wieder, und die Schafe schweigen. Sie sind, so der – vom demokratisch legitimierten Staat als Wissenschaftler bezahlte – Ordinarius, »als die Kirchenglieder« zu bestimmen, »die nicht die Kirchengewalt ausüben«[14]. Und damit die Schafe wissen, warum das so ist, verrät May, was er von ihresgleichen hält: »Denn der Herr Jedermann neigt auch in der Kirche dem religiösen und ethischen Minimum zu.«[15]

Dem Laienvolk, religiös und ethisch minderwertig, kann nichts zugetraut werden, meinen die Stolzen und die Zornigen. Daher ist ein »Führertum« jeder Demokratisierung in der Kirche vorzuziehen. Daher ist jedes innerkirchliche Wahlrecht eine Konzession von oben nach unten. Daher stellt jeder demokratische Zug in der Verfassung dieser Kirche nur eine »Selbstbeschränkung der Amtsträger« dar (die jederzeit zu widerrufen ist). Daher können Theologen wie May faseln, Mitbestimmung schwäche nur die kirchlichen Führungsenergien und gefährde den Heilszweck überhaupt, Gleichheit sei Nivellierungssucht, Räte begünstigten die Flucht aus der Verantwortung, Information stelle eine bessere geistige Vergewaltigung dar und die unleugbare Autoritätskrise lasse sich allein durch Führung lösen, zumal die Mehrheit der Gläubigen ohnehin kein Bedürfnis nach Demokratie, sondern nach Befehlserteilung verspüre[16]. So spricht der Zorn auf die Eigenen.

Kein Wunder, daß katholische Oberhirten nichts mit Demokratie im Sinn haben, soweit diese ihre eigene Kirche betrifft. Kein Wunder, daß sie alles daransetzen, in der Kirche noch nicht einmal einen Hauch demokratischen Bewußtseins aufkommen zu lassen. Kein Wunder, daß sie für diese Schäbigkeit den sogenannten Willen Gottes herbeizitieren. Kein Wunder, daß ihre Vorgänger im Amt noch vor wenigen Jahrzehnten die Demokratie abgelehnt und die Volkssouveränität im neuzeitlichen Staat ebenso kategorisch verworfen haben wie das »Schlagwort von der Gleichberechtigung aller Stände«[17]. Kein Wunder, daß sie im März 1920 die deutsche Revolution, die das Kaiserreich abgelöst hatte (und der wir die gegenwärtige Demokratie mitverdanken), »Stunde und Macht der Finsternis« geheißen haben[18].

Kein Wunder auch, daß in einer Welt, die entscheidend durch das neuzeitliche Freiheitsverständnis geprägt ist, die stärksten Bewegungen zu seiner Verwirklichung nicht innerhalb, sondern außerhalb der Kirche entstanden sind. Kein Wunder, daß dieser Prozeß an der Kirche vorbeiläuft, ja sich gegen diese wendet. Kein Wunder, daß Katholiken nicht in einem einzigen Fall Schrittmacher der Gesellschaft und der Kultur sind, sondern immer auf einen fahrenden Zug aufspringen. Von dieser Kirche kommen keine wegweisenden Worte oder Taten.

Innerkirchliche Reformer glauben noch an das Gegenteil; ihnen ist definitiv nicht mehr zu glauben. Sie leiden an dem unter Katholiken weitverbreiteten »Wir-auch-Syndrom«. Sie wollen alles, was der Zeitgeist vorgibt, auch machen – und besser machen. Sie laufen mit hängender Zunge hinter der Welt her und wollen alles, was kirchenfreie Vernunft längst entdeckt hat, »verchristlichen«. Sie sind mal für den Sozialismus, dann wieder dagegen. Sie haben den Kapitalismus gar nicht gern, doch ihre Kirche, Vormacht des Kapitalismus, kritisieren sie unter diesem Aspekt überhaupt nicht. Sie haben sich an den Zug der Friedensbewegung angehängt (im Schlafwagen); neuerdings sind sie sogar für den Umweltschutz. Sie haben dafür ein frommes Wort erfunden: »Bewahrung der Schöpfung«. Vom »Macht euch die Erde untertan!« sprechen sie gegenwärtig etwas leiser. Die jahrhundertealte Ausbeutungsdevise paßt zur Zeit nicht ins Bild. Katholiken – und vor allem ihre sogenannten Wortführer – halten sich so lange bedeckt, bis sie die Richtung abschätzen können, in die der Zeitgeist bläst. Dann sind auch sie dabei, und nicht selten in vorderster Reihe. Ihr »Auch-Engagement« richtet sie bei den Engagierten. Sie schaffen selbst nichts. Sie wandeln das von anderen mühsam Geschaffene, das bei anderen Entwickelte in Elemente um, die ihnen nützen können[19].

Kulturell schrittmachend, positiv schöpferisch ist die Kirche nie gewesen; das Christentum hat nichts Originelles an sich.

Die Erkenntnis soll sich nicht durchsetzen; klerikale Herrensöhne führen gegen sie die großartigen Leistungen christlicher Baugeschichte (»Kaiserdome« u. ä.) ins Feld. Weitere Kulturleistungen der Kriminalgeschichte wie Kreuzzüge, »Ketzer«- und »Hexen«-Verfolgungen werden verschwiegen. Dasselbe gilt für den Beitrag der Catholica zum wissenschaftlichen Fortschritt: Er ist gleich Null. Was die Kirche für die Wissenschaft getan hat, ist mit dem Begriff »Inquisition« hinlänglich umschrieben.

Die Kirche strampelt sich ab; immer wieder sucht sie, den aufkommenden Eindruck, sie tauge eigentlich nicht viel, durch besondere Anstrengungen zu verwischen. Und da es mit dem allgemeinen Glauben schon lange nicht mehr weit her ist, versucht sie es – die feiertags üblichen folkloristischen Einlagen hier einmal beiseite – mit dem, was sie Moral nennt. Auf diesem Terrain fühlt sie sich zu Hause; es gibt sogar Leute (vor allem Parteipolitiker), die meinen, die Kirche besäße so etwas wie ein Moralmonopol. Aber die Wirklichkeit sieht wie so oft ganz anders aus. Was von klerikaler Seite als zeitlose Moral, letzter Wert, göttliches Gebot verkündigt wird, ist Ergebnis einer geschickten Anpassung an die jeweiligen Zeitläufte. Beliebigkeit statt Zeitlosigkeit ist an der Tagesordnung. Neue Theologien oder Moralen verdanken, nach dem Religionssoziologen Günter Kehrer, ihre Öffentlichkeitswirkung nicht selten dem Gespür ihrer Produzenten für die Themen, die in der Luft liegen[20]. Theologen sind taugliche Theologen, wenn sie ein solches Gespür offenbaren – und für die Interessen ihrer Oberhirten einsetzen. Ob die so entstehende und propagierte Moral für die Menschen taugt, ist eine andere Frage.

Der Zeitgeist? Eine Kirche muß, will sie gehört werden, den Durchschnitt bedienen. Heilige sind zu selten, als daß eine »Volkskirche« auf sie, vom Vorbildcharakter abgesehen, zählen dürfte. Volkskirchen müssen eine mittlere, dem allgemeinen Denken und Empfinden angepaßte Meinung vertreten. Zu mehr reicht es nicht. Dieser Grundsatz gilt besonders für die katholische Volkskirche, die in einem entschiedeneren Sinn als die protestantischen Kirchen eine offizielle Moral propagiert. Den Zeitgeist, dem sie ihre Moral verdankt, verrät sie nie; sie leitet ihre Auffassungen von ihm ab, selbst wenn es von Fall zu Fall anders aussieht. Ihr Pech: Es handelt sich stets um den Geist vergangener Zeiten, dem sie sich angepaßt hat. Nach vorne weist sie nicht. Als jüngste Schicht in den klerikalen Moralsystemen lassen sich jeweils ethische Reflexe auf den Teil der Wirklichkeit ausmachen, den die offizielle Kirche positiv oder negativ zur Kenntnis nehmen darf[21]. Sie schöpft aus dem Vorrat der religiös interessierenden Themen jeweils die, die zum Zeitgeist passen. Sie setzt ihre Schwerpunkte nach eigenem Gusto. Dabei beweist sie diplomatisches Geschick: Sie paßt sich zu fast 99 Prozent an, indem sie Themen von allgemeinem Interesse nun auch ihrerseits als moralisches Problem behandelt, und sie hält sich ein, zwei Prozent an Widerspruch frei (etwa beim Schwangerschaftsabbruch), um von sich behaupten zu können, sie sei »nicht von dieser Welt«. Derart bleibt sie – vorerst – im Gespräch und hat heute noch Einfluß auf die öffentliche Meinung.

Aber die Fehlorientierung rächt sich: Auf dem Weg zur humanen Gesellschaft ist die Kirche keine Führerin. Von Klerikern kann kein Anstoß zum Leben erwartet werden. Moral, der es um eine lebendigere Zukunft geht, kommt um die Wahrheit nicht herum. Die Priester haben sich so sehr in ihren eigenen Netzen verfangen, daß sie in wirklich bedeutsamen Bereichen kein Gehör mehr finden. Daß sie hinter jedem neuen Problem herlaufen, um eine »Lösung« zu erarbeiten, die niemanden interessiert, daß die wirklich praktikablen Lösungen von anderen kommen, sei hier nur angemerkt.

Die Kirche sei geschichtlich, heißt es – eine bloße Banalität. Was anderes sollte sie sein? Was anderes als eine zu einem geschichtlich festzumachenden Zeitpunkt entstandene, legitimierte und ausgestaltete Institution? Was anderes als eine Institution, die ein geschichtlich festzustellendes Ende haben wird, da sie einen historischen Anfang hat? Gerade das Mehr, das von Klerikalen mit Zähnen und Klauen verteidigt zu werden pflegt, hat sich als geschichtlich gewordenes und geschäftlich ausgenutztes Sammelsurium von frommen Wünschen erwiesen. Nirgendwo ist der Nachweis gelungen, daß es ein tatsächliches Mehr gibt und wie dieses zu fassen oder zu benennen sei.

Diese Wahrheit haben Klerikale zu allen Zeiten besonders gefürchtet. Sie leben nach anderen Prinzipien, zumal diese sich als sehr profitabel erwiesen haben. Die überall festzustellende Reformunwilligkeit der Kirche ist auch in der Tatsache begründet, daß eine Moral, die nicht von Menschen stammen will, auch nicht zugeben wird, sie könne von Menschen verbessert (humanisiert) werden. Und solche Eigenmoral einer elitären Gruppe soll als Vorbild für eine ganze Welt dienen? Sie, die vatikanische, soll in andere Kulturen exportiert werden? Wann ist die Mission zu Ende? Daß die römische Kirche historisch gescheitert ist, beweisen Hunderte von Beispielen.

Die den Zorn auf die »anderen« pflegen

Konrad Lorenz sagt in seinem Buch »Das sogenannte Böse. Zur Naturgeschichte der Aggression«, zu der allgemeinen Reiz-Situation, die Begeisterung auslöst und die daher von den Demagogen aller Zeiten zielbewußt geschaffen wird, gehöre stets der Hinweis auf die Bedrohung von »Werten«[22]. Die Feindattrappe kann fast beliebig gewählt werden und, ähnlich wie die bedrohten Werte, konkret oder abstrakt sein.

Nach diesem Schema sind die Zornesausbrüche der Kriminalgeschichte des Christentums abgelaufen. Klerikale Demagogen haben ihren Zorn auf eine begeisterungsfähige Masse übertragen und sich der fanatisierten Menge bedient, um eigene Interessen zu wahren. Sie richteten Feindbilder auf. Sie sahen Werte bedroht. Und immer gab es »andere«, an denen der Kirchenzorn sich abreagieren durfte. Selten ist es dabei ohne viele Tote abgegangen. Denn das probateste Mittel, dessen sich der Zorn bediente, war die (kriegerische) Aggression. Sie richtete sich gegen »Heiden«, Juden, »Ketzer«, »Hexen«.

Heute, da alles anders geworden sein soll, läßt sich die Kirche nicht gern an die eigene Tradition erinnern. Ablenkungsmanöver und Scheingefechte auf Nebenschauplätzen sind bei ihren Schriftstellern beliebt. Wer es schafft, die historische Schuld der Kirche unter den Teppich zu kehren, hat in den Augen seiner Kumpane eine wissenschaftliche Großtat vollbracht. Lange Zeit ist so und nicht anders verfahren worden, doch es gelingt nicht mehr. Immer mehr Menschen wollen die Wahrheit erfahren. Diese heißt: Es gab klerikale Judenmörder zuhauf, und ihre Namen sind bekannt. Der blutige Antijudaismus christlicher Elitegruppen, zu denen Bischöfe und Päpste zählten, währte zwei Jahrtausende lang. Er gehört zum Signum der Kirche. Er ist eines ihrer Wesensmerkmale. Niemanden kann es wundern, daß er direkt in die Gaskammern des »gläubigen Katholiken« Adolf Hitler geführt hat. Wie kam es dazu?

Weil in der Kirche so gut wie nichts originell ist, sondern geliehen, zerschlagen und neu zusammengeleimt, hat sie alles, was nicht von antiken Heiden stammt, vom Judentum bezogen: Engelsheere, Erzväter, Propheten, Gottvater und -sohn. Doch weil die Juden das angeblich Katholische ihres eigenen Glaubens nicht einsehen konnten und weil sie den angeblichen Stifter der Kirche ermordet haben sollen, weil sie eben »verstockt«, »perfide« blieben, flammte der klerikale Judenhaß durch 20 Jahrhunderte. Auch er begann bei jenem Paulus, der mit seinen Vätern noch haderte, nachdem er »bekehrt« war. Fast alle antiken Kirchenväter sind in seiner Nachfolge (nicht in der des Juden Jesus) überzeugte Antijudaisten gewesen. Sie haben den Antijudaismus fast zu einer eigenen Literaturgattung gemacht. Tertullian, Augustinus, Johannes Chrysostomus schrieben eigene Kampfschriften »Gegen die Juden«[23]. Gegen das auserwählte Volk zu wüten und die eigene Auserwähltheit an ihm auszulassen wurde zum Markenzeichen des wahren Christen. Schon im 2. Jahrhundert befindet der heilige Justin – seinerzeit der bedeutendste Apologet – die Juden nicht nur für schuld am Unrecht, das sie selber tun, sondern »auch an dem, das alle anderen Menschen überhaupt begehen«[24]. Dieses Pauschalurteil trägt den Keim zur Legitimation der Endlösung in sich, und nicht einmal Julius Streicher wird es überbieten können. »Der Teufel als des Juden Vater« steht in den Schaukästen der antisemitischen Zeitschrift Streichers, aber auch im Neuen Testament (Jo 8,44).

Im 4. Jahrhundert brennen Synagogen[25], verbünden sich Kirchenlehrer mit den Mordbrennern von der Straße, ziehen christliche »Heilige« jüdisches Vermögen ein, raubt man den Besitz der »verworfenen Schweine und Teufelsdiener«, läßt Juden internieren und vertreiben. Der heilige Kyrill, Patriarch von Alexandrien, bereitet im 5. Jahrhundert die erste Endlösung vor: Mehr als 100 000 Juden fallen ihr zum Opfer.

Keine der Erscheinungsformen des Antisemitismus im 20. Jahrhundert kommt dem neu vor, der die Kirchengeschichte kennt[26]. 306 verbietet die Synode von Elvira die Ehe und den Verkehr zwischen Christen und Juden sowie die gemeinsame Einnahme von Speisen. Juden ist es nicht erlaubt, öffentliche Ämter zu bekleiden (Synode von Clermont 535), Juden dürfen keine christlichen Mitarbeiter beschäftigen (3. Synode von Orléans, 538). Die 12. Synode von Toledo (681) ordnet die Verbrennung jüdischer Bücher an. Christen wird untersagt, jüdische Ärzte zu konsultieren (Trullanische Synode, 692). Juden dürfen an christlichen Feiertagen nicht auf die Straße (3. Synode von Orléans, 538). Christen dürfen nicht bei Juden wohnen (Synode von Narbonne, 1050). Juden müssen wie Christen den Kirchenzehnten bezahlen, obgleich sie nicht zur Kirche gehören (Synode von Gerona, 1078), Juden dürfen Christen nicht vor Gericht bringen oder gegen sie als Zeugen aussagen (3. Laterankonzil, 1179). Den Juden ist es verboten, ihre zum Christentum übergetretenen Glaubensbrüder zu enterben (3. Laterankonzil, 1179). Juden müssen an ihrer Kleidung ein Unterscheidungszeichen tragen (4. Laterankonzil, 1215). Juden dürfen keine Synagogen mehr bauen (Konzil von Oxford, 1222). Juden dürfen nur in Judenvierteln wohnen (Synode zu Breslau, 1267). Christen ist es untersagt, Grund und Boden an Juden zu verkaufen oder zu verpachten (Synode von Ofen, 1279). Juden dürfen nicht als Unterhändler bei Verträgen zwischen Christen fungieren (Konzil von Basel, 1434). Juden können keine akademischen Grade erwerben (Konzil von Basel, 1434). Juden müssen Geldbußen für die »Ermordung christlicher Kinder« zahlen (Regensburg, 1421). Jüdische Forderungen gegen christliche Schuldner werden konfisziert (Nürnberg, Ende 14. Jahrhundert). Das Eigentum von Juden, die in einer deutschen Stadt ermordet wurden, gilt als öffentliches Eigentum, weil die Juden selbst Besitz der Reichskammer sind (Gesetzbuch aus dem 14. Jahrhundert).

1179 dekretiert das 3. Allgemeine Laterankonzil – bis heute als unter dem besonderen Einfluß des Gottesgeistes stehende Versammlung definiert –, daß »Christen, die sich erdreisten, mit Juden zu leben, dem Kirchenbann verfallen sind«[27]. Papst Innozenz III., unter seinesgleichen als Größe verehrt, nennt sie 1205 »gottverdammte Sklaven« und schreibt an den Grafen von Toulouse, den er bei dieser Gelegenheit bannt: »Der Christenheit zur Schmach verleihst du öffentliche Ämter an Juden ... Der Herr wird dich zermalmen!«[28] Dieser Papst, wohl der mächtigste der Geschichte, schrieb 1205 an den Bischof von Paris: »Der Jude ist wie ein Feuer im Busen, wie eine Maus im Sack, wie eine Schlange am Hals.«[29] Und von derlei mußte der wahre Christ sich befreien. Das von Innozenz geleitete 4. Laterankonzil bestätigte, unter

Berufung auf den heiligen Augustinus, die Behauptung von der ewigen Knechtsexistenz allen jüdischen Lebens.

Der aufgeputschte christliche Pöbel schreitet von Pogrom zu Pogrom[30]. Juden werden erschlagen, wo sie aufzugreifen sind, werden an Stricken und Haaren zum christlichen Taufbecken geschleift. Die Kreuzzüge, die zu den ersten allgemeinen Judenmassakern führten, wurden zu beträchtlichen Teilen mit jüdischem Kapital finanziert, und indem man die Geldgeber erschlug, befreite man sich von der Rückzahlung von Geld und Zinsen. Bei der Eroberung Jerusalems trieben die Christenherren die jüdische Bevölkerung in den Synagogen zusammen und verbrannten sie bei lebendigem Leib. 1389 töten die Christen an einem einzigen Tag in Prag 3000 Juden. Nach einer Predigt des heiligen Johannes von Capistrano (Fest am 28. März) geschieht 1453 in Schlesien dasselbe mit allen nur greifbaren Juden.

Hitlers Schergen brauchten nur zuzugreifen und sich zu nehmen, was seit Jahrhunderten bereitlag. Der Diktator war der Erbe des christlichen Gedankengutes und der klerikalen Mordpraxis. Die über Jahrhunderte hinweg schlagkräftigste Armee der Päpste, der Jesuitenorden, forderte von seinem Kandidaten »Judenreinheit« bis in die fünfte Generation[31]. Papst Paul IV. ließ alle erreichbaren Exemplare des Talmuds öffentlich verbrennen, zwang die Juden seiner Territorien zum Tragen gelber Hüte, verbot ihnen Grund und Boden, untersagte ihnen christliche Angestellte, schloß sie von akademischen Berufen aus – Verfügungen, die fast ausnahmslos im Kirchenstaat bis ins 19. Jahrhundert hinein galten. Derselbe Kirchenstaat stellte zu dieser Zeit, bis ins kleinste Detail, das frühere Ghetto wieder her.

Der Historiker Friedrich Heer: »Adolf Hitler konnte zu einer Weltmacht, zu einer Mordsmacht aufsteigen, da das Gewissen von mehreren hundert Millionen Christen zu seinen Taten schwieg oder diesen gar zustimmte. Dieses Gewissen war ein Privatgewissen, nur beschäftigt mit Angelegenheiten der privaten Intimzone: der andere da draußen vor der Tür, der Jude, der Pole, der Zigeuner, der Italiener, der wurde ausgeklammert. Auschwitz und... auch Hiroshima und seine Todesengel beruhen auf eineinhalbtausendjährigen erlaubten theologischen Traditionen der Kirche.«[32]

*Mußten Faschisten und Gottesfeinde irgend etwas erfinden, was Chri-
sten und Gotteskinder nicht seit Jahrhunderten gekannt und praktiziert
hatten?*

Wir kennen Namen von Schreibtisch-Juden-Mördern, und viele Heilige der Kirche sind unter ihnen: Justin, Ephraem, Johannes Chrysostomus, Ambrosius, Isidor, Johannes von Capistrano – keinesfalls die
einzigen, die aufzufinden und öffentlich zu benennen sind. Sie haben
sich auf den Satz des Matthäus-Evangeliums (Mt 27, 25) stützen dürfen,
der die Juden, »das ganze Volk«, bei der Passion Jesu rufen läßt: »Sein
Blut komme über uns und unsere Kinder!« Ein schrecklich erlogener
Vers, eine entsetzlich folgenschwere Erfindung. Es ist schlimmer Haß
auf die Juden, der diesen Satz eingegeben hat. Es ist einer jener Sätze,
die schuldig sind am Mord an Millionen Menschen. Auch ein Evangelist kann zum Judenmörder werden.

Und was machte die Kirche mit den »Heiden«? Nietzsches Meinung,
fürs Christentum werde kein Mensch geboren, für diese Religion müsse
ein Mensch krank genug sein, ist angesichts bestimmter historischer
Umstände nur relativ richtig. Nicht alle Christen konnten die entsprechende Krankheit ausbilden; die meisten wurden von dem todbringen-
den Virus befallen und mußten ihn tragen wie ein Wirtstier, wollten sie
nicht gleich von denen umgebracht werden, die ihn weitertrugen. Mit
Schwert und Feuer fiel die Religion der Liebe über die Menschen her
und brachte ihnen bei, was sie zu glauben, zu hoffen, zu lieben hatten –
und was nicht. Die Verbreitung des sogenannten Glaubens geschah
nicht ohne Zwang: Bibel und Prügel sind eins, und Buchstabe wie
Backenstreich des Glaubens machen den Menschen weich, ducken ihn,
erobern derart eine Welt. Sind Menschen dazu da? Bleiben sie freiwillig
in ihrer Kirche?

*Daß eine Kirche, die damit prahlt, die wahre Hochreligion zu vertreten,
so viele andere Kulturen niedergemacht hat, muß den Menschen guten
Willens zu denken geben.*

Trägt die Kirche nur auf der Asche ihrer Gegner Frucht, ist sie inhuman: eine Mörderideologie, eine Anleitung zum Verbrechen. Kaum auf

der Welt, hat sie bereits Gegner beschimpft, verleumdet, angegriffen. Die frühesten Briefe des Neuen Testaments und die folgenden Evangelien sind Meisterstücke vor allem in einer Hinsicht: Sie verherrlichen ihre eigenen »Wahrheiten« und machen, vor diesem goldenen Hintergrund, die Andersdenkenden nieder, heißen diese nun »Pharisäer und Schriftgelehrte«, Juden, Römer oder »Ketzer«.

Daß es sich um einen gewaltsam missionierenden neuen Glauben handelt, wird spätestens zu dem Zeitpunkt klar, da die Christen in Staat und Gesellschaft das Sagen haben. Ein Beispiel für die Wut der neuen Religion gegen die alte: Der Kirchenlehrer Kyrill, ein Heiliger, der das Dogma von der Gottesmutterschaft Mariens mit riesigen Bestechungssummen durchsetzt, läßt im Jahr 415 die in der ganzen damaligen Welt bekannte und gefeierte Philosophin Hypatia überfallen, in eine Kirche schleppen, entkleiden und mit Glasscherben buchstäblich zerfetzen[33].

Als sie noch eine verschwindende Minderheit waren, haben die Christen sich zurückgehalten und lediglich in ihren heiligen Büchern gegen ihre Konkurrenten polemisiert. Kaum fühlen sie sich stärker, diffamieren sie die tradierte Kultur, die Philosophie, die alte Religion. Denn sie haben etwas Besseres, und sie setzen dies Bessere, die Liebesreligion, mit Feuer und Schwert gegen die zurückgebliebenen »Heiden« durch. Die alte Märtyrer- und Verfolgtenideologie der Kirche ist weggelegt, als die Herrenchristen selbst Märtyrer und Verfolgte schaffen können. Sie berauben, demolieren, vernichten die Tempel. Sie errichten das Kreuz über Leichen und Ruinen. Sie kassieren den Besitz der Verfolgten. Sie bereichern sich offiziell am Erbe der hingerichteten »Ungläubigen«. Aufgeputschte Massen, die den neuen Predigern nachlaufen, massakrieren die »Heiden«. Mönche stürmen Häuser und Kultstätten derer, die sich nicht taufen lassen wollen, zerschlagen Götterbilder, zerstören unersetzliche Kunstwerke, veranstalten Spottprozessionen, töten heidnische Religionsdiener, errichten das Kreuz als Siegeszeichen.

Keine kirchliche Stimme von Gewicht hat sich gegen die Vernichtungsfeldzüge erhoben. Predigten, die zum Rauben und Morden aufriefen, gibt es dagegen genug. »Nehmet weg, nehmet weg ohne Zagen, allerheiligste Kaiser, den Schmuck der Tempel«, hetzt um 347 der Theologe Firmicus Maternus, »...alle Weihegeschenke verwendet zu eurem Nutzen und macht sie zu eurem Eigentum. Nach Vernichtung der Tempel seid ihr zu Höherem fortgeschritten. Mit Hilfe der Kraft Gottes.«[34] Das alles soll geschehen, »damit kein Teil des verruchten Samens…, keine Spur des heidnischen Geschlechtes bleibe«. Kein Wunder, daß die von Klerikalen angezettelten Pogrome unvergleichlich blutiger und erbarmungsloser sind, als es jemals eine Christenverfolgung zuvor war. Noch 1954 lehrt Papst Pius XII., daß alles, was nicht der (seiner) Wahrheit oder Sittennorm entspricht, »kein Recht auf Existenz«[35] verdient.

Papst Leo X. hat 1520 den folgenden Satz Luthers als der katholischen (wahren) Lehre widersprechend verdammt: »Es ist gegen den Willen des Heiligen Geistes, daß Ketzer verbrannt werden.«[36] Der Papst setzte Luther eine Frist von 60 Tagen zum Widerruf. Seither ist viel Zeit vergangen. Inzwischen war Papst Johannes Paul II., einer der Nachfolger jenes Leo, schon zweimal in Deutschland, dem Land Luthers. Obgleich die Päpste über 470 Jahre Zeit zum Widerruf jenes Verdammungsurteils oder wenigstens zum Nachdenken über die Richtigkeit des lutherischen Satzes gehabt haben, ist noch immer nichts geschehen. Papst Wojtyla will offensichtlich dem Beispiel Luthers nicht folgen und die Bulle des Leo verbrennen. Offenbar setzt er auf andere Mittel.

Der Zorn auf die Andersdenkenden, die Ausrottung des Irrtums durch die sogenannte Wahrheit haben Methode. Die Vernichtung der Irrenden ist ebenso konsequent wie die Zwangsbekehrung zur christlichen »Wahrheit«. Nach militärischen Siegen der Christen schickt ein Papst Glückwünsche, wurde doch einmal mehr »das Gottesreich ausgebreitet«[37]. Die große Treibjagd auf die Goten endet im 6. Jahrhundert mit Christenjubel, mit Gottesdiensten – und Hinrichtungen. Der 20jährige Gotenkrieg hat Italien in eine rauchende Ruine verwandelt und dem Land schlimmere Wunden zugefügt als der Dreißigjährige Krieg Deutschland. Rom, die blühende Millionenstadt von früher, fünfmal erobert, fünfmal verheert, zählte nur noch 40 000 Einwohner, der römische Bischof aber war unter den Kriegsgewinnlern der erste. Mit den irrgläubigen Goten wurde zugleich die »Ketzerei« ausgerottet, und Geld und Gut gab es für den Bischofssitz noch obendrein. Dieses Beispiel wird in der Kirchengeschichte viele nach sich ziehen. Immer wieder ist blutig missioniert, überzeugt, bekehrt worden. Angefangen von der Ausrottung der Samaritaner über die Bekehrung der Friesen im 7. und 8. Jahrhundert, über die Christianisierung der Sachsen unter Karl »dem Großen«, den Wendenkreuzzug (1147), den Albigenserkrieg im 13. Jahrhundert bis hin zur »Katholisierung« der Weißrussen und Ukrainer in Polen zwischen den beiden letzten Weltkriegen und zu den grauenhaften Kroatengreueln der Jahre 1941 bis 1943[38]: Immer wieder ist die Wahrheit auf fürchterliche Weise gegen den sogenannten Irrtum durchgesetzt worden, um Menschen zu »bekehren«. Immer wieder sollte sich die Zahl der Katholiken mehren – und das Geld, das die größere Zahl zeitigt.

Mission als Zwangstaufe? Mord und Totschlag als Mittel der Mission? Nichts Neues unter der Sonne. Dennoch ist zu hoffen, daß sich diese religiöse Tradition nicht fortsetzt, daß mehr und mehr Menschen aufstehen und den Religionsmördern die Tatideologien und Tatwerkzeuge aus den Köpfen und den Händen nehmen. Das bisherige Konfliktmodell, welches von *einer* – unter allen Umständen, auch höchst mörderischen, gegen den Irrtum und die Irrenden zu verteidigenden – Wahrheit ausging, ist vom Menschsein überholt. Es hat denen, die es vehement vertraten, gewaltige Profite eingetragen, aber keine Konflikte gelöst, vielmehr immer neue Konflikte bewirkt. Indem es davon ausging, unter den Guten müßten, wie in einer Festung, Einigkeit und Harmonie herrschen, damit die Soldaten der Wahrheit schlagkräftig gegen die da draußen blieben, hat dieses Denk- und Handlungsmodell bis heute Krieg nach innen und nach außen getragen.

Das innerkirchlich von Zeit zu Zeit und von Konjunktur zu Konjunktur anwachsende Friedens- und Versöhnungsgerede ist längst unglaubwürdig geworden. Je weiter sich die reale Lage nämlich vom zeitlos geglaubten Zustand entfernt, desto unfriedlicher ist der Status einer gesellschaftlichen Gruppe. Alle Einsichtigen sind sich darin einig, daß der alte Zustand der Kirche, auf den die Hirten sich geeinigt zu haben schienen, von den Realitäten überholt ist. Die reale Lage ist höchst explosiv, da der Graben zwischen Wirklichkeit und theoretischer Basis immer breiter wird. Für die Sehenden befindet sich die altkirchliche Gesellschaft in einer vorrevolutionären Phase.

Freilich ist keine innerkirchliche Revolution zu erwarten. Von daher gesehen, haben Papst und Bischöfe ihre Schäfchen im trockenen. Aber Revolution kann in dieser Kirche nicht gewaltsamer Aufstand, sondern nur stille Erosion, wirksame Abstimmung mit den Füßen sein. Was zurückbleibt, wenn die vielen abwandern, ist die strukturell zornige Gewalt einer absterbenden Institution, und keiner von den Verantwortlichen sieht dies.

Etablierte Gewalt ist in der Kirche ursächliche Gewalt. Sie wird früher oder später zum Tod der Institution führen. Strukturbedingten Frieden gibt es in dieser Kirche nicht, und je lauter die Kirchenleute von Frieden sprechen, desto häufiger haben sie Grund, den innerkirchlichen Kriegszustand zu übertönen. Eine Gemeinschaft, die so wenig fundamentaldemokratisch ist wie diese Kirche, treibt zum Krieg, ja sie stellt inmitten einer zunehmend demokratisch denkenden und handelnden »Welt« ein Relikt barbarischer Vergangenheit dar. Die Barbarei? Der tiefe Graben zwischen Hirt und Herde, dogmatisch und soziologisch faßbar, mit Privileg und Machtanspruch zementiert.

Der immer wieder konjunkturell und profitabel angeführte »Dialog« zwischen Kirche und Welt scheitert an dieser Unmoral. Wo Demokratie nach außen verkündet, nach innen verweigert wird, schafft Doppelmoral Unfrieden und Unglaubwürdigkeit. Der Eindruck so vieler Demokraten, die Altkirche stelle einen prinzipiell antidemokratischen Faktor und damit einen erratischen Block in der neuzeitlichen Gesellschaft dar, läßt sich Tag um Tag erhärten. Diese Kirche stellt ein Klassenrecht, eine Klassenjustiz, eine Basis-Vergessenheit, ein Desinteresse an demokratischen Spielregeln derart penetrant zur Schau, daß einem schlecht wird. Daß sie gleichzeitig ein besonderes Wächteramt anmahnt, macht ihre Lage nicht besser. Im Gegenteil. Das doppelmoralische Verhalten erschwert jeden Dialog und jede Bundesgenossenschaft mit Demokraten. Hinzu kommt, daß ein ausgesprochen antidemokratisches Potential, das sich bei vielen Kirchenbezahlten und -gebundenen aus konkretem Anlaß noch immer leicht mobilisieren läßt, mit seinen autoritären Erwartungshaltungen und anerzogenen Gehorsamsmustern der Klerikergruppe von unten entgegenkommt. Diese braven Laien, die ihre Unmündigkeit als Gottesgeschenk akzeptiert haben, finden sich zwar seltener denn je, doch ausgestorben sind sie noch nicht. Aus ihrer Ecke kommt, wenn es frommt, der jeweilige

Schmerzensschrei der beleidigten Kirche, die Denunziation, die Strafanzeige, der anonyme Brief.

Die Mehrzahl schweigt. Viele machen aus Desinteresse den Mund nicht auf, manche aus nackter Angst um die eigene berufliche Existenz. Wer kennt schon die wirklichen Nöte derer, die im Kirchendienst stehen? Arbeitnehmerinnen und Arbeitnehmer in der Kirche: eines der leidvollsten Kapitel der Kriminalgeschichte. Auf der einen Seite die Priester, die keinen Arbeitsvertrag mit beiderseitigem Kündigungsrecht haben, die mit Bibelworten und Herrschaftsfloskeln abgespeist werden, die ein Leben lang damit rechnen, jederzeit aus dem Dienst entlassen zu werden, wenn sie demokratische Grundrechte wahrnehmen. Die das Kainsmal des Amtes tragen, das sie jederzeit zu Verfolgten machen kann, wenn sie anders wollen als ihre Bischöfe. Die selbst nie kündigen können, es sei denn, sie riskierten ein Leben von der Sozialhilfe. Die, wenn sie genug haben, um gnädige Entlassung bitten müssen, den Wohnort zu wechseln haben, im Verhör des Laisierungsprozesses sich selbst belasten und das unmoralische System entlasten müssen.

Auf der anderen Seite die Nichtpriester im Kirchendienst: Die gut daran tun, ihren Hirten vor allem in Geldsachen zu vertrauen und keine weiteren Fragen zu stellen. Die weder das Wort »Demokratie« noch das Wort »Kontrolle« oder das Wort »Arbeitsvertrag« hören dürfen. Was wissen wir schon von den Erzieherinnen, Kindergärtnerinnen, Krankenschwestern, Sozialarbeitern, Verwaltungsangestellten, Chauffeuren im Kirchendienst, weil wir nicht zu ihnen gehören? Was ist über den Zwangsglauben dieser Menschen bekannt, die unter uns leben? Über den alltäglichen Zwang, es dem jeweiligen Hirten recht machen zu müssen, auch wenn es einem gar nicht mehr recht ist? Gewiß gehört die katholische Kirche nicht zu den Einrichtungen, die die Ihren besonders schlecht bezahlen. Doch ebenso gewiß ist diese Kirche die einzige Institution, die ihr Personal zur Vereinzelung verurteilt (das heißt von Gewerkschaften fernhält), spiritualisiert (das heißt mit Gottesworten an die Kette legt) und mit Argusaugen darüber wacht, daß ihre Arbeitnehmerinnen und Arbeitnehmer sich ständig gegen äußere Gegner formieren, nie aber gegen die Arbeitgeberin Kirche selbst.

Verbände von Kirchenbezahlten gibt es genug: Küster und Kindergärtnerinnen sind organisiert. Aber sie pflegen das Bewußtsein von Kindern, die ehrfürchtig zu ihren Vätern aufschauen und von diesen das Heil (und das Gehalt) erwarten. Ihr unwürdiger Gehorsam lähmt sie[39]. So weit kommt es mit Menschen, die statt Unterricht in Demokratie Bibelunterricht genossen haben und Jahr für Jahr vertröstet statt ernst genommen werden. Warum begehren sie nicht auf? Weil sie dazu erzogen sind, gläubig-gehorsam zu bleiben. Weil diese Lebenshaltung ihnen das Jenseits garantieren soll. Weil jeder wirkliche Aufstand sie die berufliche Existenz kostet – und die Kirche selbst (noch immer) nicht tangiert. Weil die Hirten just in dem Augenblick wieder Dialog und Versöhnung entdeckt haben, da ihre Macht in Gefahr gerät.

Macht basiert in der Kirche zu nicht geringen Teilen auf der Systemlüge »Zorn auf die anderen«. Aggressionen müssen entdeckt und analysiert werden, bevor man sie unschädlich machen kann. Eine Gruppe freilich, die eigene Aggressionen leugnet oder sie, wenn sie entdeckt sind, als notwendig deklariert, ist als Herd schwerer Konflikte in der Gesellschaft zu betrachten. Eine solche Gruppe hat in der Kirche ihre Heimat gefunden. Noch immer darf sie es sich leisten, unter Berufung auf den Willen Gottes Andersdenkende als Irrende zu verfolgen. Noch immer kann sie in der »Sprache der Enzykliken« (A. Camus) reden und vom gesichert erscheinenden Besitzstand ihres Systems aus alle »anderen« betrachten, um ihnen Ratschläge zu geben. Auch hat sie es nicht verlernt, sich als Fremdkörper in einer Welt zu sehen, die selbst »verloren« erscheint. Fremdkörper ist sie allerdings nicht wegen irgendeiner »Torheit des Kreuzes« (1 Kor 1, 18f.), auf die sie sich berufen könnte, sondern aus Trägheit, aus Desinteresse, die Anpassung an den Zeitgeist von früher um der heutigen Menschen willen aufzugeben.

Eine realistische Einschätzung der eigenen Möglichkeiten ist den Angehörigen eines solchen Fremdkörpers verwehrt. Die Einsicht in das fehlerhafte Grundschema, in die Todesweise des »Zorns«, bleibt verstellt. Wer sich als Fremdkörper fühlt und preist, hat den Blick auf den eigenen Zustand verloren. Kabinettspolitik, Geheimhaltungsängste und Ablehnung wirklicher Mitbestimmung machen es den Hirten dieser Kirche unmöglich, sich irgendwann einmal zu befreien. Bischöfe und Päpste mögen über alles mögliche informiert sein (und werden): Von der wahren Lage ihrer Kirche wissen sie nichts – oder wollen

nichts mehr wissen. Eine Befreiung aus der verklemmten Lage ist ihnen
ebensowenig gestattet wie eine auch nur halbwegs normale Kommuni-
kation mit den Millionen Mitmenschen, die als »falsche Welt« gedeutet
werden sollen. Nicht ohne Grund verlieren Mahnungen, die von diesen
Hirten kommen, mehr und mehr an Gewicht. Die Akzeptanz der
Kirche nähert sich auffallend schnell derjenigen einer Sekte. Gehorsam
bringen nur noch jene auf, die als harter Kern gelten möchten und sich
entsprechend elitär gebärden. Doch müßte es wenigstens einigen Verantwortlichen auffallen, wie gelähmt ihre Kirche ist und wie schwach
sie zu taktieren gezwungen ist. Ob jemand danach fragt, wer diesen
Zustand mit verantwortet? Ob gar die eigene Mentalität als Schuldige
entlarvt wird? Ich glaube nicht, daß sich ein Hirte ernsthaft um den
»Zorn« kümmert. Noch immer kann er sich dieses Versäumnis erlauben. Noch immer darf er davon ausgehen, daß er sein Leben in Ruhe
beenden wird – auch wenn nach ihm die kirchliche Sintflut kommt.

5.
Die UNMÄSSIGKEIT
der Besitzenden

Die Kirche Christi geht den Weg, den ihr der
göttliche Erlöser vorgezeigt hat ... Sie mischt
sich nicht in rein politische und wirtschaftliche Fragen ein.

Papst Pius XII.

Werden Tugenden nicht individualistisch betrachtet, als hätten nur einzelne Menschen damit zu tun, sondern werden sie auf Institutionen ausgedehnt, so bleiben auch im Fall der »Mäßigung« allerhand Zweifel am Verhalten und an den Strukturen der Altkirche bestehen. Besonnenheit, Maßhalten, Verständnis für die Mitte sind den Kirchenbezahlten abhanden gekommen, falls ihnen diese Haltungen überhaupt je zu eigen waren. Aus den vielfältig nuancierten Formen solcher Unmäßigkeit greife ich jene heraus, die Konturen einer total absorbierenden Kirchenwahrheit erkennen lassen. Andere Erscheinungsweisen der Unmäßigkeit (oder der »Freßsucht«, wie die Todsünde früher hieß) spreche ich nur am Rande an, obgleich die Gier nach Besitz und Macht bei Klerikern schier unersättlich ist. Im Vergleich zur Maßlosigkeit derselben Leute in Sachen Zugriff auf Dogma und Moral, auf geistige und sittliche Überzeugungen ist jedoch selbst die Gier nach Geld und Gut gering. Unmäßigkeit zeigt sich auf geistigem Gebiet als der unstillbar erscheinende Anspruch von Klerikern, den einzelnen Menschen geistlich (»Dogma«) und moralisch (»Disziplin«) zu vereinnahmen und ihm keine Freiheit mehr zu lassen, ja ihn, bei Widerspruch, rigoros auszugrenzen. Dies ist die schlimmste Form von Maßlosigkeit, die durch Vertreter einer Kirche verursacht wird, die Menschen(-rechte) grundsätzlich geringachteten.

Die immer noch mehr haben wollen, die nie genug haben

Mindestens 7 Milliarden Mark pro Jahr für die katholische Kirche, direkt aufgebracht von den Kirchensteuerzahlern und indirekt auch von Konfessionslosen und Nichtchristen über öffentliche Subventionen, das ist nicht wenig. Aber wo sind die Milliarden geblieben? Die geistlichen Herren sagen es nicht ganz offen. Auch stellen sich die

Kirchen in der Öffentlichkeit gern als arm dar. Da tun sie nicht schlecht daran. Schließlich zieht der Steuerpflichtige, wenn er zum Finanzamt muß, auch nicht seinen besten Mantel an.

Kirchensteuer in Milliardenhöhe, und noch nicht genug? An allen Ecken und Enden Grundbesitz, und um jede Mark betteln? Wieder steht die Kirche in einem seltsamen Zwielicht. Auf der einen Seite lernen wir, daß die Kirchen diese Masche mit dem öffentlichen Betteln eingeübt haben und nicht schlecht beherrschen: Geld fehlt hier, und Geld fehlt da. Eigentlich fehlt es der Kirche überall. Darum will sie an unser Geld heran. Andererseits verstummen die gegenteiligen Argumente nicht. Die Kirche hat einen beinahe märchenhaften Ruf als eine der reichsten Institutionen, wenn nicht gar die reichste in der Bundesrepublik. Sie gilt als Synonym für Wirtschaftsmacht. Sie wird als erfolgreiche Lobbyistin und aktive Geschäftspartnerin bewundert oder gefürchtet. Manche Leute schauen gebannt wie das Kaninchen auf die Schlange. Immenser Reichtum fasziniert diese Menschen, und sie zwinkern mit den Augen, wenn sie erfahren, daß den Klerikern wieder mal ein Deal geglückt ist.

Was stimmt denn an diesem Bild? Gibt es die sprichwörtlich arme Kirchenmaus überhaupt noch? Oder pflegt die schon längst ihre Fettsucht? Das Fernsehen macht vieles möglich. Es bringt hin und wieder Bilder von dem legendären Reichtum der Kirche ins Zimmer. Schalten wir den Fernseher ein, um den Ostersegen des Papstes anzuschauen, staunen wir über die Prachtbauten des Vatikans. Wer die wohl erbaut hat? Wer die bezahlt hat? Wer annimmt, daß die Deutschen den größten Teil des Petersdoms finanziert haben, liegt nicht ganz falsch. Aber viel davon gehabt haben sie nicht. Deutsche Päpste? Seit langem Fehlanzeige. Seit Jahrhunderten nur Italiener, und jetzt einmal ein Pole. Zu Luthers Zeiten hat ein Papst gesagt: »Nachdem der liebe Gott mir das Papsttum verliehen hat, will ich es auch genießen.«[1] Solche Worte vergessen die Menschen nicht. Sie kleben am Papsttum wie ein Kaugummi am Schuh.

Schalten wir zu Weihnachten den Fernseher ein und schauen uns die »Mitternachtsmesse« an, kommen wir ins Grübeln und denken, schon wieder stehen in dieser süddeutschen Kirche lauter vergoldete Engel und Heilige herum, und Marmor scheint das Normalste von der Welt in so einer Kirche zu sein. Darunter tun die es nicht. Dann kann richtiges Mitleid mit dem armen Jesuskind in seiner Strohkrippe aufkommen. Das muß sich doch komisch vorkommen in all dem Prunk. Armut herrscht da jedenfalls nicht. Auch die Geistlichen, die im Fernsehen zu sehen sind, sehen nicht bedürftig aus. Zumindest die Gewänder, die sie zum Fest angelegt haben, strotzen nur so von Goldgewirktem. Das Weihrauchfaß scheint aus purem Silber zu sein, die Kelche aus Gold. Hier und da blinkt ein Edelstein. Manch ein Zuschauer beschließt vielleicht, seinen Pfarrer beim nächsten Mal nicht einmal mit 20 Pfennig wie sonst zu bedienen, wenn er den Klingelbeutel herumgehen läßt. Manch einem ist auch schon geraten worden, das Geld für gute Zwecke auszugeben.

Alle werben um unser Geld. Alle sind bemüht, an anderer Leute Geld heranzukommen. Die Zwecke aber sind verschieden. Gut oder besser, das ist hier die Frage. Wir werden auch fragen dürfen, weshalb die deutsche Kirche die reichste Kirche der Welt ist – und nicht, wenn schon in Superlativen geredet werden soll, die beste. Einem Land wie der Bundesrepublik, das Monat für Monat einen riesigen Außenhandelsüberschuß produziert und dessen Währung zu den stärksten der ganzen Welt gehört, steht – wie selbstverständlich – auch eine wohlhabende Kirche gut zu Gesicht. Daß es auch anders sein könnte, ja daß es vielleicht ganz anders sein müßte, ist für viele Bürgerinnen und Bürger nicht einmal der Frage wert. Wir werden uns doch noch eine wohlhabende Kirche leisten können, das ist eine Frage des Nationalstolzes, sagen sie.

Ganz so vaterländisch denke ich nicht. Aber stellen wir die Frage einmal zurück, und sehen wir uns die Fakten an, den tatsächlichen Reichtum der Kirche. Da kommen einem fast die Tränen: Die katholische Kirche sei arm, hören wir aus dem Vatikan. Päpste klagen gern über ihre Armut, aber sie lügen. Denn auch der jetzige Papst nagt nicht am Hungertuch. Das wäre das erste Mal in der Kirchengeschichte, daß ein Papst darben müßte. Die Kirche profitierte immer von den Rechts- und Wirtschaftsordnungen dieser »Welt«, angefangen beim alten Rom. Vom Untergang des Imperiums hatte sie zuletzt fast als einzige den Nutzen[2]. Und so ging es weiter. Papst Gregor VII. hat gegen Ende des 11. Jahrhunderts dekretiert, allein er und seine Nachfolger könnten

165

Kaiserreiche und Königtümer sowie überhaupt die Besitztümer aller Menschen bestätigen oder bestreiten, geben und nehmen: »Nach den Verdiensten eines jeden«[3].

Ich erinnere an die Jahrhunderte der Ausbeutung weltlicher Güter durch geistliche Vertröstungen, an Einnahmen der Kurie durch Verkauf von Dispensen, Gnaden und Reliquien, an Einnahmen durch Zinsen, Mieten und Verkäufe, an Einnahmen durch Börsenspekulationen, durch Bestechungsgelder und Sondersteuern, durch eigene Kriegskassen. Irgendwo muß das viele Geld doch geblieben sein. Oder haben die Päpste es verpraßt? Hat die römische Kurie Mißwirtschaft betrieben? Hat sie es gar an die Armen der Welt verteilt? Papst Paul VI. (1963–1978) hat selten versäumt, den Glauben der Welt in diese letzte Richtung zu weisen. Klagte er über den chronischen Geldmangel im Vatikan, so erinnerte er an den »mißlichen Umstand . . ., daß die Kirche der materiellen Mittel ermangelt, die sie für ihre Werke der unbegrenzten Wohltätigkeit und Barmherzigkeit braucht . . .«[4]. Vielleicht war er wirklich in Not. Zumal die Welt aufgehorcht hatte, als eine Schlagzeile erschienen war, die den armen Souverän des Vatikans zutiefst hatte erschrecken lassen: »Erzbischof betrog Papst Paul um 752 Millionen.«[5] Es ging damals um die jüngste der vielen vatikanischen Bankaffären. Es war nicht die erste, und die letzte wird es auch nicht gewesen sein.

Paul VI. hat gerne von »Unserer heiligen Armut« geredet und vom »Mangel Unserer Geldquellen«. Aber in Rom, wo es genug Arme gibt, die in Slums hausen, hat er keineswegs in einer Notunterkunft gewohnt. Seine Suite im Vatikan hat 13 Zimmer umfaßt, für ihn persönlich, und fünf Domestiken hat er auch beschäftigt[6]. Doch ist das keine römische Spezialität. Es gibt auch in der Bundesrepublik Städte mit Slums, mit Obdachlosen, mit kinderreichen Familien, die am Rand des Existenzminimums leben. Solche Städte nennen sich hin und wieder, wenn sie für sich Werbung machen, »Bischofsstädte«. Sie wissen, warum. Jedenfalls kenne ich keinen einzigen deutschen Bischof, der nicht in einem ganz ansehnlichen – und in keiner einzigen Hinsicht mit den Armenquartieren der eigenen Bischofsstadt vergleichbaren – Haus wohnt. Eine »Exzellenz« mit einem Kreuz aus Gold und Edelsteinen auf der Brust kann sich auch nicht unters Volk mischen, es sei denn so lange, wie Kamera und Mikrophon auf sie gerichtet sind.

Ich erinnere an den Grundbesitz der Kirche, insgesamt viele Millionen Hektar, in einigen Ländern fast 20 Prozent der Felder[7]. An die Beteiligung an Banken und Industrieunternehmen, an den weitgestreuten Wertpapierbesitz in Ländern mit liberalem Kapitaltransfer – und an die Tatsache, daß Papst Pius XII. bei seinem Tod im Jahr 1958 ein Privatvermögen von 80 Millionen DM in Valuten und Gold hinterlassen hat[8]. Schon zu Beginn des 20. Jahrhunderts wurde das päpstliche Vermögen auf ungefähr sechsmal größer geschätzt als das des reichsten Deutschen, das von Krupp[9]. Nach einer Angabe aus dem Jahr 1974 verfügte der Vatikan allein im Stadtgebiet von Rom über 15 Millionen Quadratmeter Land[10]. Die Stadt Rom selbst besaß dagegen nur rund 4 Millionen Quadratmeter unbebauter Fläche.

Die Lateranverträge, die der Heilige Stuhl im Jahr 1929 mit Mussolini schloß, haben weiteres Geld eingebracht. Zwar hatte die Kirche damals davon gesprochen, die »ungeheuren Schäden«, die ihr durch den Verlust des früheren Kirchenstaates (des auf gefälschten Dokumenten beruhenden »Patrimonium[s] des heiligen Petrus«) entstanden seien, könnten mit italienischem Geld allein gar nicht behoben werden[11]. Doch hatte sie sich dann doch abfinden lassen. Die Entschädigungssumme betrug zum 19. Februar 1929 nicht weniger als 91 656 250 Dollar – und die für damalige Verhältnisse riesige Summe mußte gewinnbringend angelegt werden. Der Vatikan wuchert seither mit diesen Pfunden. Mit Zinsen, Zinseszinsen, Spekulationsgewinnen und -verlusten. »Für Werke der Religion und der christlichen Barmherzigkeit in aller Welt«. Genaueres ist nicht zu erfahren. Der römische Korrespondent der *FAZ* hat im Jahr 1982 mit einem Bestand von mehreren hundert Millionen Dollar aus diesem Bereich gerechnet, »was wohl einige Dutzend Millionen Dollar Rendite einbringt«[12].

Nach Auskunft des Vatikankenners Corrado Pallenberg besitzt der Heilige Stuhl riesige Aktienberge, oft sogar die Aktienmehrheit, von italienischen Banken und Versorgungsunternehmen, von Hotelketten, Immobiliengesellschaften und Versicherungen. Die Aufsichtsratsmandate in diesen Gesellschaften werden von katholischen »Laien« wahrgenommen, die freilich den Direktiven von hohen vatikanischen Klerikern unterliegen[13]. Die auswärtigen Finanzreserven des Vatikans sind vornehmlich an der Wallstreet konzentriert.

Insgesamt dürfte sich der Gesamtbesitz der Kirchenzentrale an Aktien und anderen Kapitalbeteiligungen schon im Jahr 1958 auf etwa 50 Milliarden DM belaufen haben. Trotz verschiedener Bankkräche und -skandale hat sich diese Summe bis heute nicht gerade verringert.

Papst Pius XII. hatte zwar gesagt: »Die Kirche Christi geht den Weg, den ihr der göttliche Erlöser vorgezeichnet hat... Sie mischt sich nicht in rein... wirtschaftliche Fragen ein.«[14] Doch da gab es beispielsweise den langwierigen Streit zwischen dem Vatikan und der Republik Italien um die Besteuerung des kirchlichen Aktienbesitzes. Daß kein Papst sich bereit finden will, für seine Wertpapiere und deren Dividenden Kapitalertragssteuer zu zahlen, ist verständlich. Wer mit Geld zu tun hat, sucht sich vor Abgaben zu drücken. Wer viel Geld besitzt, macht aus der Drückebergerei ein Geschäft. Wer gar geistliches Geld einnimmt, läßt sich erst recht nicht besteuern. Schließlich handelt es sich um Summen, die für die Belange des Himmels eingenommen und ausgegeben werden. Kein Finanzamt dieser Welt hat dabei mitzusprechen, meinen die Kleriker. Ein Beispiel für viele: Das Kloster Einsiedeln hat »unwidersprochen 100 Millionen Franken Jahresumsatz« – und bei der Einkommenssteuer die »Traumquote Null«[15].

Beinahe beiläufig fällt mir die Episode aus dem Jahr 1973 ein, da der Leiter der Abteilung für Organisiertes Verbrechen und Korruption beim US-Justizministerium, Lynch, im Vatikan auftauchte. Er hatte ein Schreiben dabei: das Originaldokument, in dem der Vatikan bei der New Yorker Mafia »gefälschte Wertpapiere im fiktiven Gegenwert von nahezu einer Milliarde Dollar« bestellt hatte[16].

Wem jetzt das Argument auf der Zunge liegt, es handle sich bei alldem nur um zeitbedingte Mißverständnisse, den halte ich für einen schlechten Historiker und Theologen. Was sich – dem Prinzip nach – durch die gesamte Kuriengeschichte zieht, wird durch kosmetische Detailoperationen nicht besser. Auch wenn es Pius XII. anders sehen wollte: Seine Kirche mischt sich durchaus in rein wirtschaftliche Fragen und Händel ein. Anders könnte sie nicht überleben. Wer da noch an eine »Kirche der Zukunft« glaubt, hat nichts dazugelernt. Er handhabt eine unhistorische und unfaire Methode. Er ist verdächtig schnell bereit, 2000 Jahre Kirchengeschichte seiner Utopie zu opfern. Er gibt offen oder unter der Hand zu, daß bisher so gut wie alles falsch gemacht worden ist. Er blickt, radikal und voller Weltveränderungswillen, in die große Zukunft seiner an Haupt und Gliedern reformierten Kirche, als stünde die Revolution unmittelbar bevor. Daß der real existierende Katholizismus niemals einem ideellen weichen kann, hat der Kirchenreformer noch nicht begriffen. 2000 Jahre Kriminalgeschichte des Christentums reichen offenbar nicht aus, den Optimismus eines »Reformers« zu dämpfen.

Aber bitte keine falsche Scham. Von denen, die sich mit Emphase römisch-katholisch nennen, darf erwartet werden, daß sie sich auch dann vor ihre Päpste stellen, wenn es um so peinliche Angelegenheiten wie deren (Privat-)Vermögen oder um Geschäfte in Höhe von einer Milliarde Dollar geht. Offenbar ist es ungeheuer leicht, geistlich motivierte Projekte in Mark und Pfennig umzusetzen, aber ungeheuer schwierig, sie in Mark und Pfennig vor aller Öffentlichkeit zu bilanzieren. Diese Schwierigkeit resultiert zum einen aus der Angst vor dem »Laizismus«, der typisch klerikal bestimmte Aktivitäten auf Heller und Pfennig nachrechnen und abblocken, zumindest andere Akzente setzen würde. Auch bestünde die Gefahr, daß noch mehr Kirchenmitglieder ihre Kirche verlassen und ihre Zahlungen einstellen würden, wenn ihnen ganz offen gesagt würde, was genau sie mitfinanzieren sollen. Zum anderen wird von klerikaler Seite die Angst spürbar, durch Offenlegung von Finanzen verstärke sich der Eindruck, »das Heil«, die Gewissenssphäre, der Glaubensbereich würden einfach (finanz-)amtlich verwaltet[17]. Daß die Kirche seit eh und je etwas, und nicht wenig, mit »Amtlichkeit« und »Behörden« zu tun hat, störte diese Argumentation allerdings noch nie. Wer seine Pfarrer nach der Besoldungsordnung für Beamte bezahlt, wer förmliche »Amtsblätter« veröffentlicht, wer sich beim Begriff »Kirchen-Steuer« nicht aufhält, wer Kirchenjuristen und -notare beschäftigt, wer Banken gründet und Geschäfte machen läßt, der könnte auch seine Finanzen – und die mit diesen notwendig verbundene Bürokratie – aus dem mystischen Dämmer befreien, ohne einen Verlust an »Glaubensgeheimnis« befürchten zu müssen.

Gewiß haben geistliche Herren und Damen auch selbst hart für ihr Fortkommen gearbeitet. Aus der langen Geschichte des christlichen Klosterwesens wissen wir beispielsweise, daß die »Weltflucht« der Klosterleute zur Quelle kollektiven Reichtums geworden ist. Arbeitet eine Kommune bienenfleißiger Menschen, die bedürfnislos leben, Jahr um Jahr für ihr Kloster, erwirtschaftet sie notwendig Überschüsse. Einen Teil davon mag sie Bedürftigen abgegeben haben, den Rest hat sie in eigene Projekte investiert[18].

Doch ist dies nicht die einzige und noch nicht einmal die wichtigste Möglichkeit gewesen, den Besitz zu mehren. Es ist im Zusammenhang mit kirchlichem Grund und Boden noch heute hin und wieder die Rede von »Schenkungen«. Das klingt gut, ist aber nicht gut. Denn die gewaltigsten »Schenkungen«, die die Kirchengeschichte kennt, sind Fälschungen gewesen[19]. Daß einmal ein Kaiser Konstantin im 4. Jahrhundert dem Papst Silvester I. (314–335) und seinen Nachfolgern Rom und das ganze Abendland »geschenkt« haben soll, ist eine fromme Fabel. Das haben sich, viel später, im 8. Jahrhundert, jene Kleriker in Rom ausgedacht – und die entsprechenden Dokumente gefälscht –, die Interesse an Grundbesitz und abendländischer Ideologie in einem gehabt haben. Doch der deutsche König Pippin fiel damals auf den Schwindel herein, und der Apostel Petrus besaß recht früh einige Grundstücke in Rom. Und die vatikanischen Kleriker ließen sich von denen, die künftig zu diesem Ort pilgerten, Kaiser, Könige, Kaufleute voran, reich beschenken. Den Erfolg dieser Immobilienpolitik sehen wir noch heute. Interessant zu wissen, auf welchem Grund und Boden der Vatikan steht – und sich hält.

Es sind erhebliche Zweifel angebracht, wenn es um die sogenannten jahrhundertealten Besitzansprüche der Kirche geht. Meist handelt es sich um unrecht erworbenes Gut.

Der Erfolg, den die Päpste hinsichtlich Territorien und Immobilien erzielt hatten, war auch den unteren Chargen nicht verborgen geblieben. Bald wollte jeder Bischof, jeder Abt seinen eigenen Priesterstaat. Alle bedienten sich am Kuchen. Sie führten nach römischem Vorbild ihre eigenen Schenkungsnachweise ein, sie gingen keiner Fehde um ein Stückchen Land mehr aus dem Weg. Erfolglos waren auch sie nicht. Da sie es inzwischen durchgesetzt hatten, geistliche Gnaden zu verteilen oder zu versagen, war es ein leichtes, jeden zu verdammen, der klerikalen Besitz kassierte oder eine Enteignung auch nur begünstigte. Die noch immer verbreitete und von interessierter Seite gepflegte Angst, der Kirche (die nie Kirche des Volks gewesen ist) etwas anzutun, hat eine lange Tradition. Aber bis heute liegt in völligem Dunkel, welche Liegenschaften, die gegenwärtig der Kirche gehören, auf welche Weise »geschenkt« oder »erobert« worden sind. Es braucht nicht viel Phantasie, sich vorzustellen, daß auf diesem Terrain, würde wirklich einmal sorgfältig geforscht, die schlimmsten Betrügereien aufgedeckt werden könnten.

Blut und Boden? Bodenerwerb durch Blut. In der Kirche gab es immer Fraktionen. Da war auf der einen Seite die kleine Gruppe derer, die immer schon wußten, was die wahrste Wahrheit war, wo und bei wem sie lag – und bei wem nicht. Das waren die orthodoxen (rechtgläubigen) Christen. Zumeist waren es Kleriker. Sie allein hatten es mit der Zeit geschafft, sich ein Wahrheitsmonopol anzueignen. Diesen selbsternannten Elitecharakteren stand die Mehrheit gegenüber: Die sogenannten einfachen Christen, denen gesagt werden mußte, was Wahrheit sei, und die paar Christen, die eine andere Auffassung von Wahrheit hatten als die jeweiligen Hirten – und dies auch äußerten.

Außerhalb dieser innerkirchlichen Gruppen fanden sich noch Menschen, die gar keine Christen waren. Die christlichen Eliten nannten diese Leute kurzerhand »Heiden« und »Juden«. Da es nun aber nicht ausbleiben konnte, daß die Leitchristen nicht nur ihre eigene Herde auf Vordermann bringen, sondern auch alle Andersdenkenden und -glaubenden, waren Religionskriege, »Hexen«- und »Ketzer«-Verbrennungen, Judenpogrome eine unausweichliche Folge dieses elitär-intoleranten Denkens. Ein kleiner, doch nicht unwichtiger Umstand: Die meisten von der Kleingruppe Klerus Verfolgten und Ermordeten hatten Vermögen. Die Juden hatten vergleichsweise viel.

Dazu ein winziger Ausschnitt aus der Kirchengeschichte: Im Jahr 1349 sind in mehr als 350 deutschen Städten und Dörfern nahezu alle Juden verbrannt worden[20]. In diesem einzigen Jahr haben Christen weit mehr Juden ermordet als die »Heiden« einst Christen in den 200 Jahren Christenverfolgung der Antike. Diese Zahlen kommen in der gewöhnlichen Geschichtsschreibung der Kleriker ebensowenig vor wie im normalen Religionsunterricht: Die handeln lieber von den vielen armen Christen, die den »Heiden« und ihren Löwen zum Opfer gefallen sein sollen. Hier aber geht es nicht um Legenden: Nach der Ermordung der Nürnberger Juden wurden die Häuser beschlagnahmt und die Geldvermögen eingezogen. Der Bischof von Bamberg kassiert hierbei ebenso wie beim Pogrom in seiner eigenen Bischofsstadt, wo er fast sämtliche Häuser der Opfer übernimmt[21].

Adolf Hitler erklärte im April 1933 dem Osnabrücker Bischof Berning, Vertreter der deutschen Bischöfe bei der Reichsregierung: »Die katholische Kirche hat 1500 Jahre lang die Juden als die Schädlinge angesehen... Ich gehe zurück auf die Zeit, was man 1500 Jahre lang getan hat... und vielleicht erweise ich dem Christentum den größten Dienst.«[22] Von einem Widerspruch des katholischen Bischofs, der seine Briefe »Mit Deutschem Gruß und Hitler Heil!« unterzeichnet hat, ist nichts bekanntgeworden. Vielleicht kannte er die Blut- und Boden-Geschichte seiner eigenen Kirche.

Zu den Zeiten, da Bischöfe auch Landesherren waren, die sich mit Feuer und Schwert um die Ausbreitung des Gottesreiches mühten, fiel immer wieder ein Stück Land ab. Jeder Bischof mehrte auf diese Weise seinen Grundbesitz, und manchem gehört dieser bis auf den heutigen Tag. Bischöfe haben ganze Armeen befehligt, fremde und eigene. Gemordet haben sie auch höchst eigenhändig und die Besitztümer ihrer Opfer eingezogen ebenso. Soll ich mal deutsch reden? Ein Beispiel: »Also stunt es mit der Pfaffhait, wo man poses horte oder krig wer und man fragte, wer tut das, so hies es, der bischof, der pfaff«[23]. Auch das ist deutsche Tradition, selbst wenn mancher es nicht gerne hören will.

Kirche ist nicht von vornherein ein Synonym für Moral. Oder für Frieden. Oder für Gerechtigkeit. Oft genug ist das Gegenteil wahr.

Inquisitoren und Beichtväter haben stets Blutgelder eingestrichen. Das zu einer Zeit, da ein geflügeltes Wort sagte, das schnellste und leichteste Mittel, reich zu werden, sei das Hexenbrennen[24]. Vermögen einziehen, Kontributionen auferlegen, vertreiben, verbrennen, das ist die eine Seite des damaligen kirchlichen Handelns. Nichts mehr davon wissen, die andere, die heutige. In den 30 Jahren, da ich mich mit Kirchenfragen beschäftige, habe ich noch keinen einzigen Satz der Entschuldigung von denen gehört, die es von Amts wegen wissen müssen. Wohl aber

172

viele Worte des Abwiegelns bei den Theologen mit dem Alles-halb-so-schlimm-Gesicht.

Was ist aus den Vermögen und Liegenschaften geworden, die Kleriker ihren Blutopfern abgenommen haben? Daß es keine Statistik gibt, die auch nur auf den Gedanken käme, nach der schlimmen Herkunft vieler kirchlicher Immobilien zu fragen, beantwortet vieles. Daß kein einziger unter den 10 000 wissenden Klerikern der Bundesrepublik auch nur darauf käme, an eine Art Entschädigung zu denken, beantwortet alles. Wäre guter Wille vorhanden, ließe sich gewiß ein Weg finden, wenigstens symbolisch, wenn nicht schon real, Entschädigung zu leisten. Ein Fonds, eine Stiftung... Aber niemand kümmert sich darum. Kein einziger Bischof verliert ein Wort darüber.

»Hirten«, die keine Gelegenheit auslassen, der Welt »Moral« zu predigen, bleiben verdächtig stumm, wenn es um kirchliche Unmoral geht.

Auch die Todsünde der Unmäßigkeit bleibt daher in der Kirche heimisch. Wir sehen: Es gibt Kleriker, die sich einmal an ihren Opfern schadlos gehalten haben, und es gibt deren heutige Gesinnungsgenossen, die nicht bereit sind, irgendein Opfer zu entschädigen. Die Kumpanei funktioniert, und die alten Seilschaften halten zusammen: Der Besitz, das unrechte Gut, bleibt entschädigungslos bei den Erben der Bluttäter. Und weiteres Vermögen sammelt sich in Kirchenkreisen an.

Es findet sich unter Klerikern kein Grund, weshalb die Kirche dieses unrechte Gut aufgeben und ihre Todsünde bekennen und bereuen sollte. Im Gegenteil: Die Kirche klammert sich an ihre Unmäßigkeit – und hat auch deswegen ihren Tod verdient. Ich bringe es auf einen einfachen Nenner: Die Kirche bleibt daran interessiert, wie sie am besten die Sicherstellung ihrer finanziellen Liquidität von einem Jahrhundert ins nächste betreiben kann. Mehr will sie nicht. Mehr vermag sie auch nicht. Wir wissen, was als Resultat irgendeines Nachdenkens von Anfang an feststeht: Die Kirche bekommt und besitzt seit langem ihr Geld, und dabei soll es auch bleiben, koste es, was es wolle.

Heute soll es neue Gründe für das alte Geld geben. Die Gedankenspiele sind dreist: Auch das typisch klerikale Denken nennt den gegenwärtig erreichten Zustand (an dessen Entwicklung es selbst nicht den geringsten Anteil hatte) inzwischen »pluralistisch« und übernimmt damit einen Begriff, der ihm selbst fremd ist, zum eigenen Nutzen[25]. In einem solchen pluralistischen Umfeld soll es lebensnotwendig für alle Gruppen sein, sich als Interessenverbände zu konstituieren und gesellschaftlich zu präsentieren. Nur wer seine Gemeinnützigkeit nachweisen kann, darf auch mit Subventionen rechnen. Parteien und Gewerkschaften ist dieser Nachweis gelungen. Der Kirche wie selbstverständlich auch. Daher bekommen diese Interessengruppen anteilig Geld aus dem großen Steuertopf. Vor allem die Kirchen sind wieder aus dem Schneider.

Das hört sich nicht schlecht an, ist aber schlecht. Denn das, was die Interessengruppe Kirche an staatlichen Geldern einstreicht, kann weder von seinem Umfang noch von seiner juristischen Absicherung her mit anderen Zuschüssen verglichen werden. Da werden Äpfel und Birnen zusammengezählt. Mir ist jedenfalls nicht bekannt, daß ein Funktionär der IG Metall ebenso wie ein Militärpfarrer seine Dienstkleidung vom Staat bezahlt bekommt. Auch habe ich noch nie gehört, daß in den öffentlichen Schulen der Republik Gewerkschafter Unterricht erteilen, der dem staatlich garantierten und bezahlten Religionsunterricht entspräche. Ist es nur ein Informationsdefizit, wenn ich nicht weiß, ob Gewerkschaften eine vom Staat beigetriebene »Gewerkschaftssteuer« in Höhe von mindestens acht Prozent der Lohn- oder Einkommenssteuer kassieren, wie das die Kirche mit ihrer Kirchensteuer tut? Offenbar hat der Interessenverband Kirche, obgleich unter allen Mitbewerbern der einzige vordemokratisch strukturierte, in unserem demokratischen Rechts- und Sozialstaat die effizienteste Lobby. Offensichtlich ist Unmäßigkeit eine strukturelle kirchliche Tugend.

Die die »totale Kirche« wollen

Noch vor wenigen Jahrzehnten galt es als chic, die »bestechende Geschlossenheit« der römischen Kirche zu bewundern – und als Vorbild für ähnlich geschlossene Systeme anzupreisen. Heute will es einmal mehr niemand gewesen sein. Denn zum einen verschwand viel Geist, auch wenn Geld blieb[26]. Zum andern gilt der verbliebene Geist nicht

mehr gar soviel wie früher: Es ist nicht mehr jedermanns Sache, das
»Haus voll Glorie« zu besingen. Die felsenfest erscheinende Stabilität
ruft mittlerweile eher Schrecken als Anerkennung hervor. Ich freue
mich, daß das so ist. Daß Menschenrechtsdiskussionen sich öffentlich
gegen die Altkirche durchzusetzen beginnen. Daß erkannt wird, wie
menschenunwürdig die bisherige Situation war.

Um so verbissener suchen die Ewiggestrigen in der Kirche das frühere Modell mit allen Mitteln zu verteidigen und zu propagieren: das
seit Jahrhunderten gültige Modell einer »totalen Kirche«, die Konzeption einer strikt nach innen disziplinierten und nach außen möglichst
schlagkräftigen Gruppe. Dieses Modell lebte von seiner Schwarz-
weißmalerei: Entweder war ein Mensch »katholisch« – und damit total
diszipliniert und gläubig –, oder er war kein katholischer Christ. Halb-
heiten gab es nicht; die anfallenden individuellen Sünden gefährdeten
das Prinzip nicht, sondern stärkten es.

Wie wurde ein Mensch in dieses Modell integriert? Durch Zwangstaufe und Zwangsbekehrung. Wie hielt er sich integriert? Durch Gehorsam (»Glaube«). Wie wurde er mit eventuellen Verfehlungen gegen
das System fertig? Durch Reue und Buße.

Legitimiert wurde dieses Kirchenmodell durch Elitegruppen (Klerus), die ständig die Ideologie der totalen Kirche, des unbeirrbar festen
Glaubens, der einheitschaffenden Disziplin vor sich hertrugen und
dieser sogenannten offiziellen Meinung ausnahmslos Gehör verschaff-
ten: durch Sündenpredigt, durch Mord und Totschlag. Freilich scheint
der Klerus stets – bewußt oder unbewußt – übersehen zu haben, daß
ein solch total absorbierendes Modell unter Menschen nicht funktionieren kann – und daß daher selbst Kleriker nur »partiell identifiziert«
sein konnten. Auch sie hatten sich Schlupflöcher offengehalten. Ihre
neueste Masche: Seit dem Zweiten Vatikanischen Konzil versuchen sie,
unter Berufung auf den – von ihnen weder erfunden noch je überzeugt vertretenen – Pluralismus die alte Konzeption zu neuem Leben
zu erwecken. Plötzlich soll ihre Kirche »offen« sein; auf einmal haben
sie sogar eine telegene Spielart der »Befreiungstheologie« entdeckt, die
es praktizierenden Theologen erlaubt, weit vom Schuß über Lateinamerika zu sinnieren und darüber das klerikale Joch zu vergessen, das
hierzulande Christen drückt.

Auch wenn es zur Zeit nicht in jede Talk-Show paßt: Nach wie vor ist kirchenoffiziell das überkommene Modell gültig, und kein Hirte ist dezidiert von ihm abgegangen. Im Gegenteil, der Papst tut, was er kann, um die Konzeption der totalen Kirche neu zu etablieren und zu festigen. Die Schultheologie, die gegenwärtig Tausenden von Priesterschülern eingeredet wird (in Deutschland auf Staatskosten!), spricht nach wie vor in immer neuen Ansätzen und in den wechselseitigen Zitationen ihrer Standardbücher davon, daß der Kirche ein bestimmtes Glaubensgut anvertraut worden sei, das es unverfälscht zu bewahren und weiterzugeben gelte. Das bedeutet, daß die Altkirche den objektiven (besser: objektivierten) Inhalt der Glaubenslehre gegen jede Umdeutung und Abweichung zu sichern hat. Und es besagt, daß sie sich um die willige Übernahme dieser Doktrin durch alle, die sich »Katholiken« nennen wollen, kümmern muß. Nicht mehr und nicht weniger.

Was daraus folgt, liegt vor aller Augen: Katholische Christen sprechen, wo immer sie können, von Bekenntnis und straffer Disziplin. Sie lieben die uniformen Prägungen, die Bildung elitärer Gruppierungen – und den Kampf gegen Andersdenkende. Ein Loyalitätsanspruch ohnegleichen durchzieht ihre öffentlichen Äußerungen. Wehe dem, der anderes zu sagen wagt! Er darf sich zwar noch »Mensch« nennen (so weit ist der innerkirchliche Pluralismus bereits gediehen), aber den »Ehrennamen Katholik« verliert er von Stund an, es sei denn, er bekehre sich zum allgemeinen Bekenntnis.

Typisch katholisch ist meiner Ansicht nach die Versuchung, alle überkommenen Auffassungen zu griffigen Schemata umzuformen, den Glauben also handlich zu machen, wenn nicht von vornherein zu simplifizieren. Nachdenken, das zu Andersdenken führen kann und muß, ist demgegenüber höchst verdächtig. Der gute Katholik glaubt, was ihm vorgesetzt wird. Er ißt seinen Teller immer leer, zumal ihm sein Koch gesagt hat, das sei Heilsspeise, das sei hüben wie drüben bekömmlich: das Sakrament, die dröge Katechismuswahrheit, die hausbackene Disziplin, das Milieu, der Mief.

Hochwürden hat aufgetischt, und »Laien«, die nichts anderes sein wollen als Schafe, schlucken. Von verdorbenen Mägen ist aus dem katholischen Restlager nichts zu hören. Die Handlichkeit der Lehre, ein spezifisch katholischer Beitrag zum Pluralismusproblem der Gegenwart, erreicht nachweislich eine besondere Fügsamkeit des derart umsorgten Volks. Die vom System beanspruchte innere Exklusivität (die alles unverdaulich Fremde ausscheidet wie ein Exkrement und alles Verdauliche, wie Geld und Gut, in sich hineinfrißt) absorbiert den lebendigen Menschen materiell wie formell. Es verlangt mit tödlicher Folgerichtigkeit die innere wie die äußere Abgrenzung. Diese aber bedeutet Ausgrenzung: Freigabe alles Abgegrenzten zur ideologischen oder, in Jahrhunderten Kriminalgeschichte bewiesen, tatsächlichen Vernichtung.

Dieses totalitäre Denken, das sich keinem einzigen Disput mit neuzeitlicher Vernunft stellen kann, legitimiert die eigene Daseinsberechtigung mit seiner Berufung auf eine höchste Instanz, auf einen (selbstgeschaffenen) Gott, der außerhalb jeder menschlichen Vernunft steht. Daß dieser Gott einen harten Kern des klerikal Unaufgebbaren geschaffen haben soll, richtet seine Väter und Schöpfer. Denn das Unaufgebbare ist in sich unmenschlich.

Katholische Glaubenssätze bleiben blutige Wahrheiten. Kein einziges Dogma ist unschuldig; jedes einzelne hat Menschenopfer gekostet.

Unaufgebbar sollen Dogmen sein, also jene Versatzstücke klerikalen Argumentierens, die – Konzil um Konzil – von machtbesessenen Kirchenleuten durchgedrückt und häufig genug auch militärisch durchgesetzt wurden. Außerhalb dieses Milieus ist kein Heil.

Es handelt sich nicht um einen Spaß. Hier wird keine Satire geschrieben. Hier sind keine Übertreibungen geplant. Denn es ist nachzuweisen, daß Millionen von Menschen eines Klerikerdogmas wegen ihren Geist opfern mußten – und Hunderttausende haben dafür auch ihr Leben gelassen. Manche Theologen wissen dies; eine Dogmengeschichte als Blutgeschichte zu schreiben, haben sie bis jetzt unterlassen. Dabei wäre es schon bedenkenswert, jeden Glaubenssatz daraufhin zu analysieren, wieviel Geld und Blut er die Menschheit gekostet hat.

Eine wesentliche Stütze des erreichten Zustandes an Dogma und Moral der total absorbierenden Kirche war seit jeher jene förmliche Kodifikationsmanie[27], die davon ausging, daß es dem einzelnen Menschen und Christen am meisten fruchte, wenn sein Leben möglichst

lückenlos von Normen und Regeln umsorgt sei. Selbsternannte Groß-
gouvernanten haben sich diese Manie zurechtgelegt: Kleriker, die ihren
stolzen Stand völlig von den gewöhnlichen Lebensvollzügen der Menschen abgegrenzt hatten, gaben vor, ein ausschließlich ihnen vorbehal-
tenes Wissen über eben dieses Leben (z. B. Ehe) zu besitzen. Und von
diesem Besserwissen machten sie nach Lust und Laune, aber stets
profitabel, Gebrauch.

Das führte dazu, daß die betreuten Menschen selbst keine religiöse
Initiative mehr zeigten. Selbständigkeit der Schafe wäre das letzte gewesen, was die Hirten gewollt hätten. Wenn ein Schaf selbständig denkt
und handelt, ist es kein Schaf mehr – und braucht folglich auch keinen
Hirten mehr zu bezahlen. Bleiben Schafe aber Schafe, können Hirten
schalten und walten, wie sie wollen. Ist der Verstand eines Menschen in
keiner Weise dem Charakter eines anderen gewachsen, kann dieser
vormenschliche Zustand zwar beklagt werden, aber zu verändern
braucht man ihn nicht. Er dient dem »Ganzen«, dem katholischen
System.

Der »Laie«, also in ursprünglich theologischer, wenn auch nicht
biblischer Definition der »Nichtkleriker«, wird als nichtkompetenter
Denker zum »Nichtfachmann«. Diese Entwicklung macht nicht einmal
vor denjenigen Bereichen halt, die nach allgemein menschlichem Verständnis als ein Terrain gelten, von dem Kleriker nichts verstehen
können: Ehe, Familie, Wirtschaft und Politik. Auch auf diesen Gebie-
ten haben sich Kleriker behauptet. Kein Sachgebiet, in dem sie nicht
mitreden, keine Sachfrage, über die sie nicht mitentscheiden wollen: Ihr
Auftrag sei unbegrenzt, tönen sie, weil sie von ihrem Gott Macht,
Wissen und Legitimation empfangen hätten. Also wissen sie etwas,
wenn auch nichts Weiterführendes, zu sagen über Wirtschaftsethik,
Unternehmensführung, Atombewaffnung, Parlamentswahlen, Menschenrechte, Sexualität, Geburtenkontrolle, AIDS. Nur über das Wet-
ter von übermorgen sagen sie nichts, obgleich sie noch nicht schlüssig
erklärt haben, weshalb sich ihr Auftrag stärker auf Kondome als auf
Nachtfröste bezieht.

In jedem Fall haben sie ihre Kirche, soweit diese aus Schafen besteht,
fest im Griff. Sie lassen ungelöste Fragestellungen durch Universalant-
worten verstummen. Sie errichten Meinungsbastionen; an »gesunder«

Lehre sind sie auffallend interessiert, weil nur diese ihre Autorität stärkt. Sie haben die Lehre mundgerecht geformt; so läßt sie sich in eigenen Bildungseinrichtungen (Kindergarten, Schule, Universität, »Familienbildungsstätte«, »Akademie«) am einfachsten weiterreichen. Sie können sogar eine real nicht vorhandene Entscheidungssituation vortäuschen, um den amtlichen Entscheidungszwang einsichtig zu machen. Sie dürfen Krisen ausrufen und zu Nutzkrisen machen, die den Angst- und Hoffnungsmachern neue Schafe zutreiben und neues Geld in die Kirchenkassen bringen. Die Krisen der Menschheit kommen den katholischen Oberhirten gerade recht: Immer wieder können sie ihre Existenz rechtfertigen, indem sie Rezepte anbieten, die als überzeitlich fundiert ausgegeben werden. Verblüffend, wie viele sich noch immer weigern, das Fundament des Lehramts dieser Kirche auf seine Legitimation hin zu befragen.

»Glaubenssätze« sind »wahr«, wenn ihre Unwahrheit erst nach relativ langer Zeit festgestellt werden kann.

Es wäre wirklich nicht schwer, die Oberhirten auf den Boden der Wirklichkeit herunterzuholen: Zum einen haben sie sich nachweislich immer wieder geirrt[28], gerade in den Fällen, wo sie besonders unbeirrbar ihre »Wahrheiten« vertreten haben. Zum anderen kann nachgewiesen werden, daß vatikanische Wahrheiten vor allem dann wahr sind, wenn ihre Unwahrheit nicht von allen erkannt zu werden vermag. Nach diesem innerkirchlich bewährten Prinzip handelt das Lehramt, und offenbar schätzen die Schafe gerade deswegen ihre Hirten.

Die Theologie ist eine Verstärkerwissenschaft; sie hat keinen Anteil am Lehramt der Kirche. Unter diesem Umstand leidet sie derart, daß sie zumindest wegen ihres Gehorsams geschätzt werden will. Wer schon nichts mitzureden hat, möchte wenigstens für sein Schweigen gelobt werden. Theologie darf zum einen die Entscheidungen von Päpsten und Bischöfen nachträglich mit Hilfe ihrer Methodik sanktionieren. Zum anderen darf sie – und daher rührt ihr wissenschaftliches Elend – dem sogenannten gläubigen Volk (oder denen, die sich dafür halten) mit der Suggestion simpler Antworten dienen. Das Glaubensgut, dieser erwähnte handliche Besitz der Hirten, wird auf pseudowissenschaftliche Weise weitergereicht. Fußnoten und Anmerkungen dienen der Verschleierung der Realität. Wer sich derart erniedrigen will, findet freilich genug andere, die er zitieren kann, um den erwünschten Konsens herbeizuzwingen. Und die Bibliotheken füllen sich mit Werken, die niemanden erreichen.

Falls Laien hin und wieder nachzufragen wagen, was die Theologie und ihr Lehramt denn so treiben, erhalten sie die altbekannte Antwort. Sie werden mit Surrogatlösungen abgespeist und bleiben hungrig. Alte Wahrheiten, überalterte Erkenntnisse werden durch modern klingende Worte so lange »revolutioniert«, bis die Welt der Konzessionäre wieder heil ist. Jedes wirklich revolutionäre Wort, eine andere Art von Wissen also und dessen andere Qualität, muß demgegenüber verdächtigt werden. Ist die »Abweichung« derart etikettiert und disqualifiziert, kann alles beim alten bleiben. So stirbt die Kirche an ihrer eigenen Unmäßigkeit. Sie hat nichts anderes verdient.

Theologie, die es mit Leben zu tun haben will, dürfte mit diesem Leben nicht so umgehen, als würde es sich um einen abgeschlossenen Kosmos handeln. Leben ist ein offener Prozeß; es entzieht sich auf Dauer jedem Monopol. Es bleibt Frage und Problem. Die theologische Wissenschaftskosmetik vom richtigen Leben ist lebensfeindlich. Sie hat – wie die sie stützende Kirche – den Tod verdient und wird ihn erleiden. Ich empfinde kein Mitleid.

Wer Glauben als umfriedeten Besitz betrachtet, wer Theologie als Wissenschaft der käuflichen Argumentationen verstehen will, wer Wahrheitsprozesse auf simple Lösungen hin verkürzt, wer die Menschen in eine totale Kirche einbindet, sichert sich ein Monopol. Gewiß ist dieses sehr profitabel – in der Bundesrepublik bringt es Jahr für Jahr Milliarden DM ein –, aber in gleichem Maß ist es auch tödlich. Die Vermittlung des Heils ist da lebensbedrohlich, wo sie an eine elitäre Gruppe gebunden ist, die allein den richtigen Weg weiß und ihn gegen Bezahlung den vermeintlich Unwissenden weist[29]. Bestünde ein Lebenszusammenhang zwischen Christenmenschen und Christenmenschen, fände sich keine Scheidung in Hirten und Schafe. Wo aber so reinlich zwischen oben und unten geschieden wird wie in der Kirche, lassen sich keine Übergänge bauen. Alle, die sich »Brückenbauer« (Pontifex) nennen, lügen sich in die eigene Tasche.

Besondere Vorsicht ist geboten, wenn Kirchenbezahlte sich öffentlich zu Menschenrechten äußern. Sie haben stets ihre eigenen Rechte und Privilegien im Sinn. So wird beispielsweise erklärt, »Meinungsvielfalt« der Theologie sei erwünscht, ja, man »konzediere« eine solche (welch ein verräterischer Ausdruck!). Gleichzeitig aber wird diese Meinungsvielfalt wieder im Sinn der Herrschenden umgedeutet[30], so daß für alle Andersdenkenden nur noch abwertende Ausdrücke übrigbleiben. Die »grundlegende Gleichheit der Gotteskinder« wird so verteilt, daß dem Klerus nicht viel passiert.

Das Monopol ist nicht unerfahren. Zumindest weiß es, wie es bis jetzt überleben konnte. Es liefert eine untadelig erscheinende Weltorientierung, ein System von angeblich sinnigen Aussagen. Daß es immer häufiger gezwungen ist, aus barem Unsinn Tiefsinn zu machen, fällt seinem Stammpublikum nicht auf. Richtige Gläubige haben nichts Richtiges gelernt, es sei denn zu gehorchen. Daher übernehmen sie lammfromm die klerikalen Pläne zu durchgängiger Handlungsformierung und wissen künftig, was sie zu tun und zu lassen haben. Selbst Leid und Tod, gemeinmenschliche Erfahrungen, lassen sich so verarbeiten: Sie haben plötzlich einen theologischen Sinn. Daß Christen freilich besser leiden oder gar besser sterben als andere Menschen, ist unbewiesen. Nachgewiesen ist bisher nur, daß Christen mehr Menschen in Leid und Tod gezwungen haben als alle anderen Heilsbringer[31].

Noch haben nicht alle Menschen erfahren, was dies bedeutet. Noch immer finden sich allzu viele bloße Gläubige, die zu nichts anderem taugen als dazu, dem Monopol die notwendige Gefolgschaft zu leisten. Sie bringen ihren autoritären Hirten die komplementäre Erwartungshaltung entgegen. Sie lassen sich durch die Kriminalgeschichte der Kirche nicht abschrecken; so abgebrüht sind sie gegen Leid und Tod. Sie haben jenen Jesus aus Nazareth, auf den sich ihre Hirten profitabel berufen, nicht verstanden. Sein Leben sagt ihnen nichts. Sie schätzen nicht den Rebellen Jesus, nicht den Anstifter von Unruhe (Mt 10, 34), sondern ihre Führer, die ihnen sagen, wie sie sich Gott, Gottessohn, Kirche vorzustellen haben. Veränderung ist nicht ihre Sorge, sondern Vorsorge (Mt 6, 19–34), Entlastung von der Verantwortung. Sie lieben alle, die ihnen das Denken abnehmen. Sie geben den Humus für die

Glaubenswächter ab. Solange Kirchenbezahlte wachen, können sich die Gläubigen ausruhen. Ihre Religion bereitet ihnen kaum schlaflose Nächte.

Da der Herr Jesus nicht wiederkam, konstruierte jene Kirche, die mit ihm nichts zu schaffen hat, ihr Surrogat: Glaube, Moral, Disziplin. All dies bräche sofort zusammen, käme der Tag der Wiederkunft, des Gerichts. Aber da mit solchen Ereignissen nicht zu rechnen ist (was Kleriker am besten wissen), kann unbesorgt weitergewurstelt werden. Unter der Devise der Besitzstandswahrung kommt man voran. So läßt es sich auf dem Friedhof weiterleben.

Die notwendige Drecksarbeit übernehmen die Angestellten des Service-Unternehmens Kirche. Gegen die Ruhestörer unter den Katholiken geht man nicht mit dem zornigen Gott vor. Dessen Blitze erschlagen keine Gottlosen mehr (Lk 9, 54–56). Besser funktionieren die Vaterfiguren des Monopols. Auf die ist mehr Verlaß als auf einen stummen Gott. Wann immer Unruhe und Störung drohen, fängt der Papst an zu warnen. So haben es seine Bürger am liebsten.

Kirchenbezahlte verkünden nie das Heil als solches. Immer beschwören sie zuvor einen adäquaten Notstand. Diagnose und Therapie halten sich in jedem Fall die Waage. Kein Kleriker, der auf sich hält, wird eine Krise öffentlich zur Kenntnis geben, für deren Lösung er nicht selbst das Rezept bereithält. Dieser Umstand erklärt die Herzenskälte so vieler Kirchenherren. Was sie nicht selbst – zum eigenen Vorteil – »lösen« können und wollen, interessiert sie von vornherein nicht. Nothilfe muß exklusiv sein und Geld, Ruhm, Macht bringen. Andernfalls rentiert sie sich nicht. »Seelsorge« geschieht im Dienst des Systems oder gar nicht. In den allermeisten Fällen geht der Priester, wie von Jesus aus Nazareth zeitlos beschrieben, am Opfer vorbei. Häufig interessiert er sich, wie von Jesus aus Nazareth noch nicht beschrieben, am allerwenigsten für jene Menschen, die seinen eigenen Praktiken (Normen, Dogmen, Disziplinen) zum Opfer gefallen sind.

Gewiß verspüren neuzeitliche Menschen Sehnsucht nach Wärme. Ihr Hunger nach Beheimatung ist nicht gestillt. Doch wird ihnen keine Hilfe von den Besserwissern im Beamtenstand zuteil, die sich die Kirche hält. Eines der untrüglichsten Kennzeichen für den bevorstehenden Tod dieser Kirche ist die Tatsache, daß ihre Elite keine Lösungen anzubieten hat, die die tatsächlichen Probleme der Menschen betreffen, sondern nur Narkotika für ungerechte Verhältnisse feilhält. Kirchenleute fällen dauernd Endurteile, lärmen aufgeregt von Endlösungen, von zeitlosen Rezepturen, machen ihre letzte Instanz für ihre letzten Werte verantwortlich – und bewirken nichts. Wer nur noch fundamentalistisch denkt, wer überorthodox handelt, wer Autorität von oben erwartet und fördert, mag in einem Ghetto selbstgerechter Gerechter glücklich werden wollen, die reale Welt erreicht er nicht.

Die von vielen gesuchte Heimat braucht nicht von denen geboten, der Hunger nicht von jenen gestillt zu werden, die nur alte Aufgüsse in veralteten Gefäßen anzubieten haben – und die stolz auf ihre Immobilität sind. Kleriker verbreiten Untertanenethik. Sie wissen, wie unnütz sie geworden sind. Sie kümmern sich nicht mehr um die Mehrheit. Ihr »Auftrag« ist auf ein Minimum reduziert. Sie tun nur noch das Unvermeidliche. Ihr Reformgerede bezieht sich auf innerklerikale Spezialitäten, auf Zölibat, auf Querelen um Jungfrauengeburt und päpstliche Unfehlbarkeit. Mit alledem tragen sie nichts zur Lösung auch nur eines einzigen Weltproblems bei. Die »Seelsorger« wollen es auch gar nicht. Sprächen sie zu tatsächlichen Problemen, entlarvten sie sich schnell und nachdrücklich als Unwissende.

Heinrich Böll hat mir vor über zehn Jahren bei einem mitternächtlichen Spaziergang durch Köln gesagt, er habe in seinem Leben niemand Kälteren kennengelernt als katholische Priester, »eiskalt bis ans Herz«. Das habe ich, damals selbst noch Priester, nicht vergessen.

6.
Der NEID
der Dienenden

Was Jesus verkündete, war das Reich Gottes, und was kam, war die Kirche.

Alfred Loisy

Die bekannten Ausdrucksformen des Neids, der scheele Blick, das gehemmte Auftreten, der Trend zu Aggression, die Trauer über das eigene Zurückgesetzt- und Benachteiligtsein, das diffuse Verlangen nach Ausgleich zugunsten des Eigenen, das zwanghafte Sichvergleichen mit dem anderen, der Wille, den verglichenen Menschen zu sich herunterzuziehen, die nivellierende Tendenz – diese Phänomene sind unter Menschen nicht zu vermeiden[1]. Die Bibel kennt sie ebenso gut wie andere Schriften, in denen Menschen ihre Erfahrungen niedergelegt haben. Das Alte Testament nennt den Neid Ursache des Todes (Sap 4, 24). Kain tötet seinen Bruder Abel; die Brüder des Joseph handeln aus Neid. Jesus aus Nazareth wird von Neidischen (Mt 27, 18; Mk 15, 10) an die Todesmacht ausgeliefert. Der Neid schafft sich seine Objekte.

Aber auch die Neider selbst sind in die Todeswirklichkeit ihrer Sünde verwiesen; der biblische Gott gab sie schmählichen Leidenschaften preis (Röm 1, 29f.). Die Werke menschlicher Selbstsucht zählen den Neid wie selbstverständlich auf (Gal 5, 21). Ein Autor des Neuen Testaments bringt das Thema auf den Punkt: »Woher eure Streitigkeiten? Woher anders als aus egoistischen Antrieben? Ihr wollt haben, ohne zu besitzen. Ihr lebt in mörderischem Neid, ohne euer Ziel zu erreichen...« (Jak 4, 2). Die – im griechischen Urtext ähnlich lautenden – Worte »neiden« und »morden« sind hier zusammen genannt. Neid und Tod werden eins.

Nicht von ungefähr ist Jesus aus Nazareth beneidet und getötet worden. Nicht ohne Grund hat er selbst nichts mit beidem zu schaffen. Um so verständlicher, daß die Kirche, die Neid und Tod in einem kennt, nichts mit ihrem »Stifter« zu tun haben kann. Struktureller Neid? Klerikale Todsünde? Ja, denn das Problem ist nicht privat, im stillen Kämmerlein, als Mißgunst zwischen Nachbarn zu lösen. Es geht nicht um das Laster von einzelnen, sondern um die gesamtkirchliche Fehlhaltung.

Deren Neid auf die Besseren zum System wurde

Die junge Kirche hatte von dem, auf den sie sich berief, nichts geerbt, mit dem sie in der Welt hätte etwas anfangen können. Der Jude Jesus hatte von einem Reich Gottes geträumt, das unmittelbar bevorstand. Aber er hatte sich schwer getäuscht. Die ihm vertraut hatten, mußten sich früher oder später sagen, daß weder das Reich Gottes noch Gott selbst, noch der Herr Jesus gekommen war – und vielleicht, so der schwerste und folgenreichste Zweifel von allen, je kommen würde. Sie blieben mit ihrem Glauben und ihrer Hoffnung auf die Wiederkunft eines von den Römern Hingerichteten erbarmungslos allein.

Eine solche Enttäuschung ist an sich schon schlimm zu ertragen und zu verarbeiten. Noch wunder werden die von ihr befallenen Herzen, wenn ringsum festzustellen ist, was eigentlich nicht sein darf: Die Welt dreht sich weiter; sie kümmert sich nicht um Endzeiten oder sonst etwas, das den Christen in ihren Kram gepaßt hätte. Sie ist und bleibt einfach Welt, und diejenigen, die sich auf sie einlassen, haben nichts zu erwarten oder zu erhoffen: Sie besitzen, was sie wollen, schon jetzt.

Verständlich, daß die sogenannte christliche Hoffnung weit hinter der Realität zurückbleibt. Was Christen erwarten, kommt einfach nicht. Was sie nicht erhoffen wollen, ist überall mit Händen zu greifen. Und es dauert in der Kirchengeschichte nicht sehr lang, bis die Christen voll zulangen. Paulus, der schlaue Rechner, greift als erster zu; die Urapostel, die Jesus noch gekannt hatten, sträuben sich noch. Endlich festigt sich die Gemeinde, und sie sieht sich genau so, wie Jesus aus Nazareth es nie gewollt hat. Sie holt sich, um sich zu stabilisieren, bei den »Heiden«, was sie brauchen kann: Philosophie, Recht, Moral, Dogma. Mit den jeweiligen Versatzstücken wuchert sie, baut ihr Puzzle zusammen, tauft das Ganze, stellt es künftigen Generationen als originelles Christentum vor – und findet so lange Glauben, bis Lug und Trug durchschaut sind.

Der Neid der Besitzlosen rächt sich an den Bestohlenen. Er jubelt sich zur Weltreligion hoch, zum letzten Wert, zur alleinseligmachenden Kirche. Doch hat er nichts anzubieten, was genuin wäre: Jesus, der Außenseiter, allem Organisatorischen abhold, aller Vorsorge überdrüssig, hatte buchstäblich nichts von all dem hinterlassen, was die klerikal denkenden Emporkömmlinge schätzten. Keine eigentliche Lehre stammte von diesem Jesus, keine rechte Disziplin, nur Anregungen, Worte, praktisches Vor-Leben. Das alles ist viel zuwenig für eine Kirche.

Je mehr sich die Neidischen, aus geringsten Verhältnissen kommend[2], ringsum bei denen bedienten, die schon alles hatten, je mehr sie sich an Weltanschauung und Weltregelung entlehnten, desto mehr entfernten sie sich von dem, den sie ihren Ursprung hießen. Heute sind sie so weit von Jesus aus Nazareth entfernt, daß sich überhaupt kein Zusammenhang mehr erkennen läßt. Heute haben sie sogar das schlechte Gewissen abgelegt, das sie anfangs hatten. Heute sind sie unverfrorener denn je; heute tun sie so, als müßte alles so sein, wie sie es sich eingerichtet haben. Ihr erstarrter Neid macht genau die Formen und Inhalte dessen aus, was sie ihre »Kirche« nennen, ein Sammelsurium an ausgeliehenen und fürs Eigene umgeformten Versatzstücken fremden Denkens.

Jesus selbst, seine historische Existenz vorausgesetzt, schrieb bekanntlich kein Wort. Seine Hörer ebenfalls nicht. Sie haben nach allgemeiner Ansicht der heutigen Wissenschaft kein einziges Wort Jesu aufgezeichnet. Was er gesagt hatte, kursierte mündlich und wurde immer wieder neu erzählt und verändert weitergegeben. Nach seinem Tod sind Bruchstücke über ihn im Umlauf[3], kleine und kleinste Geschichten, Sprüche, Spruchgruppen. Sie mögen einen gewissen Kern des späteren Evangeliums abgegeben haben, doch mehr nicht. Was heute als Frohbotschaft des Neuen Testaments ausgegeben wird, hat zum geringsten Teil mit ihm zu tun. Evangelisten haben das Ihre geleistet, und Paulus hat denen, die immer noch nicht kapierten, worauf es ankommen sollte, den Weg in die Kirche gewiesen. Paulus weiß, was er sagt. In seinen Schriften steht der Name »Jesus« nur 15mal, der Titel »Christus« jedoch 378mal[4]. Paulus, der historische Fakten um-schreibt und sich seine Religion zurechtformt, entnimmt der zeitgenössischen Geisteswelt, was in sein Konzept paßt.

Er malt die Seligkeit des Christen mit griechischen und hellenistischen Wendungen aus, seine Schriften strotzen vom religiösen Formelschatz des Heidentums, seine Inhalte decken sich oft frappierend genau mit Vorstellungen der zeitgenössischen Mysterienreligionen und der griechischen Philosophie. Beispiel »Erlösung«: Hier hat die Doktrin des »Völkerapostels« Elemente der Antike übernommen und auf die Kunstfigur des »Christus« übertragen. Jesus aus Nazareth erhält die Funktion eines Kleiderständers, auf den das passende dogmatische Gewand gehängt wird. Nach allem, was von Jesus überliefert worden ist (und das ist herzlich wenig!), lag seinem Denken die paulinische Erlösungslehre fern. Daß dieser Jesus sich selbst als Erlöser und Heiland der Welt gesehen hätte, ist nach historischen Erkenntnissen undenkbar. Der jüdische Prophet wollte kein Gottessohn der Christenkirche, und auch die jüdische Jesussekte wollte um alles in der Welt nicht zur christlichen Kirche werden. Aus Rom war für Israel noch nie das Heil gekommen. Wer freilich den paulinischen Christus nicht anerkannte, der verfiel dem Bann nicht nur des Paulus, sondern auch dem der Kirche, die sich zu Unrecht auf Jesus statt auf Paulus gründet.

Als eine Religion des Buches hat das Christentum bei den Seinen stets um Respekt vor einer Anzahl heiliger Texte geworben. Doch sind Texte, heilige Texte und die Zahl dieser Texte bis heute strittig. Frohbotschaft, Drohbotschaft? Für welche der beiden Lösungen sich die Evangelien entschieden haben, die – in unzähligen Abweichungen – auf uns gekommen sind, bleibt wie so vieles unklar. Das Bild ihres Gottes spricht dafür, daß Gottvater ein strenger Gott ist, mit dem sich folgenlos nicht spaßen läßt und der früher oder später seine Rache an den Reuelosen nimmt. Mit diesem »Gottesbild« stehen die Hauptschriften des Christentums nicht allein. Der Gott, den sie der Welt verkünden, hat keine Vorsprünge vor seinen patriarchalen Mitbewerbern[5]. Auch »heilige Schriften« (oder besser »von der Kirche heiliggesprochene Schriften«) wie die Evangelien sind in der Religionsgeschichte nichts Auffälliges. Historisches Interesse ist ihnen fremd. Sie wollen missionieren. Sie richten sich – als Stütze – an die bereits Gläubigen oder – als Aufmunterung – an jene, die es werden sollen. Mit Jesus haben die Evangelien wenig zu tun. Wann Jesus was gesagt, wie er es genau gemeint hatte, war zu diesem Zeitpunkt nicht mehr sicher. Da weder das Wann noch das Wo, noch das Wie festgehalten werden konnte, durften die Evangelisten Stück um Stück und Wort um Wort glätten, umgruppieren, ergänzen. Wunder wurden hinzugedichtet, passende Sinnstücke und »Herrenworte« desgleichen, Orts- und Zeitangaben stimmen historisch nicht. Die »Heilige Schrift« ist ein bereits beträchtlich über Jesus hinausentwickeltes, aus gläubigem Überschwang entstandenes literarisches Produkt, eine Sammlung von religiösen Erbauungs- und Missionierungsschriften, wie sie der damaligen »Gemeinde« passend erschienen.

Kein Evangelium ist von einem Augenzeugen verfaßt worden. Die Verfasser sind durchweg geschichtlich unbekannte Personen. Bei keinem von ihnen handelt es sich um einen der gleichnamigen Apostel oder Jünger Jesu. Auch der Verfasser der Petrus-Briefe hat nichts mit dem im Evangelium erwähnten Petrus zu tun. Hier und in anderen Fällen schmücken sich die Autoren mit fremden Federn. Kein historischer Jünger Jesu wäre – auch wenn er hätte schreiben können – imstande gewesen, theologische Schriften zu erstellen. Die Diskrepanz zwischen Namensgebung und wirklicher Autorschaft ist besonders groß beim sogenannten Johannes-Evangelium. Dieses wurde von außen, von der frühchristlichen Gnosis beeinflußt, einem, wie der evangelische Theologe Hans Conzelmann formuliert, »ungeheuerlichen mixtum compositum aus iranischen, babylonischen, ägyptischen Ideen«[6]. Es ist bei diesem späten Evangelium gänzlich auszuschließen, daß es sich um authentische Jesus-Texte oder eine authentische Botschaft Jesu handelt. Die »schönen Worte«, die der Autor Johannes findet (der kein Jünger gewesen ist), klingen zwar für theologische Ohren sehr bedeutend, aber sie stammen nicht von Jesus selbst. Der Nazarener sagte beispielsweise nie von sich, er sei »das lebendige Brot, das vom Himmel herabgekommen ist«. Er verlangte von niemandem, um des Heiles willen sein »Fleisch und Blut« zu sich zu nehmen[7].

Aber die Ansicht des Johannes hat sich durchgesetzt. Einigen wenigen (den besten oder den siegreichsten?) unter den Hunderten von rivalisierenden Lehrern, die alle behaupteten, die einzig wahre Lehre Jesu zu kennen und zu vertreten, und die alle anderen des Betrugs bezichtigten, ist der Durchbruch gelungen. Daß sich unter den besonderen Umständen, unter denen die Evangelien entstanden sind, nicht nur (Abschreib-)Fehler eingeschlichen haben, sondern auch Widersprüche, ja Unwahrheiten, ist verständlich. Schon von den Schriften des sogenannten Neuen Testaments sind mehr als die Hälfte unecht, das heißt: entweder ganz gefälscht, oder sie stehen unter einem falschen

Verfassernamen, was anscheinend ihrem Charakter als »Gotteswort« keinen Abbruch tut. Die offizielle Kirche weiß wie stets einen Ausweg: Was sie, wenn auch erst Jahrhunderte später, als Originaltext deklariert hat, ist authentisch, ist »vom Hl. Geist inspiriert«, ohne Fehl und Tadel, ohne Abstriche. Wieder muß sich das Prinzip der Catholica bewähren: Was gefälscht ist und was nicht, was irrig und was wahr, bestimmt nicht die Wissenschaft, nicht der denkende Mensch, sondern das bestimmen die Kleriker – und der Hl. Geist.

In der Praxis sieht das so aus: Um der heillosen Verwirrung der Heiligen Schrift ein Ende zu machen, beauftragte Papst Damasus[8] im Jahr 383 den Hieronymus[9], einen einheitlichen Text herzustellen. Der Beauftragte tat sein Bestes. Er änderte den Wortlaut der Vorlagen an etwa 3500 Stellen. Diese Übersetzung des Hieronymus, die sogenannte Vulgata – als »allgemein Verbreitete« bezeichnet –, hat die Kirche selbst über Jahrhunderte hinweg angefochten, im 16. Jahrhundert aber durch das Konzil von Trient als »authentisch« erklärt[10]. Für Katholiken wurde das Dogma von der göttlichen »Inspiration« der biblischen Texte auf dem Ersten Vatikanischen Konzil 1870 bestätigt. Darüber gibt es bis heute keine ernsthafte Diskussion.

Wie dem auch sei, die verschiedenen Lesarten (Varianten) des biblischen Textes schätzt man heute auf nicht weniger als 250 000[11]. Der Text der Bibel, der heute in über 1000 Sprachen und Dialekte übersetzt vorliegt, ist also heillos chaotisch. In seiner ursprünglichen Form ist er auch nicht annähernd mehr wiederherzustellen. Das macht freilich nicht viel aus. Denn schon der früheste aller Bibeltexte ist in sich nicht echt im Sinn von ursprungsnah: Mit Jesus, den er schildert, hat er nur sehr wenig, wenn überhaupt etwas gemeinsam.

Die nach langem Streit kirchenoffiziell anerkannten Evangelien des Markus, Matthäus, Lukas und Johannes sind Jahrzehnte nach dem mutmaßlichen Kreuzestod Jesu entstanden. Keine Schrift des Neuen Testaments ist im Original erhalten. In einem 1966 in Istanbul entdeckten Manuskript, das Aufschluß über die frühen christlichen Jahrhunderte gibt[12], wird von 80 verschiedenen Versionen der Evangelien berichtet. Das heute vorliegende Neue Testament entspricht dem Zustand, in dem es um das Jahr 380 in der östlichen Christenheit verbreitet war. Ursprünglich dachte niemand an die Möglichkeit einer »Kirche«

und an deren Geschichte oder Zukunft. Interessant wurden solche Aufzeichnungen erst, als das Weltende nicht eintrat und der »Herr« partout nicht wiederkommen wollte. Je weniger von diesem Herrn zu sehen war, desto mehr mußte er – für die Evangelisten, Jünger, Gläubigen – vergottet werden. Ein gewaltiger Prozeß des Umdeutens und Umschreibens setzte ein. Die Naherwartung wurde zur Fernerwartung und noch etwas später zum »ewigen Leben« umgemogelt, die Wunder Jesu steigerten sich systematisch an Zahl und Qualität, und der Herr selbst avancierte unter der Hand zum »Messias« für die Juden, zum »Christus« für die Christen, zum »Gottessohn« für die Menschen aller Länder und Zeiten. Damit hatte die Zwangsidee »Dogma« endgültig den armen Mann aus Nazareth besiegt, war die »Kirche Christi« definitiv zur Institution überhöht, mit deren Hilfe die Menschen einer von Elitegruppen organisierten Ausbeutung unterworfen werden konnten.

Die Welt hatte etwas anderes erhofft als diese Kirche, die sich da als ihre Retterin aufspielte. Die Menschen hätten auch etwas anderes erwarten dürfen als 2000 Jahre Kriminalgeschichte: Sie hatten weder Bischöfe noch Päpste erwartet, auch keine Geschichte voller Lug und Trug, Mord und Totschlag, keine Scheiterhaufen, Inquisitionskriege, »Heiden«-, Juden- und »Ketzer«-Verfolgungen, keine Ansammlung ungeheurer Reichtümer in der Nachfolge Jesu[13].

Die Welt, geistig und materiell ausgebeutet von einer Kirche, die selbst keinerlei Originalität aufwies, hat sich in dieser Kirche zutiefst getäuscht.

Die Kirchengeschichte beweist, daß die Welt und die Menschen ungleich mehr Leid als Hoffnung von der Kirche zu erwarten hatten. Keine Frohbotschaft hat befreiend gewirkt. Was diese Kirche gebracht hat, waren Drohung, Fessel und Tod. Daß die Kleriker ihre Kirche mit dem jesuanischen Gottesreich identifiziert und sich selbst zu dienenden »Seelsorgern«, zu Wegweisern in eben dieses Reich aufgeschwungen haben, hat den ursprünglichen Sachverhalt ins Gegenteil verkehrt – und alle Menschenhoffnung auf ein nichtiges Jenseits verschoben. Mit dieser Kehrtwendung war die Bahn frei für abscheulichste Ausbeutung. Beispiele für diese Form des »Neids der Dienenden« sind – im 4. Jahrhundert – der Umschlag des früheren Pazifismus in das Kriegsgeschrei der Frommen[14] sowie der Umschlag des frühen Kommunismus der Urgemeinden in den Kapitalismus der Beutekirche von heute[15].

Was Jesus aus Nazareth gewollt haben dürfte, die Verwandlung aller in neue Menschen, ist als Ziel der Institution gründlich aufgegeben. Nichts auf der Welt hat sich durch Kirchenbezahlte zum Besseren gewandelt; die ethischen Forderungen sind verblaßt, die Menschen haben sich nicht zu ändern brauchen, zumal sie sahen, wie wenig neu die Klerikermenschen waren und sind, und die Strukturen einer lebensfeindlichen Welt sind nicht nur dieselben geblieben, sondern von dieser Kirche in ihrer Unmenschlichkeit noch verstärkt worden. Kirche ist damit nur eins: Spiegelbild einer Welt der Herrschenden. Nie steht sie für Befreiung, für Zerschlagung aller Herrschaft von Menschen über Menschen. Im Gegenteil: Sie selbst ist die subtilste Form von materieller und geistiger Ausbeutung. Der Neid ihrer Diener hat sie zu dem gemacht, was sie ist.

Kirchenleute wollten immer alles haben, was andere schon hatten, und sie wollten es noch sicherer haben. Alle Dogmen, alle Rechtssätze, alle Morallehren der Kirche verfolgen diesen Zweck.

So »überlebt« die Organisation. Da die Kirche es zu ihrem obersten Ziel gemacht hat, die eigene Existenz nur ja nicht zu gefährden, hat sie es auch – Methoden hin oder her – geschafft, mit jeder Form der »Welt«, also mit allen gesellschaftlichen und staatlichen Systemen auszukommen. Ein Beispiel für viele gibt das Verhältnis von Staat und Kirche in Deutschland ab[16]: Vor 1918 hat es ein Ineinander von Kirche und Staat gegeben, in der Weimarer Republik ein Nebeneinander, von 1933 bis 1945 ein sogenanntes Gegeneinander – und jetzt gibt es eben ein Miteinander. Merkwürdig, daß die Kirche in jedem einzelnen dieser Fälle finanziell profitiert hat. Offensichtlich dreht keine noch so prostitutive Argumentation der Kleriker (»wir können es mit jedem«) den staatlichen Geldhahn zu[17].

Hauptgrund für diese Bevorzugung scheint jene Ideologie des Klerus zu sein, die kirchliche Leistungen der Öffentlichkeit als Dienst verkauft. Warum dies? Dienen macht sich gut, das haben die Herrschen-

194

den in der Kirche richtig erkannt. Daher versuchen sie spätestens seit dem Zweiten Vatikanischen Konzil, ihre bisherigen Machtstrukturen als Dienststrukturen zu verkaufen und sich selbst (ohne Machtstrukturen oder Machtansprüche aufzugeben!) als Dienende zu propagieren.

Nochmals, weil es wichtig und entlarvend ist: Juristisch hat sich in der Kirche nichts Entscheidendes geändert, nur marketingspezifisch. Der Papst ist Papst geblieben, die Bischöfe haben kein Quentchen ihrer Macht an die da unten abgegeben, die Pfarrer haben nach wie vor das Sagen. Aber da sich eine derart unvergleichliche Machtfülle heutzutage nicht mehr widerspruchslos ausüben läßt, muß sie werbetechnisch als Dienst vermarktet werden. Seither dienen die Neidischen ihrem Volk, indem sie es beherrschen und ausbeuten. Nur die Begriffe sind ausgetauscht; die juristische Basis ist ebensowenig tangiert wie die finanzielle. Nach wie vor warten Menschen auf den Beweis des Gegenteils, beispielsweise auf eine bleibende Rücknahme der päpstlichen Macht. Der Amtsinhaber im Vatikan macht nicht die geringsten Anstalten in dieser Richtung. Je häufiger er sich als Dienender vermarktet, desto bewußter hält er an seinen mittelalterlichen Ansprüchen fest. So berechnend wie er waren freilich viele seiner Vorgänger: Daß sich die Päpste schon früher als die besten Diener der Erde (»servus servorum Dei«) haben feiern lassen[18], sollte jenen geistlichen Machtanspruch und jene materielle Machtfülle verschleiern, die sie sich zusammengescharrt hatten – und für die es auf der Welt kein Beispiel gibt.

Dienst? Früher war noch mehr vom Glauben die Rede – und so gut wie nie von der Caritas[19]. Aus historisch faßbarem Glauben ist damals Geld an die Kirche als Sachwalterin des Glaubens geflossen. Inzwischen ist dieser Glaube abgestorben. Lebendig ist nur noch das Geld. »Geist ging verloren, Geld ist geblieben«, könnte eine Grundformel der gegenwärtigen Kirchlichkeit heißen. Aber genau dies hören die Kirchenleute gar nicht gern. Ihre Lobbyisten bemühen sich daher, das öffentliche Paradigma zu wechseln – und auch die entsprechende Argumentation.

Mit der Angst vor dem Jenseits, also mit spezifischen Glaubensgründen, kann heute kaum mehr jemand dazu bewogen werden, sein Geld an die Kirche zu geben.

Dieses Paradigma hat ausgedient. Um so aktueller ist das neue: Die Kirche braucht Geld, weil sie karitative Aufgaben zu erfüllen hat. Nicht von ungefähr kommen gegenwärtige Theologen immer häufiger zu dem Schluß, Christentum habe eine soziale Seite, Nächstenliebe sei eine zentrale Aussage des Neuen Testaments und so fort. Mit spezifisch dogmatischen Aussagen, wie sie die frühen Jahrhunderte der Kirchengeschichte beherrscht haben, ist zur Zeit wenig Staat zu machen. Die meisten Bundesdeutschen interessiert nicht, ob die Kirchenoffiziellen endlich die Wahrheit über das Geheimnis der göttlichen Personen geklärt zu haben glauben. Mit gelehrten Diskussionen über die »Vorgänge in der Dreifaltigkeit« können sie ebensowenig anfangen wie ihr Gemeindepfarrer. Sie wären auch nicht bereit, für so was einen Pfennig auszugeben.

Aber wenn der Pfarrer ihnen sagt, er sammle, um einen neuen Kindergarten zu bauen, werden sie hellhörig – und weich. Dann lassen sie fünf gerade sein – und zahlen. Kein Wunder, daß viele Pfarrer nur selten über die Dogmen ihrer Kirche predigen. Sie haben gemerkt, daß es für die Kirche besser – und gewinnbringender – ist, wenn sie statt dessen von der Caritas sprechen und von deren Leistungen im Sozialbereich. Hier ist die Lobby des Himmels unentwegt tätig. Immer wieder findet sie neue Möglichkeiten, ihren Bestand zu mehren. Immer wieder wittert sie weitere Chancen, vom Staat noch ein wenig mehr zu erhalten. Sozialleistungen sind zwar im Prinzip von öffentlichen Trägern zu erbringen. Doch widerspricht die Monopolbildung der Kirchen im Kindergarten-, Krankenhaus- und Behindertenbetreuungsbereich dem Sinn dieses Prinzips. Kleriker sind hierzulande schon lange nicht mehr nur subsidiär am karitativen Werk. Sie haben alle wichtigen Plätze im Sozialsektor eingenommen. Der Staat bezahlt sie dafür.

Auch Schulen sind betroffen. Selbst wenn der öffentliche Streit um die »Konfessionsschule« abgeflaut ist, hat die Klerikergruppe ihren ideologischen Anspruch keineswegs aufgegeben, sondern nur auf Eis gelegt. Sie scheint auf bessere Zeiten zu warten, um wieder in die Mottenkiste greifen zu können. Inzwischen vertraut sie nicht nur auf den Religionsunterricht, der – als einziges Unterrichtsfach! – von der Verfassung als ordentliches Lehrfach garantiert ist. Sie setzt auch auf private Bekenntnisschulen und fährt sehr gut damit. Aus öffentlichen Mitteln werden kirchliche Schulen zu 90–100 Prozent unterhalten, und Kirchenfreie finanzieren Klerikerschulen mit. Von einem wesentlichen Eigenanteil der Kirche kann unter diesen Umständen keine Rede mehr sein. Was der Kirche freilich ganz und gar eigen ist? Die 100prozentige Ausrichtung solcher Schulen und ihres Personals auf die Weltanschauung der siegreichen Kleriker.

Orthodoxie läßt sich in Geld umsetzen und Geld in Rechtgläubigkeit.

Wer noch nicht ins Grübeln kommt, darf weitere Möglichkeiten bedenken, die der Klerus nutzt, um – aus seelsorglichen und karitativen Gründen, versteht sich – an Geld zu kommen oder selbst Geld zu sparen. Glaube und Nächstenliebe sind nun einmal nicht um Gotteslohn zu haben. Der frühere Vorsitzende der Publizistischen Kommission der Deutschen Katholischen Bischofskonferenz, Bischof Moser (Rottenburg-Stuttgart), hat 1987 den zur Ratifizierung anstehenden Medienstaatsvertrag kritisiert, »weil private Rundfunkveranstalter den Kirchen die Selbstkosten für Sendezeit in Rechnung stellen könnten«[20]. Bei den öffentlich-rechtlichen Anstalten geht das, und die Kirche weiß es gut, vergleichsweise billig ab.

Es ist nicht bekanntgeworden, ob die Kirche für ihr »Wort zum Sonntag« bezahlt oder ob sie diese Sendeplätze für ihre Werbung kostenfrei besetzt. Doch wissen wir, daß die dort auftretenden Redner und Rednerinnen ein Honorar bekommen. Und wir wissen auch, daß schon der Gedanke an ein ähnliches »Wort« in den öffentlich-rechtlichen Sendeanstalten, das von Kirchenfreien gefordert werden könnte (die doch auch Gebühren zahlen), von der Besitzkirche sofort empört zurückgewiesen würde.

Die Kirche genießt nach wie vor Narrenfreiheit. Ihre missionarische Zielrichtung kann im weltanschaulich neutralen Staat ohne Bedenken öffentlich propagiert werden. Die Zuteilung der – auch von Bürgerinnen und Bürgern anderer, ja gegenteiliger Weltanschauungen aufgebrachten – Finanzmittel wird durch die entsprechenden Äußerungen der Klerikergruppe nicht im geringsten gefährdet. Ein katholischer Kleriker konnte daher »seinen« Kindergarten bei der Einweihung »eine

197

Oase der religiösen Erziehung« nennen[21], ein anderer meinen, »das religiöse Training« könne »nicht früh genug beginnen«[22].

Und ein Leben lang anhalten. Von den 31,2 Millionen DM, die Bayern im Jahr 1987 für Erwachsenenbildung bereithielt, flossen allein 6,2 Millionen DM der Katholischen Landesarbeitsgemeinschaft für Erwachsenenbildung zu[23]. Das ist eine ganze Menge, die nichts mit Kirchensteuermitteln zu tun hat, sondern mit Staatsleistungen für Kirchenzwecke. Damit kann die Lobby schon etwas anfangen. Der Erzbischof von Köln, Kardinal Meisner, hat denn auch die Parole ausgegeben, die bundesdeutsche Gesellschaft sei »christlich zu unterwandern«[24]. Offenbar ist eine neue Katholisierung in Sicht, denn alles geht zurück: der Glaube, die Moral, der Gehorsam. Nur nicht das Geld.

Die ihre Schäfchen im trockenen haben

Daß die Kirche alles versucht, um ihre Kassen auch durch Kirchensteuermittel zu füllen, ist verständlich. Daß zu den nicht ganz lupenreinen Mitteln die immer wiederkehrende öffentliche Klagebereitschaft der Kleriker gehört, braucht nicht eigens gesagt zu werden. Warum sollte ausgerechnet die Kirche keine Zweckpropaganda kennen? Warum sollte sie, die die fromme Lüge seit jeher im Gepäck führt, in diesem Fall bei der Wahrheit bleiben?

Das kirchliche Lamento wirkt nur auf diejenigen, die nicht informiert worden sind. Schon 1954 hatten die Oberhirten gejammert, die damalige »Kleine Steuerreform« brächte sie an den Bettelstab. Zur Entschädigung durften sie seinerzeit den Hebesatz in verschiedenen Bundesländern höherschrauben[25]. Und so ging es weiter. Im Zuge der Steuerreformen der letzten Jahre sind pünktlich die Klagen der Kirche laut geworden, sie nehme weniger ein als bisher und sei früher oder später gezwungen, wesentliche Abstriche an ihrer (karitativen) Tätigkeit vorzunehmen.

Prompt hat eine Allensbacher Umfrage von 1986 ergeben, daß 55 Prozent der Befragten von einer realen Einbuße der Kirche ausgingen – und nur 20 Prozent gegenteiliger Ansicht waren[26]. Die 20 Prozent waren im Recht. Denn das kirchliche Lamento erwies sich als Zweckpropaganda. Die Kleriker hatten nicht nur verschwiegen, daß der Staat – und nicht die Kirche – ohnedies bis zu 100 Prozent der Leistungen im Sozialbereich selbst finanziert. Das heißt, die Kirche braucht aus Kirchensteuermitteln höchstens 10 bis 15 Prozent der Ausgaben für ihre karitativen Einrichtungen zu finanzieren.

Die Kirche hat zudem in den Jahren, da sie publikumswirksam klagte, nicht weniger, sondern mehr an Kirchensteuern eingenommen. Staatssekretär Horst Waffenschmidt (CDU) vom Bundesinnenministerium hat nach einer Meldung des *Rheinischen Merkur* vom 30. 10. 1987 erklärt, das werde auch angesichts des letzten Teils der Reform, also für das Jahr 1990, gelten. Der Anstieg der Kirchensteuer seit 1970 hat nach einer Auskunft der Bundesregierung vom 1. Oktober 1990 auf eine Kleine Anfrage der Grünen hin durchschnittlich 7 Prozent pro Jahr betragen[27]. Das übertrifft sowohl die durchschnittliche Inflationsrate als auch den Lohnkostenanstieg.

Die Finanzlage der Kirche ist ungleich besser, als es die öffentlichen Klagen suggerieren. 1963 flossen rund 2,4 Milliarden DM in die Kassen der Großkirchen, 1970 waren es 3,98 Milliarden DM, im Jahr 1980 bereits 9,33 Milliarden DM, 1985 dann 11,1 Milliarden, im Jahr 1987 nicht weniger als 12,31 Milliarden DM (davon für die katholische Kirche 6,08 Milliarden DM). Für 1990 kann von einer Gesamtsumme in Höhe von etwa 14 Milliarden DM ausgegangen werden, und für 1991 wird mit einer noch satteren Ausbeute gerechnet[28].

Niemand kann behaupten, die Einnahmen gingen nicht stetig nach oben. Im Jahr 1907 hatte die katholische Kirche noch 16 Millionen Mark kassiert, im Jahr 1939 106 Millionen RM, im Jahr 1950 waren es 130 Millionen DM, im Jahr 1970 bereits 1,751 Milliarden DM[29]. Vor 1945 erhielt die Kirche durchschnittlich 2 bis 3 Mark pro Kopf ihrer Mitglieder, 1963 waren es schon 45 DM.

Wofür werden solche Gelder denn nun ausgegeben? Eine zunehmend kritischere Gesellschaft fragt nach. Sie gibt sich nicht mehr so schnell wie früher mit dem Argument zufrieden, die Kirche verwalte die eingenommenen Gelder schon im Sinn ihrer spezifischen Aufgabenstellung – oder im Sinn christlicher Nächstenliebe. Weder das von Privaten aufgebrachte Geld noch öffentliche Subventionen entwikkeln in Klerikerhänden von vornherein eine bestimmte Qualität.

Als der *Spiegel* 1963 eine Fragebogen-Aktion gestartet hatte, um Daten und Zahlen über Kirchensteuereinnahmen zu ermitteln, blockten Kleriker ab[30]. Der Generalvikar der Erzdiözese Freiburg begründete seine Absage damit, daß das Blatt des Landesverrats beschuldigt worden sei, und der Speyrer Domkapitular Thiebes antwortete schriftlich: »Zu Veröffentlichungen über Fragen des kirchlichen Finanzwesens möchte ich mir aus der Vielfalt publizistischer Organe solche auswählen, die meinem persönlichen Typ entsprechen. Das Nachrichten-Magazin der *Spiegel* ist nicht mein Typ.«

Kleriker verstehen, wie gesagt, nichts von Demokratie. Sie verwalten das Geld aller, doch sie suchen sich »nach dem persönlichen Typ« die aus, denen sie andeuten wollen, was mit dem Geld aller geschieht, das unser Geld ist, nicht ihres. Die Synode der Bistümer in der Bundesrepublik Deutschland hat 1977 formuliert, das Geld des einzelnen Christen, der Kirche insgesamt und speziell das Kirchensteuergeld hätten »so lange eine positive Funktion, ... als es nicht zum Selbstzweck wird, als die Kirche ... das Geld selbstlos und von ihren Mitgliedern verantwortet zur Erfüllung ihres Dienstes benutzt«[31].

Wie sieht diese »selbstlos(e) und von ihren Mitgliedern verantwortet(e)« Nutzung konkret aus? Die weitaus überwiegende Mehrheit der Mitglieder (die bloßen Zahlchristen) verantworten im prinzipiell undemokratischen System der Catholica gar nichts. Die in den Diözesen gebildeten Kirchensteuerräte sind Gremien, die mehrheitlich aus gewählten Kirchensteuerpflichtigen (Berufslaien) bestehen und über die Verwendung der Kirchensteuern bestimmen dürfen[32] – freilich nur solange es den nach wie vor ausschlaggebenden Bischöfen paßt. Erst deren Unterschrift verleiht den Beschlüssen der Kirchensteuerräte Wirkung; ohne bischöfliche Zustimmung geschieht nichts. Eine hierarchisch angelegte Institution wird nicht einmal mit der Inszenierung einer Scheindemokratie glücklich.

Auch die Selbstlosigkeit läßt zu wünschen übrig: Den mit Abstand größten Einzelposten der Kirchensteuer schluckt – entgegen anderslautenden öffentlichen Meinungen – das Kirchenpersonal selbst. Im Jahr 1972 gingen im Bistum Essen noch 48 Prozent der Kirchensteuer diesen Weg; 1981 mußten es schon 82 Prozent sein[33]. Der Haushaltsplan des Bistums Essen rechnete 1981 mit knapp 300 Millionen

DM an Einnahmen, darunter 236,2 Millionen DM Kirchensteuer. Er wies 4 Prozent der Ausgaben für Verkündigung, Gottesdienste und pastorale Dienste aus, für Caritas und soziale Dienste 8 Prozent und für Bildung, Schule und Wissenschaft 13 Prozent. Gesamtkirchliche Aufgaben, darunter Mission, Entwicklungshilfe und Ausgaben für die sogenannte Diaspora, wurden mit 8 Prozent beziffert; 49 Prozent der Haushaltsmittel gingen an die Pfarreien und das dort tätige Personal. Das bedeutet im Klartext, daß Klerikale sich vor allem selbst bedienen.

Kirchliche Caritas ist wesentlich fremdfinanzierte Caritas oder gar keine, und den Hauptanteil an den Kirchensteuereinnahmen kassieren die »Seelsorger« selbst.

Der »Neid der Dienenden« hat sich vor allem finanziell rentiert: Kleriker finanzieren aus öffentlichen Mitteln wie aus Kirchensteuereinnahmen ihren eigenen »Dienst«. Ob die bedienten »Laien« einen solchen Dienst überhaupt wünschen oder ob sie ihn auf diese Weise finanziert sehen wollen, wird nicht gefragt. Noch steht eine öffentliche Debatte über diese Vorgänge aus; noch dürfen die einen Schafe bleiben und andere, die Konfessionslosen, den klerikalen Dienst zu wesentlichen Teilen mitbezahlen. Das ist das Ergebnis des unmoralischen Verhältnisses zwischen Staat und Kirche[34].

Dieses Verhältnis wurde sehr früh eingefädelt. Die Kirche, die gut wußte, daß sie aufgrund ihres spirituellen Gebarens nie würde überleben können (weil es unter anderem völlig unoriginell war), hat nach starken Partnern Ausschau gehalten, und die fand sie bald. Die berüchtigte Konstantinische Wende im 4. Jahrhundert der Kriminalgeschichte, die Anerkennung der Kirche durch den Herrscher dieser Welt[35], stellt keinen Betriebsunfall der Weltgeschichte dar. Sie ist am wenigsten jenes Wunder, das ihr Kirchenhistoriker andichten. Sie bedeutet, wie Rudolf Hernegger festgestellt hat[36], den Höhepunkt einer längeren Entwicklung. Viel entscheidender für die heutige Gestalt der Altkirche waren die vorausgegangenen Jahre der Inkubation, da der Bazillus des Neids langsam, aber tödlich sicher sein Werk vollenden konnte. Die Kleriker konnten dem nicht widerstehen; sie wollten es gar nicht. Sie sahen, was auf sie zukam: öffentliche Anerkennung, Einfluß, Privilegien, Geld.

Endlich durften sie aus den Katakomben, über die die gelenkte Geschichtsschreibung der Kleriker so viel zu berichten weiß, empor zum Licht. Da sie sein wollten wie die anderen, mußten sie sich dem Zeitgeist anpassen (Röm 12, 2) – und sie bewiesen darin großes Geschick. Die Anpassung an den Zeitgeist ist keine Erfindung der Gegenwart, auch wenn Konservative es den Menschen einreden wollen. Die Anpassung ist ein Erbstück aus der Konkursmasse der Kirche.

Konstantin I.[37] brachte eine lange geschichtliche Entwicklung zu ihrem Ende. Dieser Machtmensch hatte als erster das Fingerspitzengefühl, die gesellschaftliche Realität Kirche in sein Kalkül mit einzubeziehen. Die in Lehre und Disziplin bereits angepaßte Kirche, die neidisch auf ihre Umwelt war und genauso sein wollte wie diese, wartete sehnsüchtig auf die Segnungen dieser Welt. Keine einzige Stimme erhob sich seinerzeit gegen das sich anbahnende Bündnis von Kirche und Staat[38]. Viele in der Kirche, die neidisch auf die geistigen wie materiellen Erfolge der anderen geschaut hatten, griffen mit beiden Händen zu, als der Kaiser sie brauchte und lockte. Sehr schnell galten die neuen Privilegien als selbstverständlich und dem »Dienst« angemessen. Endlich war man wer. Der Klerus die – dem Militär gleichberechtigte – Stütze des Imperiums: Das war es, was man wollte. Neid und Mißgunst aber wurden fortan dem Privatbereich zugeordnet und ins private Gewissen der einzelnen abgeschoben: Für das Kollektiv wurden Reichtum, Ansehen, Macht, »Partnerschaft« mit dem Staat reserviert – lauter Ausflüsse des sozialen Neids der Dienenden. Dieser Siege brauchte die Kirche sich nicht zu schämen. Im Gegenteil. Sie hat sie bis heute ohne wesentliche Abstriche verteidigt. Sie braucht diese Ideologie, weil sie überleben will.

Daß der Klerus wegen einer solchen Privilegierung zu allen Opfern bereit ist, liegt ebenfalls seit Konstantin auf der Hand. Der Kaiser gab nicht umsonst. Niemand tut das, schon gar kein Machtpolitiker wie Konstantin. Um Gottes Lohn – wie die verdummten Untertanen von Staat und Kirche – rührt ein Kaiser keine Hand. Er bekommt als Gegengabe, was er will – und was er politisch vermarkten kann: Er erklärt, was er sei und habe, schulde er dem »größten Gott«. Aber er sei auch dessen Stellvertreter auf Erden, nicht mehr und nicht weniger. Also darf er die entsprechende Verehrung verlangen, und zwar nicht nur beim Hofzeremoniell (Kaiserkult) wie bei den vorchristlichen Monarchen. Konstantin entmachtet mit Hilfe seiner neuen Ideologie alle, die nicht – gleich ihm – Gottes Stellvertreter sind, somit alle Menschen seines Reiches. Menschenrechte gibt es nicht, nur den Willen eines Kaisers, der sich mit Gottes Willen identifizieren läßt[39]. Warum wohl eine typisch klerikal geprägte Kirche wie die katholische noch heute nichts mit den allgemeinen Menschenrechten anzufangen weiß?

Der ungetaufte und nicht einmal als Taufbewerber zugelassene Konstantin verhilft der Kirche zu einem wichtigen Dogma. Nach dem Kirchenhistoriker Hermann-Josef Vogt[40] bestand der Kaiser kraft seiner politischen Erfahrung – das heißt seiner Erlebnisse als Herrscher und Heerführer – darauf, den Sohn Gottes nicht für ein geringeres Wesen als Gottvater, das heißt »wesen*ähnlich*«, zu halten, sondern ihn auf die gleiche Stufe des Wesens und der Würde wie den Vater zu stellen. Das Konzil von Nicäa übernimmt 325 diese Ansicht und lehrt, unter Strafe des Bannes, Jesus Christus sei »wesens*gleich*« mit dem Vater. Konstantins Credo wird noch heute nachgebetet. Der Kaiser, ungetaufte Autorität in Glaubensdingen, hat dafür gesorgt, und er hatte seine Gründe. An der dogmatischen Aussage lag ihm nichts; er schaute darauf, daß der Sohn nicht weniger galt als der Vater. Seine Siege waren unter dem Zeichen des Kreuzes geschehen, und der Sohn, der am Kreuz gestorben war, konnte kein untergeordneter Gott sein. Ein Gott zweiten Ranges als siegreicher Beschützer des Regenten war undenkbar. Konstantin mußte von den unterworfenen Völkerschaften seines Imperiums, die diversen Religionen huldigten, anerkannt sein als derjenige, dem der höchste Gott in allem beistand, der »wesensgleiche« Gottessohn. Daß für eine solche politische Dogmatik Religionskriege geführt und viele »Ketzer« (Arianer) geopfert werden mußten, erschien dem Kaiser als Bagatelle. Er hatte seinen Willen, die Kirche ihr Dogma.

Bischöfe und Theologen seiner Epoche feiern Konstantin als »gottgeliebten Führer«, den »von Gott eingesetzten allgemeinen Bischof«[41]. Der Kaiser, der als »13. Apostel« bestattet wird, gilt als Heiliger. Noch im mittelalterlichen England werden ihm zahlreiche Gotteshäuser errichtet, noch im 20. Jahrhundert wird er als Idealfigur des christlichen Herrschertums verehrt. Doch der »Schöpfer des christlichen Weltreichs«, der heilige Konstantin, war ein Massenmörder. Der »gottgeliebte und dreimal selige« Kaiser hat sein Reich auf Angriffskriege gestützt und durch nichts anderes als durch Schlachtenglück legitimiert. Kein Bischof, kein Papst, kein Kirchenvater hat diese Perversion gegeißelt. Das Kreuz als siegreiches Kriegszeichen und die »Gott-mit-uns«-Parole sind keine Verirrungen menschlichen Denkens, sondern Wesensinhalte klerikaler Predigt. Die Rüstungswut des Abendlandes ist auf dem Boden der Kirche gewachsen; der Haß stammt aus getauften Herzen. Unter solchen Umständen, da die Größe des Wütens das Verbrechen straflos macht, fallen die privaten Morde Konstantins nicht mehr auf: Der Heilige hat seinen Schwiegervater erhängen, seine beiden Schwäger erwürgen, seinem eigenen Sohn die Kehle durchschneiden, seine Frau im Bad erdrosseln lassen. Den gesamten Besitz der ermordeten Gattin erhielt der Papst[42]. So arbeiten Papst und Kaiser Hand in Hand. Thron wie Altar wanken nicht, wo Heilige am Werk sind.

Wehe, wenn auch nur ein Jota des klerikalen Besitzstands gefährdet ist! Wenn ein Dogma tangiert wird, wenn die – finanziell abgesicherte – Substanz des klerikalen Glaubensschatzes von »Irrenden« angegriffen wird! Dann wird das gesamte kriegerische Potential der Kirche mobilisiert. Dann setzt es Bestrafung, dann werden Religionskriege und Inquisitionen inszeniert. Dann sollen Gläubige gehorsam zu hassen beginnen, dann gilt die verbrecherisch zustande gekommene Einheit als bedroht. Kein Wort freilich über die Blutgeschichte jener Lehre, die da mit Zähnen und Klauen verteidigt werden soll!

In solchen Gefahrenlagen werden Masse, Doktrin und Geld unverblümt in eins gesetzt. Dann braucht nichts mehr kaschiert zu werden. Dann muß die große Zahl der Katholiken herhalten, dann wird der große, einheitliche Glaube mobilisiert, das große Geld eingesetzt. Doch die ersten beiden »Größen« sind nichts als Täuschung: Weder ist die große Zahl der Bekennenden gesichert (vielmehr geschönt) noch der einheitliche Glaube[43]. Was allein gesichert ist, ist die Kasse, die sich mit der großen Zahl und dem großen Glauben füllen läßt. Um diese Bestände nicht zu gefährden, rentiert sich jedes klerikale Lamento. Der Neid der Dienenden erreicht seinen Kulminationspunkt, wenn die Basis gefährdet ist: das privilegierte Geld. Daß es sich um veritable Milliardensummen handelt, die Kleriker scheffeln, um den eigenen Dienst zu finanzieren, habe ich gesagt.

Beim großen Gewinn handelt es sich um eine nachweisliche Realität. Die »große Zahl« und der »katholische Einheitsglaube« sind ebenso nachweislich getürkt.

Daß sich gegenwärtig mehr und mehr Menschen aufmachen und der Kirche, die nie die ihre war, den Rücken kehren, ist eine statistische Tatsache. Daß die noch in der Kirche Bleibenden zum weitaus überwiegenden Teil Karteileichen sind, aus denen freilich Kapital geschlagen werden kann, und nicht wenig, ist ebenso einsichtig[44]. Doch schon die frühen Bemühungen um eine möglichst große Zahl der Kirchengläubigen sind nicht aus so edlen Motiven inszeniert worden, wie die Kirchengeschichtsschreibung es gern hätte. Was die Kirche schon im 2. Jahrhundert dringend brauchte[45], waren riesige Volksmassen. Nur mit vielen Menschen im Rücken konnte der sich ausbildende Klerikerstand politischen Einfluß gewinnen und sichern. Diese Überlegung veranlaßte die Theologen, eine folgenschwere Unterscheidung zu treffen: Die Christen wurden künftig in zwei Klassen geteilt, in die der »Vollkommenen« und in die der »Durchschnittlichen«. Die Differenzierung und Selektierung – übrigens typisch für patriarchale Gesellschaftsformen[46] – führten einerseits dazu, daß der Stand der Vollkommenheit aus der gewöhnlichen Gemeinde abwanderte und sich zunehmend elitärer gebärdete (Klerus, Mönchtum). Zum anderen konnte aus der großen Masse der Durchschnittskatholiken jene »Volkskirche« gebildet werden, die sich politisch so hervorragend nutzen ließ – und läßt[47].

Daß die frühen Theologen auch recht gute Juristen waren, nutzte den Klerikern nicht wenig. Den Kirchenoberen konnte es nur recht sein, wenn die Beziehungen zwischen Gott und den Menschen nach rechtlichen Kategorien abliefen. Sie waren an einer scharfen Kirchenzucht, über die sie selbst wachten, interessiert. Das Recht als Stütze der wahren Religion: Autorität und Macht, Grundbegriffe des patriarchalen Denkens im römischen Imperium, werden bei Gott und den Menschen zu bestimmenden Faktoren. Gott wird nach Art eines Gesetzgebers gedeutet: Er hat überzeitliche Gesetze (Gebote) erlassen, über die er eifersüchtig wacht und über die er neuerdings sogar von eigenen Kirchenbeamten wachen läßt. Diese, mit eigener Vollmacht ausgestattet, regeln in der Folgezeit Norm und Abweichung von dieser (= Sünde). Sie allein bestimmen – im Fall des Papstes sogar unfehlbar –, was Norm ist, was Moral, was Sünde – und was Absolution und Erlösung.

Damit sie dieses Wächteramt ausüben können, das sie als Seelsorgsdienst deuten, gebührt ihnen Gehorsam – und Geld. Das weiß schon der Kaiser des 4. Jahrhunderts. Konstantin spart nicht mit Privilegien für seinen Hofklerus. Bischöfe setzen sich jetzt auf den Thron, die cathedra. Sie werden von der Steuerlast befreit (was zu einem immensen Andrang reicher Römer zum Klerus führt!). Sie leben nach dem byzantinischen Hofzeremoniell. All diese Vergünstigungen genießen sie noch heute. Oder streichen sie nicht noch immer Geld aus staatlichen Mitteln ein[48]? Oder tragen sie keine Festgewänder mehr, kein Lila und Purpur, keine Schleppen und Ringe, keine Mitren und keine goldenen Kreuze? Gibt es keine Hochwürden, keine Exzellenzen und Eminenzen, keine »Heiligen Väter« mehr? Ein Blick in den klerikalen Alltag (oder eine Durchsicht der in Deutschland geltenden Kirchenverträge) sagt mehr über die konkrete Kirche als jedes Evangelium.

Die Schafe machen mit. Sie bilden die Basis für Privilegierungen. Sie tragen die Kleriker auf ihrem Rücken. Ohne Schafe keine Hirten. Das haben die Hirten schnell und gründlich begriffen. Die ursprünglichen Forderungen von Umkehr und Glaube, die einen kleinen, »heiligen Rest« auserwählter Christenbekenner hätten schaffen sollen, wurden aus taktischen Gründen bei der ersten sich bietenden Gelegenheit aufgegeben. Der Neid der Dienenden konnte alles verkraften, nur nicht die Tatsache, gegenüber anderen politischen oder weltanschaulichen Gruppierungen zurückgesetzt zu sein, weil es ihm an Volksmasse fehlte. Daher mußte die Theologie notwendig zur Sieges- und Heilstheologie werden, die Rettung nur den gehorsamen Gläubigen versprach und zugleich die Anforderungen für diesen Glaubensgehorsam auf ein ethisches Minimum beschränkte. Kaum waren die Anforderungen in diesem Sinn zurechtgestutzt, strömten breiteste Massen in die Kirche.

Der an fügsamen Mehrheiten interessierte Klerus konnte sich freuen. Er hatte jetzt Menschenobjekte zur Verfügung, die sich der Staatsmacht anbieten ließen, um deren Ziele mitzuverfolgen. Kein Wunder, daß der erste christliche Kaiser zugriff, als sich das Blatt gewendet hatte. Kein Wunder, daß Konstantin I. die guten Karten nicht mehr aus der Hand gab. Kein Wunder, daß er nicht nur alle Wünsche der Kleriker erfüllte[49], sondern diesen Emporkömmlingen und Neureichen auch die Aufgabe stellte, das Erreichte zu bewahren: Im Interesse der Einheit von Kirche und Staat sollten sie die Volksmassen auf eine allgemein verpflichtende Einheitsformel festlegen. Diese mußte so einfach wie möglich sein, damit sie bekannt werden konnte. Jesus aus Nazareth wird zum Gottessohn – und als Gottessohn »wesensgleich« mit Gottvater. Da gibt es nichts mehr zu hinterfragen: Vater und Sohn sind gleich.

Fortan ist etwas recht Simples zu glauben. Künftig ist die erreichte Bekenntniseinheit Grundlage für Kriege gegen Andersdenkende. Sie dient dazu, die Schafe zusammenzuhalten. Zwang und Gewalt eines an Einheit interessierten Staates werden zu den normalsten Kampfmitteln der Kirche in der Ausbreitung des Gottesreichs, in der Abwehr aller Andersdenkenden. Krieg ist geheiligt durch das Ziel, dem er dient[50]. Die Todsünde des Neids kommt zu ihrem Endzweck: Damit eine klerikale Minderheit herrschen kann, müssen viele dran glauben.

Jetzt ist es möglich, um der erwünschten Einheit willen (die es nie gegeben hat) die Menschen und ihre Lebensäußerungen in »tragbar« oder »untragbar« zu scheiden. Diese Begriffe haben die Funktion, Neidgefühle zu maskieren und die aus ihnen fließenden Optionen auf alleinige, einseitige Machtausübung zu legitimieren[51]. Die Neidsymptomatik macht es möglich, Andersdenkende, also typische Neid-Objekte, als Störfaktoren zu charakterisieren und zu eliminieren. Ausbreitung und Erhaltung der »Wahrheit« werden in den Formen eines Machtkampfs ausgetragen. Daher ist die Kirche von innen her ausgesprochen unfriedlich. Sie muß sich – aus Gründen der Zahl, des Glaubens und des Gelds – gegen alle zur Wehr setzen, die rivalisierende Anschauungen über die Themen der Religion äußern und damit dem Monopol gefährlich werden.

Die neidische Intoleranz ist zu einem festen Bestandteil altkirchlicher Doktrin erstarrt. Rechter Glaube ist nach katholischer Lehre monopolisierter, von Papst und Bischöfen überwachter Einheits-Glaube. Die Uniformität solch lebensfeindlichen Glaubens kam den

Neidischen entgegen: Neid kann keine Differenzierungen ertragen. Er braucht Nivellierung, Gleichförmigkeit, Gleichschaltung – ein ungeheures Glücksgefühl für die Neidischen, das sich bis heute in den klerikalen Statistiken niederschlägt, die so naiv mit der großen Zahl jonglieren und das Abendland noch immer als christlich bejubeln. Daß dieses Glücksgefühl längst zum Opium für Bischöfe verkommen ist, steht auf einem anderen Blatt. Weder die große Zahl noch der einheitliche Glaube sind etwas anderes als ein Popanz für das kleine Häuflein jener Ewiggestrigen, die, ohne nachzudenken, an eine »heilige, katholische und apostolische Kirche« glauben.

7.
Der GEIZ
der Opferwilligen

Solange man nicht die Moral des Christentums als Verbrechen am Leben empfindet,
haben dessen Verteidiger gutes Spiel...

Friedrich Nietzsche

Wer kennt nicht das Gefühl, etwas erwerben zu wollen, um es zu besitzen? Diese Empfindung gehört zu den ersten Regungen, die im Menschen erwachen. Vielleicht wird sie als letzte aufgegeben. Andere Leidenschaften ermüden früher[1]. Das Erwerbs- und Besitzstreben ist dauerhaft. Seine Spielarten sind unerschöpflich. Habenwollen und Bekommen machen ein Leben aus.

Geht man diesem Gefühl und seinen Auswirkungen nach, so lassen sich Argumente für die Ansicht entdecken, Besitzenwollen sei legitim und, beispielsweise, auch sozialunschädlich. So etwa die Überlegung, Besitz sei Folge von Leistung, von Mühe zumindest, und das könne gewiß nicht als schlecht gelten. Persönlicher Einsatz läßt ja affektive Bindungen an das Erreichte entstehen – und macht einen Verzicht sehr schwer. Von Verzicht und Opfer sprechen freilich jene sehr gern, die meinen, als Priester ein Recht auf eine solche Predigt zu haben. Ich denke, gerade auf diesem Gebiet wird, bei klarem Licht besehen, die Unmoral der Kirche besonders deutlich. Denn hier wird Wasser gepredigt und Wein getrunken.

Die keines ihrer vielen Opfer entschädigen

Deutsche Behörden überweisen jährlich viele hundert Millionen »Entschädigung« an die Kirche. Warum zahlen die Bundesländer überhaupt? Haben sie bei der Kirche etwas auf Pump gekauft? Nein. Zahlen sie für regelmäßige Leistungen der Kirche? Nein. Sie zahlen, weil sie ein Erbe angetreten haben. Dieses hat ihnen keinen Gewinn, nur Schulden eingetragen. Sie haben die Folgen der Säkularisation zu tragen, jener Enteignung von Kirchengut aus dem Jahr 1803, für die noch immer Entschädigung an die Kirche zu zahlen ist. Um diesen Sachverhalt mit aufzuklären, muß ich ein wenig in die Geschichte zurückgehen.

Wie viele wissen, verfügte die Kirche einmal über den größten Grundbesitz in deutschen Landen. Wie sie zu der unheimlich großen Menge Land gekommen war, ist nicht in jedem Fall klar. Aber ein paar Fakten habe ich schon genannt. Zwar hat der immense Reichtum der Kirche bereits im 12. und 13. Jahrhundert Widerspruch erregt. Der Klerus besaß damals fast ein Viertel allen Grund und Bodens in Deutschland. Selbst die Reformation änderte daran nicht viel. Zwar wurden auch im Dreißigjährigen Krieg ehemals klösterliche und bischöfliche Besitzungen zuhauf säkularisiert, das heißt in weltlichen Besitz überführt. Doch blieb genug übrig.

Die geistlichen Kurfürsten von Köln, Trier und Mainz zum Beispiel, gerade sie Erben zusammengerafften Besitzes, blieben alles in allem ungeschoren. Sie durften weiterhin Landesherren spielen. Ein Beispiel für das gedeihliche Wirken des Trierer Erzbischofs sind die sogenannten Toleranzbedingungen aus dem Jahr 1784. Sie sprechen schon in der Einleitung offen davon, daß in den erzbischöflichen Landen »gnädigst« eine »beschränkte Toleranz« eingeführt werde – und auch die wurde nur genehmigt, um »Gewerbe und Handlung« in dem heruntergewirtschafteten Kurland des Erzbischofs durch Ansiedlung von Nichtkatholiken zu fördern[2].

Neben den erwähnten Kurfürsten hatten auch die Bischöfe von Worms und Speyer zunächst Glück. Ihnen allen drohte erst das Verhängnis, als der deutsche Kaiser namens des sich auflösenden Reichs im Jahr 1801 das gesamte Land links des Rheins an Frankreich abtreten mußte. Die deutschen Reichsfürsten schrien Zeter und Mordio: Sie wollten für ihre linksrheinischen Verluste rechtsrheinisch entschädigt werden. Als Entschädigungsmasse bot sich das Kirchengut an. 1803 war es soweit. Eine außerordentliche Reichsdeputation aus acht Mitgliedern des Reichsfürstenrates bereinigte die Angelegenheit: Der Regensburger Reichsdeputationshauptschluß sah eine allgemeine Säkularisation der Reichskirchen vor. Alle reichskirchlichen Hoheitsrechte und Güter wurden zugunsten der weltlichen Fürsten konfisziert[3].

Die Säkularisation betraf ein Gebiet von über 1700 Quadratmeilen mit mehr als 3 Millionen Einwohnern, die 3 rheinischen Kurfürstentümer Köln, Trier und Mainz sowie das Fürsterzbistum Salzburg, dazu 18 Reichsfürstbistümer, etwa 80 reichsunmittelbare Abteien und Stifte sowie über 200 Klöster. Die weltlichen Herren waren zufrieden mit dieser Entschädigung: Bayern hatte das Siebenfache seines Verlustes erhalten, Preußen das Fünffache, Württemberg das Vierfache. Die Kirche konnte nicht zufrieden sein: Neben ihrem immensen Landbesitz hatte sie eine ganze Substruktur aufgeben müssen, katholische Universitäten, Gymnasien und Bildungsanstalten. Der Verlust schrie nach Entschädigung.

Aber wie sollte diese aussehen? Zum einen wurde an eine einmalige Geldzahlung gedacht, zum anderen an eine Art Dauerrente. Nach einigem Hin und Her entschied sich die Mehrheit für die zweite Lösung, also für fortlaufende Entschädigungszahlungen an die Kirche. Daher wird seither gezahlt.

Aufgepaßt! Die Kirche entschädigt selbst grundsätzlich für nichts, läßt sich aber gern dafür entschädigen, daß sie einiges von dem wieder hergeben mußte, wofür sie selbst keine Entschädigung an ihre Opfer gezahlt hatte. Warum auch nicht? Solange sie jemanden findet, der das mitmacht, wäre sie dumm, wenn sie es nicht täte. Die auf Gesetz, Vertrag oder besonderen Rechtstiteln beruhenden Zahlungen nennen sich kurz »Staatsleistungen«. Wer sich als deutscher Staat versteht, zahlt. Das Kaiserreich hat gezahlt, die Weimarer Republik zahlte, und die Bundesländer machen es nicht anders. Allerdings wird seit vielen Jahrzehnten auch der Gedanke einer einmaligen Ablösung dieser Verpflichtungen weitergeschleppt. Auch das Grundgesetz fordert dazu auf, doch die Kirche macht keine Anstalten in dieser Hinsicht. Sie zieht, was aus finanzpolitischen Erwägungen richtig ist, die jährliche Rente von etlichen hundert Millionen DM vor.

Gerade zu einer Zeit, da das Kirchensteueraufkommen infolge der zunehmenden Kirchenaustritte sinkt, wächst das Verlangen der Kirche nach Staatszuschüssen. Dabei ist sie in Deutschland noch nie schlecht bedient worden. Hatte Rheinland-Pfalz im Jahr 1962 noch 10,7 Millionen DM bezahlt, waren es 1966 bereits 13,3 Millionen DM. In Niedersachsen stieg die Staatssubvention von 7,7 Millionen DM 1955 auf 10,4 Millionen DM 1963. Die Dynamik dieser Subventionen ist erhalten geblieben. Die Staatsleistungen werden laufend den Veränderungen in der Beamtenbesoldung und in anderen vergleichbaren Staatsausgaben angepaßt. Im Jahr 1968 waren es insgesamt bereits 260 Millionen DM, die Bund und Länder gezahlt haben. Heute handelt es sich um etwa den fünffachen Betrag.

Der schon in der Weimarer Verfassung (Art. 138 Abs. 1) enthaltene Befehl an den Landesgesetzgeber, die Staatsleistungen abzulösen, braucht offenbar nicht befolgt zu werden. Seinerzeit hatten die Rechtsparteien und das Zentrum, die Katholikenpartei im Parlament, versucht, eine bloße Möglichkeit der Ablösung in die Verfassung einzubringen. Doch nahm die Nationalversammlung den Antrag des Liberalen Naumann an, die Ablösung zwingend vorzuschreiben. Der katholische Moraltheologe und Zentrumsabgeordnete Joseph Mausbach, dem schon der Verfassungsgrundsatz der Trennung von Staat und Kirche nicht geschmeckt hatte (zumal Papst Pius IX. ihn im Syllabus als »Zeitirrtum« verworfen hatte), versuchte als Mitglied des damaligen Verfassungsausschusses, für seine Kirche das Beste herauszuholen. Im Gegensatz zu seinen kriegshetzerischen Äußerungen von 1914[4] hatte er damit wenig Erfolg. Brauchbar für die Seinen war dieser Priester dennoch. Hatte er noch zu Beginn des Ersten Weltkrieges gepredigt, das kaiserliche Deutschland habe den Willen Gottes an Frankreich zu vollstrecken, stand er jetzt als Weimarer Republikaner in der vordersten Reihe, so oder so ein Kriegsgewinnler.

Mausbach hatte 1914, weitab vom Schuß, folgendes verkündigt: »Wie überall in Zeiten falschen, faulen Friedens hatte sich die feige Liebe zum Leben... in die Volksseele geschlichen; schnöder Mißbrauch der Ehe, Versündigung am Kindesleben, um das eigene zu schonen, waren die naturgemäße, naturzerstörende Folge. Nun schwingt der Krieg seine Geißel, nun zerreißt er das Lügengewebe der Eigenliebe und bannt das Schreckgespenst der Übervölkerung! Nun zeigt er die Unerbittlichkeit und den Adel des Todes... Nun erwachen die alten Frauentugenden... in einer Stärke, daß wir erstaunt und erschüttert dastehen vor Müttern, die ohne Klage acht und zehn Söhne zu den Schlachtfeldern senden!«[5]

Derselbe Kriegsprediger war wenige Jahre später, als sich der Wind gedreht hatte, schon wieder unangefochten einer von denen, die an maßgeblicher Stelle die Verfassung der Weimarer Republik ausarbeiteten, die in ihren staatskirchenrechtlichen Sätzen noch heute gilt. Und die deutschen Bischöfe jener Zeit? Sie hatten sich im Weltkrieg gegen den möglichen Frieden »als Judaslohn für Treubruch und Verrat am Kaiser« gewandt. Denn Gott selbst habe »unseren Herrschern... den Herrscherstab in die Hand gelegt«[6]. Dann hatten sie beteuert: »Wir werden stets bereit sein, wie den Altar, so auch den Thron zu schützen gegen innere und äußere Feinde, gegen die Mächte des Umsturzes.«[7]

Schon im Dezember 1918 hatten sie nichts Wichtigeres zu tun, als gegen den drohenden Entzug der Staatsleistungen an ihre Kirche zu protestieren und mitten im Nachkriegselend Deutschlands von ihrer eigenen »Beraubung« zu sprechen[8]. Im August 1919 sprachen sie von der Trennung von Staat und Kirche als dem Szenarium, in dem sich der Untergang Deutschlands abspielen werde[9]. Sie hatten ihre Gründe. Sie konnten sich zumindest der Zeit erinnern, da Preußen die Geistlichkeit dazu benutzt hatte, jene »gute Bürgergesinnung« pflegen zu lassen, »ohne die der Staat zerfallen müßte«. Sie wußten, daß den Mitgliedern auch ihrer Kirche »Ehrfurcht gegen die Gottheit, Gehorsam gegen die Gesetze, Treue gegen den Staat... einzuflößen«[10] waren, damit sie selbst die Dotationen nicht verloren.

Und heute? Schon über den Modus der Ablösung von Entschädigungsleistungen bestehen verschiedene Ansichten. Die einen sprechen von einer ewigen Rente an die Kirche, was dieser verständlicherweise gefällt. Andere halten eine einmalige Kapitalabfindung für geboten, wobei sich noch um den Kapitalisierungsfaktor streiten läßt: Wieviel macht denn nun die Abfindung aus? Das 20fache der gegenwärtigen Jahreszahlungen oder das 100fache der gegenwärtig bezahlten Rente? Wieder andere meinen, durch die jahrzehntelangen Zahlungen sei die Ablösung ohnedies erfolgt und die Kirche habe darüber hinaus keine müde Mark mehr zu bekommen[11]. Wie dem auch sei: Seit 1919 sind keine ernsthaften Anstrengungen mehr unternommen worden, das Verfassungsgebot einzulösen. Vielmehr geht das herrschende Interesse in die entgegengesetzte Richtung: Statt von Ablösung zu sprechen, wird eine förmliche Garantie der Staatsleistungen eingefordert, die künftige Säkularisationen unmöglich machen soll. Seither geschlossene Kirchenverträge garantieren diese Leistungen; von Ablösung sprechen sie wohlweislich nicht. Der Geiz der opferwilligen Kleriker läßt es nicht zu.

Sollten wir nicht beginnen, uns endlich über diese und andere Verteidigungslasten in einem kirchlich besetzten Land wie Deutschland zu wundern? Was haben wir mit politischen Vorgängen aus dem 16. und dem 19. Jahrhundert zu schaffen? Gibt es eine Kollektivschuld und eine Kollektivbuße der Deutschen? Die staatstragenden Personen machen sich wenig Gedanken zu diesem Problem und die Kirchenleute gar keine. Staat und Kirche leben in stiller Partnerschaft: Die Bundesländer zahlen und zahlen. Diejenigen, die ihnen das eingebrockt haben, haben diese Zahlungsverpflichtung auf einen – wie sie meinen – unüberbietbar treffenden Begriff gebracht. Sie sprechen geschmackvoll von »Folgehaftung«[12].

Ich lasse hier jede Erinnerung an die mangelnde Folgehaftung der Kirche für die im Laufe der deutschen Geschichte von ihren Führungsgruppen begangenen Straftaten beiseite. Zu denken, die grundsätzlich auf Übernatürliches ausgerichtete Kirche in ihrem weltlichen Besitz einzuschränken sei kein Unrecht, ist selbst wieder Unrecht. Zu denken, es sei nicht eben fein, noch 190 Jahre später Buße tun zu müssen, und dies ohne Aussicht auf endgültige Absolution, ist ebenso unfein. Ganz daneben aber ist der politisch gemeinte Vorschlag, es gebe überhaupt nichts mehr zu zahlen und auch nichts mehr abzulösen, denn fast 200 Jahre Rentenzahlung seien genug auch an Ablösung. Warum läßt sich die Kirche nicht auch für noch frühere Enteignungen als die von 1803 entschädigen? Mit dem gleichen Recht könnte sie doch auch verlangen, für das Unrecht entschädigt zu werden, das ihr die Karolinger im 8. und 9. Jahrhundert angetan haben. Auch der fränkische Hausmeier Karl Martell (gestorben im Jahr 741, ein Rechtsvorfahr der heutigen Bundesländer?) hatte Kirchengut eingezogen, um seine Vasallen mit Pfründen versorgen zu können. Haben diese Säkularisationen kein ähnliches Schuldverhältnis mit den Bundesländern begründet?

Mittelalterliche Theologen und Rechtslehrer verteidigten immer wieder den Gedanken einer Säkularisation. Innerkirchliche Gruppen, Armutsbewegungen schrien der reichen Institution und der herrschenden Klerikerelite den Gedanken der Aufgabe von Besitz ins Gesicht. Auch das ist Tradition: die Kirche auf ihre Aufgaben zu beschränken und sie von allem, was diesen widerspricht, zu befreien, also von Landnahme, Habsucht, Geldgier.

Die elitäre, vom Zahlvolk sich penibel abgrenzende Klerikergruppe sieht es anders. Die Amtskirche kennt ihre Gründe. Aber ich frage diejenigen, die so willfährig von der historischen Schuld der (weltlichen) Enteigner sprechen und uns deswegen noch immer ein schlechtes Gewissen einreden wollen: Weshalb mußte nur die Kirche entschädigt werden? Wo bleiben die Entschädigungen für Menschen, denen im Lauf der Geschichte ähnliches Unrecht angetan worden ist? Von diesen spricht niemand.

Warum hat die Kirche ihrerseits niemanden für das Unrecht entschädigt, das sie – materiell und geistig – zugefügt hat? Daran zu denken, daß die Nachfahren der von der Kirche Verfolgten und Verbrannten entschädigt würden, gilt als unsinnig. Offensichtlich hat die Kirche niemanden zu entschädigen, da sie niemanden je geschädigt hat.

Pfarrer predigen ständig Opfer und Verzicht. Aber ihre Kirche geht nicht ein einziges Mal mit gutem Beispiel voran, sondern klammert sich an die Staatsleistungen wie an eine sichere Rente. Sie hat allen Grund dazu: Das Geld fließt reichlich. Es ist noch gar nicht sicher, ob die Kirche durch die Säkularisation nicht doch mehr gewonnen als verloren hat. Sie selbst diskutiert das Thema nicht. Gewiß weiß sie, warum. Ihre Lobby hat es geschafft, sich als Opfer darzustellen.

Die sich auf »Opfer« spezialisiert haben

Da die Kleriker gemerkt haben, daß sie am besten mit ihrem Opfergerede ankommen, wenn sie selbst ein Beispiel geben, haben sie das schnelle Wort vom »Priesterleben als Opferleben« eingeführt. Freilich spricht historisch so gut wie nichts für seine Berechtigung, und auch aktuelle Bezüge fehlen. Die Kirche sagt zwar, sie leiste ihren Service von der Wiege bis zur Bahre und dafür wolle sie bezahlt sein. Bezahlt? Die Pfarrer müssen ihr Geld bekommen, wenn sie taufen, verheiraten, beerdigen. Und nicht nur Geld, nein, sie müssen auch ihre Pfarrhäuser haben, ihre Energiekosten erstattet bekommen, ihre Autokilometer, ihre Telephongespräche. Wo kämen wir hin, wenn ein Pfarrer selbst die Hypotheken für sein Häuschen abtragen müßte? Wenn er kein Benzingeld erhielte und kein Geld für Heizöl? Dann wäre er nichts Besonderes mehr. Dann wäre er wie alle – oder doch wie die meisten. Dann brächte er ein Arbeitsleben lang wirkliche Opfer.

Längst wird innerkirchlich das »Opfer« verniedlicht, bewußt gering-gehalten, um von denjenigen Opfern abzulenken, die wirklichen Verzicht (auf Geld und Gut der Institution) bedeuteten. Die sogenannte Fastenzeit ist eine »Antibonbonzeit« geworden, das Abstinenzgebot richtet sich gegen die Fleischesser und nützt hin und wieder der Fischindustrie. Aber niemand macht Schluß mit den Verharmlosungen und Verfälschungen des einzigen Wortes, das Jesus angewandt haben wollte: »Barmherzigkeit will ich, nicht Opfer.« Barmherzigkeit vielleicht gegen die, deren Arbeitsleistung alle Kleriker ihre Kirchensteuereinnahmen und ihren Besitz verdanken und die zum Trost sonntags mit Sündenpredigten eingedeckt werden? Barmherzigkeit gegen die historischen und aktuellen Opfer klerikalen Kriegsdenkens? Ich frage nicht weiter, da die Ohren derer, die sich fragen lassen müßten, taub sind.

Das Priesterleben ein Opferleben? Die Bundesrepublik weist über zwei Millionen Arbeitslose auf, darunter keinen katholischen Pfarrer. Auch ist nichts bekannt von einem Arbeitslosenbeitrag, den alle Kleriker leisten. Und der Terminkalender, die Arbeitsüberlastung der Geistlichen? Ich habe über Jahre hinweg meine Beobachtungen vor Ort gemacht und kann sagen, daß jeder praktische Arzt mehr zu tun hat. Ich habe auch viele deutsche Pfarrhäuser von innen gesehen. In keinem herrscht Mangel an Wohnraum. Mancher zölibatäre Hagestolz verfügt über ein Dutzend Zimmer.

Leistung, sei sie manuell oder geistig, sollte nicht vorschnell verdächtigt oder verdammt werden. Nicht von denen, die ihren eigenen Status oder ihre Privilegien der Arbeit anderer oder der bloßen Zugehörigkeit zu einem besonderen »Stand« verdanken. Ich kann keine Leistung der Kleriker entdecken, die eine auch nur annähernd so gewaltige Privilegierung mit Geld und Gut zuließe, wie sie die Kirche genießt. Kleriker leisten viel zuwenig fürs Geld, und über das ideelle Mehr, das sie von sich behaupten, verliere ich kein Wort. Es ist eine leere Hülse.

Das klerikale Betreuungsmonopol ist längst entleert. Es ist eine Frage der Zeit, bis seine Leere allen einsichtig wird. Der Pfarrer ist nicht mehr der einzige (und schon gar nicht der beste), der für Schwierigkeiten, Leiden, Neurosen, Sterben kompetent ist. Wer am Monopol festhält und die entsprechende Bezahlung fordert, läßt subtilen Geiz erkennen. Er will Machtpositionen aus den Betreuungsären von früher in die

Zukunft hinüberretten. Er übersieht, daß – nach der Erzählung des Evangeliums – der Priester am Notleidenden vorübergeht und der Mensch, der »des Weges kommt«, der Samariter, hilft. Die von Klerikern so hoch geschätzte fremdfinanzierte Nächstenliebe ist höchst fragwürdig, zumal sie menschliche Anlagen wie Verpflichtungen zum Helfen verkümmern läßt. Alle Menschen sind nämlich zum Dienst verpflichtet und auch dazu befähigt; von einem besonderen Helfer- und Betreuerstand kann keine Rede sein. Die Kirche hat keinen exklusiven Anspruch auf Caritas. Daß sie ihn erhebt, mag damit zu tun haben, daß es sich hierzulande sehr gut von dem Geld leben läßt, das für karitative Dienste kassiert wird.

Ich hoffe, daß die wirklich Leistenden, die vielen nämlich, die mit ihren – auf Arbeit beruhenden – Steuern den Überbau der Privilegierten mittragen, ihre Lage erkennen und die Privilegierten abschütteln. Wer sich künftig noch einen Seelsorger halten will, soll ihn bezahlen, freiwillig, auf Spendenbasis. Alles, was darüber hinausgeht, muß fallen. Subventionen an die Kirche, die von Menschen mitgetragen werden, für die die »Seelsorger« überhaupt nichts leisten (Konfessionslose), oder die mit dem eigentlichen Dienst nichts zu tun haben, gehören beseitigt. Diese Forderungen, so demokratisch legitimiert sie sind, stechen in ein Wespennest. Sie offenbaren versteckte Gruppeninteressen und Bedürfnisse. Sie entlarven falsche Ansprüche und verinnerlichten Geiz.

Von Klerikern kann vieles verlangt werden, nur das eine nicht: Verzicht auf die eigenen geldwerten Vorzüge.

Beamtete Theologen, die auf Kosten der Steuerzahler künftige Kleriker ausbilden, zeigen kein Interesse an Geld. Die sanfte Demut dieser Spezies Mann redet nie von den wirklichen Privilegien ihres Standes, an denen sie eisern festhält. Theologen beschäftigen sich mit wichtigeren Fragen, mit der »Theologie der Befreiung« zum Beispiel. Die betrifft Lateinamerika, und das ist weit weg. Dem Steuergeld, mit dem die Theologen hierzulande bezahlt werden, wird diese Art »Befreiungstheologie« nicht gefährlich.

Theologen gehören – aufgrund ihrer »Hinhätschelung auf den geistlichen Stand« (Heinrich Böll) – zu jener Gesellschaftsschicht, die sich durch höheren Konsum, interessantere Bedürfnisse und angeblich besseren Geschmack von den übrigen Menschen unterscheidet. Die Plattform der Moralisten ist falsch besetzt, wenn Theologen sie einnehmen. Sie haben keinerlei Legitimation, ihre Rhetorik ist falsch und hohl, ihre Akzentsetzung einseitig. Wenn Kleriker von Opfer reden, ist immer Vorsicht am Platz. Ich kenne keinen, der sich nicht in aller Heimlichkeit und Subtilität Ersatzbefriedigungen geschaffen hätte und diese auch pflegte. Das ist an sich nicht schlecht, zumindest menschlich verständlich. Nur sollte man, redet man schon über Verzicht und stilisiert man sich und seinen Beruf so bereitwillig zum »Opferleben« empor, nüchtern und ehrlich bleiben und den Ersatzbesitz nicht unterschlagen.

Die frühe, die konstantinische Privilegierung der Kleriker steckt bis heute den Angehörigen des aussterbenden Berufsstands in den Knochen. Nicht wenige haben sich bei ihrer Berufswahl von der Aussicht auf lebenslange Sicherheit als Pfarrer leiten lassen. Das »bißchen Zölibat« lasse sich, Schläue und Vorsicht vorausgesetzt, schon ertragen, sagen sie sich. Im übrigen werden sie für den Verzicht auf die Ehe (nicht auf die Frau!) reichlich entschädigt. Auch wenn es zutreffen mag, daß ein verheirateter Mann nicht alle Verzichtsleistungen des Ehelosen zu erbringen hat, kann er doch seinerseits genügend Gelegenheiten alltäglichen Entsagens nennen, die der Berufssingle und -zölibatär nicht einmal andeutungsweise kennenzulernen bereit sein wird.

Vorsicht ist auch geboten gegenüber den ausgestreuten Gerüchten, der Priesterberuf sei besonders anspruchsvoll, weil der Berufene ständig von seiner Arbeitslast überfordert sei. Die Probe aufs Exempel ist noch nicht gemacht; ich verwies bereits darauf, daß nach meinen Beobachtungen ein praktischer Arzt den Vergleich mit dem Pfarrer leicht bestehen kann. Daß ein Arzt in der Regel verheiratet ist und dennoch mehr Dienst am Menschen tut als der hochwürdige Ortspfarrer nebenan, erwähne ich am Rand: zum Nachdenken über große Worte und geringe Taten.

Gegenwärtig wird dem Priester, der früheren Allroundperson, die alles und jedes tun mußte (und wollte!), was »Laien« besser hätten tun können (und müssen!), mehr denn je an Arbeit abgenommen. Keiner braucht sich mehr über Gebühr abzurackern: Assistenten und Assistentinnen gehen seiner Seelsorge zur Hand; Religionslehrer, Erzieherinnen, Katechetinnen, (Laien-)Diakone arbeiten in den Gemeinden, helfen bei Predigt und Sakramentenspendung, in Schule und Jugendarbeit, halten Kränzchen mit Senioren, betreuen Kleinkinder. Was dem hochwürdigen Herrn bleibt? Er ist Mitglied des privilegierten Klerus, dem kein einziger »Laie« etwas zu sagen hat, und er hat die Oberaufsicht über alles kirchliche Wirken in seinem Sprengel. Dafür wird er auch besser bezahlt als alle seine Mitarbeiter.

Es ist nicht schwer, von einem Pfarrer Auskünfte über das eigene Opferleben zu erhalten. Im Lamentieren ist er groß; Klappern gehört zu seinem Handwerk. Es ist auch nicht schwer, Erklärungen über »Glaubensinhalte« zu erlangen, über die neueste Theologie, die er aufgeschnappt hat, über das Wenn und Aber eines moralischen Lehrsatzes. Noch weniger schwer fällt es, von einem Kleriker zu erfahren, was alles ein bißchen weniger päpstlich als der Papst interpretiert werden darf, die »Sache mit der Pille« beispielsweise. Da machen die Herren im privaten Gespräch alle möglichen Konzessionen. Aber bei einem einzigen Thema verstehen die Beredten keinen Spaß: wenn es um die eigene Privilegierung geht, um das Geld, das sie beziehen, um die Güter der Kirche. Da werden sie zu Abwieglern, da setzen sie ihre »Halb-so-schlimm«-Maske auf, da wissen sie sich geschmeidig aus der Affäre zu ziehen. Am Schluß bleibt nur das eine: Es muß alles so bleiben, wie es ist. Merkwürdig, daß dies nur bei dem einen Thema passiert; es scheint sich um das wichtigste Problem überhaupt zu handeln. Geburtenkontrolle, Jungfrauengeburt, Unfehlbarkeit? Da lassen sie mit sich reden und handeln. Geld und Gut? Hier werden sie seltsam einsilbig. In den letzten Jahrzehnten ließ sich in der Kirche über manches Problem leichter debattieren als zuvor. In Sachen Privileg, Geld und Besitz hat die Institution sich keinen Millimeter bewegt. Darüber wundere ich mich nicht.

Wer die Kirche wirklich kennt, weiß, daß durchgreifende Reformen nicht Dogmen, Moralsätze, Riten oder Organisationsformen der Kirche betreffen, sondern deren Finanzen.

Daß der Kölner Kardinal Meisner in einer Sendung des WDR vom 4. März 1990 von der »Fremdkörperfunktion« seiner Kirche in der DDR geredet hat, um den eigenen Anteil an Widerstand gegen den real existierenden Sozialismus zu würdigen, wirkt lächerlich. Wie mag sich der Oberhirte wohl die Fremdkörperfunktion seiner reichen Kirche in der reichen Bundesrepublik denken? Daß er hierzulande in den Widerstand gegangen wäre und wenigstens angefangen hätte, die halbe Milliarde DM an Vermögen anzuknabbern, die seiner Erzdiözese gehört[13], ist bisher nicht bekanntgeworden. Zeichen setzen bleibt eine Frage der Perspektive.

Ich wundere mich, was sich noch immer viele Gläubige in Predigten und sonstigen frommen Ermahnungen bieten lassen, ohne aufzubegehren und sich der Kleriker zu entledigen, die ihre parasitäre Existenz unter Berufung auf ihren Gott rechtfertigen. Ein Mensch muß schon ein rechtes Schaf sein, wenn er hinnimmt, daß sein Pfarrer ihm Opfer predigt – und zugleich einen größeren Wagen fährt oder ein geräumigeres Haus bewohnt. Wo bleiben die Väter und Mütter, die nicht mehr dulden, daß ein Zölibatär sich über gottgewollten Kinderreichtum ausläßt – und selbst keine Anstalten macht, um auf sich selbst hinzuweisen, auf seine ehe- und familienlose, lebenslang finanziell sorgenfreie Existenz? Wenn schon Predigern das fromme Wort nicht im Hals steckenbleibt (weil ihnen öffentliche Scham fremd ist), so müßten die Zuhörerinnen und Zuhörer ihnen das Wort verbieten. Einem Kleriker, der von Opfer spricht, ins Gesicht zu lachen wäre der Anfang vom Ende.

Ist Geiz nur eine individuell zu fassende Sünde? Wer die Kirche betrachtet, kennt die Antwort auf diese Frage. Nachfolge Christi, ein gern gebrauchter Lockruf der Kleriker, wenn es um andere Menschen und um fremde Kassen geht, findet sich nicht innerhalb der Organisation Kirche. Wer sich aufmerksam umschaut, wird keinen Zusammenhang zwischen dem Mann aus Nazareth und der Kirche erkennen. Es bleibt unerfindlich, weshalb sich die Institution noch immer als Stiftung Christi ausgeben kann und warum die Exzellenzen Bischöfe sich noch immer als Nachfolger der Apostel feiern, ohne ausgelacht zu werden.

Es ist wie bei der neutestamentlichen Erzählung vom reichen Jüngling: Das eine Notwendige leistet die Kirche nicht. Sie sieht in Besitz und Einkünften, die nicht auf erbrachten Gegenleistungen gründen (die ihrerseits wiederum nicht aus imaginären geistlichen Werten bestehen dürften), kein Hindernis für ihren Dienst. Daher verzichtet sie nicht auf das eine Wesentliche, sondern flüchtet sich in unwesentliche Nebenleistungen. Sie propagiert beispielsweise den Zölibat ihrer Priester als Vorbild alternativen Lebens. Sie verdunkelt damit die Tatsache, daß ein individuelles Opfer (das in sich fragwürdig genug ist) keinen Ersatz für den institutionellen Verzicht abgibt. Also bleibt alles beim alten: Der einzelne Mensch wird zum Verzicht angehalten, die Kirche bleibt sündig wie eh und je. Sie rückt kein bißchen von ihrem strukturellen Geiz ab.

Eine geizige Kirche, eine opferunwillige Kirche: alltägliche Erscheinungen. Macht eine solche Kirche bereit fürs Reich Gottes? Öffnet sie die Türen in ein anderes Leben? Nein, sie stellt ein entscheidendes Hindernis für die Menschen dar, sich um alternative Lebensformen zu bemühen. Wer die Kirche betrachtet, weiß: So nicht. Hier herrscht kein neues Leben, hier ist der Tod zu Hause. In einer Zeit, da immer mehr Menschen für ihren Lebensunterhalt und ihre Altersversorgung selber arbeiten müssen, gelten Almosenwesen, Leben vom angehäuften Kapital und Leben von fremden Leistungen als unmoralisch. Noch unsittlicher ist es, zum einen von angehäuftem Kapital zu leben und fremde Leistung auszubeuten, zum anderen Askese, Blut, Schweiß und Tränen zu predigen. Auf genau diese Weise sucht die Kirche aber zu überleben.

Es ist in höchstem Maß unglaubwürdig, wenn die reichste nichtstaatliche Organisation der Bundesrepublik, die größte nichtstaatliche Grundbesitzerin in Deutschland von Armut faselt, wenn sie, seit eh und je in die Welt verstrickt, die gegenwärtige Leistungs- und Konsumgesellschaft bejammert. Die Konsumgesellschaft ist nämlich nicht so sehr von der Zahl der Videorecorder, Kühlschränke, Mikrowellenherde und Autos bestimmt, sondern von der in ihr herrschenden Werthierarchie und dem daraus folgenden Lebensstil[14]. Es handelt sich um eine Gesellschaft, in der die Sucht nach Besitz und der Unwille, Besitz aufzugeben, die beherrschenden Werte geworden sind. Die ihr angehören, sind vor allem an dem interessiert, was käuflich und verwendbar ist. Sie schätzen sich gegenseitig nach dem ein, was sie haben.

Für die Kirche, die sich verbal von einer solchen Haltung abzusetzen sucht, gilt: Alle genannten Wertvorstellungen sind seit langem die ihren. Sie ist ein leuchtendes Vorbild für die Menschen, wenn es darum geht, haben zu wollen und nichts mehr hergeben zu können. Die Kirche ist selbst Konsumgesellschaft im großen Stil. Sie hat an keiner Stelle einen moralischen Vorsprung vor denen, die sie anpredigt. Sie beweist täglich das Gegenteil von dem, was sie predigt. Sie kann sich für Gegenwart und Zukunft weder auf ihre Geschichte (verbrecherisch genug!) noch auf ihre Tradition berufen. Ihre Überlieferungen haben nichts Zeitloses, nichts Gültiges, sondern reichen nur bis in bestimmte Jahrhunderte zurück. Das Eherecht dieser Kirche, das schwer auf den Menschen lastet, stammt in seinen Wesenszügen aus dem Hochmittelalter, das priesterliche Amt ist von den Anschauungen des 16. Jahrhunderts (Konzil von Trient) geprägt, die Liturgie hat byzantinischen Charakter. Was sich freilich über alle Jahrhunderte der Kirchengeschichte hat ungebrochen halten können, war der genannte Hunger nach Macht, Einfluß, Geld und Privileg – und damit der Geiz der Besitzenden. Der Wunsch nach Veränderung, vom Feuer revolutionärer Gesinnung gar nicht zu reden, mußte als störend empfunden – und verdammt werden. Möglichkeiten kreativen Denkens und Tuns fanden sich in dieser Kirche so gut wie nicht. Sie werden sich nicht einfinden.

Binnenkirchliche Theologie (und nur sie ist nach den Worten des Papstes legitim) ist nicht vorwärtsdrängend, sondern bewahrend. Sie darf nicht frei denken; ihre Gedanken müssen auf die Legitimation des Bestehenden gerichtet sein, wobei es keinen Unterschied im Besitzstand ausmacht, ob Dogmen, Morallehren oder Privilegien behandelt werden. Solche Theologie ist gewiß Teilhabe an der »Seelsorge«, schafft sie doch unter intellektuell fortgeschrittenen Schafen die Bereitschaft, sich nicht mehr des eigenen Verstandes zu bedienen, sondern sich von amtlichen Vorausdeutern bedienen zu lassen.

Theologie ist die intellektuelle Form einer Therapie für Krankheiten und Bedürfnisse, die es ohne Kirche gar nicht gäbe.

Theologie ist ausschließlich für Probleme zuständig und bereit, die sich der Kirche verdanken. Die Dienstleistungen drehen sich im Kreis. Der

Welthorizont ist aufgegeben. Immer dann, wenn ein Theologe sich säkularen Themen und Lösungen zuwendet, hört er auf, Theologe zu sein. Wenn immer er sich um klerikale Themen und Lösungen bemüht (wofür er bezahlt wird), nützt er weder der Welt noch den Menschen, sondern der Kirche. Diesen tödlichen Zustand nenne ich »verpfändetes Leben«. Er ist charakteristisch für die Institution und die von dieser finanzierten Maulkorbexistenzen.

Aber so, genau so liebt es die Ideologie der Hirten. Sie lebt aggressiv gegen das Leben der Menschen: Sie will selbst besitzen, tut alles, um zu bekommen, was sie will, scheut kein Argument, um behalten zu können, was sie hat. Die Absorption ist perfekt. Schlimm genug, wenn diese Sucht eine Institution aufrechterhält, wenn alle, die in der Kirche nach oben gelangen wollen, ihren Anteil an dieser Sucht beweisen müssen. Schlimm, wenn die Sucht sich tarnt. Schlimm, wenn die Tarnung religiös motiviert wird: Je heiliger die Motivation, desto sicherer die Tarnung. Ganz schlimm, wenn ein Kollektivgewissen derart durch religiöse Motivation getarnt ist. Dann ist Glaube zum Besitz, Besitz zum Glaubensinhalt geworden.

Eine lebensfeindliche Kirche, eine absterbende Kirche. Eine Schar von Hirten, die den eigenen Tod nicht wahrnimmt, nicht eine einzige der sieben Todsünden an sich entdeckt. Es gibt Hunderte von Büchern über klerikale »Wahrheiten«; ganze Generationen von Theologen haben daran gearbeitet. Aber was – historisch nachweisbar – die Basis der Kirche abgibt, steht nirgends nachzulesen. Es ist verdrängt, bewußt verschleiert. Theologien zu allen möglichen Themenbereichen wuchern vor sich hin. Nur die eine gibt es merkwürdigerweise (oder bezeichnenderweise) nicht: die Theologie des Reichtums. Wer eine der vielen Buchhandlungen betritt, die religiöse Literatur führen, wird auf Dutzende von religionspädagogischen Schriften stoßen, auf Heiligenlegenden zuhauf, auf subtile Erörterungen von Glaube, Moral und Disziplin der Kirche. Ein Buch über das kirchliche Geld, von einem Kleriker geschrieben, gibt es unter den tausend Selbstbestätigungen und Selbstbeweihräucherungen nicht. Offensichtlich sind die Milliarden DM, die die Kirche jährlich kassiert, ebensowenig eine Darstellung wert wie die Millionen Quadratmeter an Grundbesitz, die sie ihr eigen nennt. Offenbar ist es wichtiger, über »Religionsgespräche zwischen

Christen und Juden in den Niederlanden (1100–1500)«, über »das evangelische Pfarrhaus in Niedersachsen«, über das »mystische Erleben im Werk Günter Eichs« oder über »die Auslegung der Gleichnisse Jesu nach Eberhard Jüngel« zu schreiben, um ein paar Dissertationsthemen aus dem Jahr 1990 zu nennen[15].

Wehe aber denen, die Symptome statt Ursachen kurieren, Surrogatlösungen andienen und echte Lösungen verhindern, sich auf moralische Appelle beschränken, Fensterreden halten, sich selbst stets von Veränderung ausnehmen, die eigenen Traditionen als Letztwert betrachten und von vornherein rechtfertigen, Neuansätze abblocken, innovatives Handeln verfolgen, Kreativitäten mit ihrer »gesunden Lehre« einfangen, gegen die Sünden des Systems nicht laut protestieren! Sie sind mitschuldig. Sie verraten Welt und Menschen. Eine alternative Moral ist von solchen am allerwenigsten zu erwarten. Ich nenne ein paar Leitideen nachkirchlicher Ethik:

▸ Die Aufklärung über die Tatsache, daß wir einer Katastrophe entgegengehen, die unsere Verfehlungen gegen unser geistiges und materielles Erbe bewirkt haben: Diese Aufklärung muß umfassend sein und alle Menschen, Themen und Informationen einbeziehen. Da die Gefährdung global ist, müssen auch Lösungsversuche aus allen weltanschaulichen Lagern diskutiert werden. Wir alle sind Erben und Mittäter an jener gemeinsamen Überlieferung, die keine Begrenzung des Wachstums an Materie und Geist kennen wollte.

▸ Die neuen Dimensionen der Menschlichkeit heben sich von diesem Hintergrund ab. Wir bejahen die selbstverschuldete Krise als heilsames Durchgangsstadium. Wir erkennen Schuld an, flüchten aber nicht in Resignation, sondern unternehmen den Versuch, es anders zu machen. Wir wissen, daß die bisherige Entwicklung einen hohen Preis fordern wird. Leben wurde mit Tod bezahlt. Um Zukunft zu gewährleisten, müssen die Prämissen der Vergangenheit in Frage gestellt werden: Ausbeutung der Materie und des Geistes sind inhuman, Konsumentenmoral tötet global. An ihnen orientierte Erziehung schadet. Betreuung kommt an ihre Grenze.

▸ Die neuen Kleriker, die sich als neue Klasse der Wissenden verstehen, statt einen begrenzten Dienst am Menschsein aller leisten zu wollen,

sind weder besser noch nützlicher als der frühere Stand der Kirchenfunktionäre. Alle Versuche, über Betreuungsdienste subtile Herrschaft
und damit geistige Ausbeutung zu etablieren, sind unsittlich. Wirkliche
Bedürfnisse werden nicht von Profis befriedigt, sondern vom Nächsten. Der Priester geht immer vorbei. Sensibilisierung geschieht anders
– und Erlösung auch.

▶ Viele Menschen wissen, daß sie ohne Religion nicht schlechter, sondern sogar besser leben als in einer kirchlichen Bindung. Die bisher
Unentschiedenen wissen weder das eine noch das andere. Ihnen sollen
nicht nur die okkulten Praktiken (Schwarze Magie u. ä.) eine Antwort
geben. Sie haben Anspruch auf mehr. Lösen sie sich von der Kleingruppe der »Katechismus-Katholiken«, die lange Zeit für sie gedacht
und gehandelt haben, eröffnen sich Ausblicke in eine Zukunft des
Menschen. Kein Mensch erfüllt sein Leben, indem er vorgegebene
Meinungen über die Existenz Gottes, über die Autorität der Bibel oder
des Papsttums sowie über das Leben nach dem Tode teilt. Menschen
werden zu Menschen durch die mitmenschliche Tat.

▶ Totalitäre Weltanschauungen, Moralmonopole der Welt, selbster-
nannte Experten finden sich überall. Gegen sie müssen immer mehr
Menschen ihre ureigenen Bedürfnisse erkennen und behaupten lernen.
Menschen haben ein Recht, in ihrer Umwelt verwurzelt zu sein; kein
Mensch braucht sich denen auszuliefern, die seine Umwelt nach ihrem
Profit gestalten wollen. Menschen können kreativ werden; die her-
kömmliche Überbetreuung von Menschen durch Menschen war eine
Abfolge ausbeuterischer Akte. Menschen haben ein Recht auf Mitspra-
che in allen Belangen, die sie betreffen; die Vorausinterpretationen der
»Amtsträger« in der Kirche waren nie demokratisch legitimiert. Menschen haben ein Recht auf ihre eigene Ethik und Religion; »Religionsdiener« jeder Couleur besitzen keine besonderen Wissensvorsprünge,
keinen Anspruch auf (geldwerte) Privilegien und Rechte. Menschen
haben gegenüber ihrer Todesbedrohung ein Recht auf Leben. Und sie
haben gegenüber ihrem Leben ein Recht auf ihren Tod.

III.
TOTE KIRCHE,
LEBE WOHL!

Ich sage euch, ihr werdet alle umkommen,
wenn ihr nicht umkehrt...

Jesus aus Nazareth

Wer bis hierher gelesen und über das Gelesene nachgedacht hat, wird sich nicht darüber wundern, daß die genannten Todesweisen, in die Kirchenbezahlte sich verstrickten, auf diese keinen Eindruck machen. Daß die »Normalität«, in der sich die Kirche so wohnlich eingerichtet hat, lebensfeindlich ist, interessiert keinen von den Satten, Besitzenden, Keuschen, Privilegierten.

Die Kirche und ihr Klerus, die über Jahrhunderte hinweg angefochten wurden und dennoch als Kriegsgewinnler hervorgingen, machen sich mit »so was« nicht schmutzig. Daß Kirchenleute zu den Siegern der Weltgeschichte gehören, ist übrigens eine schreckliche Tatsache angesichts der vielen Unterlegenen dieser Geschichte – Jesus aus Nazareth nicht ausgenommen! Die Kirche kümmert sich nicht um solche Bagatellen; sie geht – im vollen Recht der blind und taub Gewordenen – zur Tagesordnung über. Wahrzunehmen gibt es für sie nichts. Nicht die Tatsache, daß sie von vielen Seiten als amoralisch entlarvt worden ist. Nicht der Nachweis, daß ihre Geschichte die des Verbrechens ist. Nicht die Gewißheit, daß sie Millionen Opfer zu verantworten hat.

Das nimmt sie nicht zur Kenntnis, und viele lassen zu, daß sie nichts erkennt und nichts bereut. Und so wird es auf absehbare Zeit bleiben: Priester von ausgeprägter geistiger Trägheit werden auch künftig die Ideologien von früher verbreiten. Ihre Sprache wird sich zusammensetzen aus dem Umgangsjargon der sie tragenden Bürger und aus den Durchblickerwichtigkeiten von anno dazumal. Schlimm daran ist nicht, daß die Trägen und Stolzen und Unschuldigen den fehlenden Nachweis von Wissenschaftlichkeit durch Alltagsgeschwätz ersetzen. Schlimm ist, daß sie für ihre »Seelsorge« einen göttlichen Auftrag beanspruchen und den entsprechenden Gehorsam verlangen. Aber, wie gesagt, auch daran wird sich nicht viel ändern.

Kirchenleute schwimmen, gegenteiligen Beteuerungen zum Trotz, mit dem Strom: mit dem des großen Gelds, der Privilegien, der gesellschaftlichen Macht. Ihnen haben die Predigten derer, die überall den bösen Zeitgeist ausmachen, nur nicht bei sich selbst, nichts an. Nicht genug, daß sie träge und unschuldig bleiben. Sie setzen noch eins drauf: Sie spielen sofort die Beleidigten, wenn an ihre Seelenruhe gerührt wird. Noch beleidigter tun sie, wenn an der Basis ihrer Ruhe und ihres Auskommens gerüttelt wird, wenn es um Vergangenheit und Gegenwart der Kirche geht.

Diese Kirche hat sich nicht wenige Bevorzugungen gesichert, die aus der allgemeinen Anerkennung einer Tatsache folgen sollen, die höchst zweifelhaft ist. Ihr »Glaubensschatz« will nicht nur finanziell gefördert sein, sondern auch den besonderen Schutz des Staates genießen: Weil er (für seine Gläubigen) die einzige Wahrheit darstellt und weil die Kirche (diesmal sollen es auch die weniger Frommen glauben) Kulturleistungen erster Ordnung erbracht hat und noch immer erbringt. Beide Begründungen sind nicht zu halten. Zum einen ist die Chose mit der »einzigen Wahrheit« nicht mehr allen Gläubigen so geheuer, wie es Rom gern hätte. Inzwischen finden sich so viele Christentümer mitten unter uns, daß es nicht nur dem Unbedarften schwerfällt, das Richtige vom weniger Richtigen zu unterscheiden. Zum anderen wird die Frage nach den besonderen Kulturleistungen der Kirche nicht mehr so allgemein und so gleichlautend beantwortet, wie es der harte Kern der Kleriker tut.

Müssen nun aber geschichtliche oder aktuelle Fakten als Beleidigung der Kirche verstanden werden? Waren es die Dümmsten denn, die protestierten, sich mokierten, erbrachen fast vor Ekel, Zorn? Der Katholizismus sei »eine Lüge«, »die Religion der unanständigen Leute« und der Papst »der beste Schauspieler« Roms, steht da geschrieben. »Der Katholizismus verteidigte stets den Diebstahl, den Raub, die Gewalttat und den Mord«, heißt es anderswo; »in der Regel« werde »jeder katholische Priester zu einem Scheusal«, und »jeder anständige Mensch« müsse es »als eine Beleidigung ansehen..., katholisch genannt zu werden«, schreibt man an anderer Stelle. Dem Christentum wird attestiert, es habe »siebzehn Jahrhunderte Schurkereien und Schwachsinnigkeiten« auf sich geladen, es sei ein »Wahn«, der »die ganze Welt bestach«, der »eine unsterbliche Schandfleck«, das »Blatterngift der Menschheit«[1].

Die dies und anders mehr erklärten, waren keine kleinen Köpfe abendländischer Kultur, keine so geringen Geister, wie Kleriker es gern hätten. Es waren Menschen mit großen Namen: Pierre Bayle, Voltaire, Helvétius, Goethe, Schiller, Heine, Hebbel, Nietzsche, Freud[2]. Leute ohne Einfluß, mögen Kleriker sagen, Randerscheinungen der menschlichen Kultur. Aber desavouieren solche Richter sich nicht selbst? Dürfen sich Vertreter einer Kirche, die gegenwärtig nicht mehr den geringsten Schritt nach vorn machen kann, die auch und gerade kulturell tot ist, der in den letzten Jahren selbst die letzten braven Schriftsteller abhanden gekommen sind, als Repräsentanten einer abendländischen Kultur aufspielen? Durften sie es je? Kam ihnen je eine wesentliche Rolle im Geistesleben zu – oder nur die Hauptrolle in der Tragödie der eigenen »Wahrheit«?

Bei Gott, spricht es für Gott, daß er all die dummen Köpfe braucht, die ihn predigen? Die Kirche ist immer Sammelplatz der Kleinen gewesen. Nicht der sogenannten einfachen Leute. Denn die hat sie ganz selten erreicht. Die hat sie getauft und gemordet, über deren wahres Leben, deren alte Volksgötter hat sie ihren Firnis gelegt. Eine Kirche dieser kleinen Leute war die Kleriker- und Herrenkirche nie. Sie war ein Verein der kleinen Geister, deren ausgeprägte Machtgier es nicht ertragen konnte, den Großen nur dienen zu dürfen. Also mußten diese nieder in den Staub, und der Kleinkleriker konnte über sie herrschen. Seither sind die Anschauungen der Andersdenkenden, mochten diese geistig so groß sein, wie sie wollten, »Seuche«, »Krankheit«, »von Gottlosigkeit strotzende Possen«, »wildes Heulen und Gekläff«, »Erbrechen und Auswurf«, »stinkender Unrat«, »Kot«, »Jauchegrube«[3]. Seither sind Nichtkatholiken »Verseuchte«, »Invaliden«, »Vorläufer des Antichrist«, »Tiere in Menschengestalt«, »Söhne des Teufels«[4]. Alle diese Kulturwörter stammen aus dem Mund von Bischöfen und Päpsten, alle sind sie gegen Menschen anderen Glaubens und Denkens gerichtet, gegen »schlimme Bestien« also, »Schlachtvieh für die Hölle«[5].

Was wäre los im Land, schimpfte ein Großer heute den Papst ein »Tier«, einen »Drachen und Höllendrachen«, »Bestie der Erde«[6]? Fände Johannes Paul II. sich plötzlich als »Fastnachtslarve« charakterisiert, als »Rattenkönig«, »erzpestilenzialisches Ungetüm«? Schriee ihm einer ins Gesicht, er sei ein »stinkender Madensack«, »besessen vom Teufel«, »des Teufels Bischof und der Teufel selbst, ja der Dreck, den der Teufel in die Kirche geschissen«? Dann wären ein ausländisches Staatsoberhaupt und alle wahren Katholiken beleidigt, wäre der »öffentliche Friede« gestört, dann hätte der Staatsanwalt Ermittlungen nach § 166 StGB eingeleitet, dann hätten ihn die Kirche und der weltanschaulich neutrale Staat zu fassen bekommen, hätten ihn verurteilt, den Doktor Martin Luther, diesen Christenführer, der solches wider einen anderen Christenführer geschleudert hat, inzwischen aber in deutschen Landen als salonfähig gilt. Warum wohl? Weil sich selbst die wahrste aller Kirchen damit hat abfinden müssen, daß die Wahrheit, die sie lehrte, nicht die einzige geblieben ist, sondern nur noch eine unter vielen und beileibe nicht die angenehmste oder gar beste.

Tempi passati? Vergangene Epochen einer unfriedlichen Geschichte? Abgelegt unter der Rubrik »Geistesmord«? So hätten die Nachfolger es gern. Deshalb wollen sie das Geschehene, Erledigte nicht mehr behandeln lassen. Deshalb rufen sie: »Haltet den Dieb!«, wagt jemand, die Akten zu öffnen, die Dokumente einzusehen. Deshalb weisen sie nicht sich selbst und ihren Vorgängern die Schuld zu, sondern denen, die diese Schuld offenbaren.

Trug dieses Buch alte Argumente vor? Blieb es vordergründig, weil ihm der Zugang zum »Wesen der Kirche« fehlt? Ja, vordergründig, so schreit jeder Pfaffe, deckt man seine Hintergründe, seinen Schwachsinn auf[7]. Und immer wollen jene, die wenig wissen, wenig wissen dürfen, religiöse Klatschbasen, Stammtischbrüder, engstirnige Bigotte, aufgeblähte Narren, am meisten wissen, können jene, denen klerikale Traktätchen genügen, mit denen, die ein Leben lang geforscht haben, ins Gericht gehen: Das Objekt läßt es offenbar zu. Religion kann jeder vertreten, über Gott glaubt er mitreden zu können, schon eine kleine naturwissenschaftliche Frage aber überfordert den »Laien«.

Niemand kann guten Wissens und Willens behaupten, daß »nur« die vergangenen 1900 Jahre Christentum böse und blutig gewesen seien, die Situation der Kirche in den letzten Jahrzehnten unseres Jahrhunderts sich grundlegend geändert und gebessert habe[8]. Das Gegenteil ist wahr: Rein quantitativ gesehen, belasten die katholische Kirche im 20. Jahrhundert mindestens gleich viele, wenn nicht noch mehr Verbrechen als in irgendeinem früheren Zeitraum. Hinzu kommt, daß sie in der jüngeren Vergangenheit eine neue Blutschuld auf sich geladen hat, die an Scheußlichkeit nicht hinter den schlimmsten Missetaten des katholischen Mittelalters zurücksteht. Der grauenhafteste Skandal der Kirche im 20. Jahrhundert, die Kroatengreuel zwischen 1941 und 1943, ist nicht ohne Grund das unbekannteste und am meisten verdrängte geschichtliche Faktum in der kirchlichen Welt[9].

Scheinbar einsichtige Christen suggerieren heute, all das Schlimme in der Kirche sei vorbei. Diese Suggestion weiß nur die Toten schuldig und spricht die Lebenden frei. Wer 59 Sechzigstel der Kirchengeschichte als verderbt ansieht und nur das gegenwärtige eine Sechzigstel als passabel, verletzt nicht bloß – übrigens gegen den Willen der Päpste aller Zeiten – die Tradition der eigenen »heiligen« Institution, sondern handelt auch gegen sich selbst unredlich. Er sieht sich nicht als das, was er ist und nach katholischer Doktrin sein muß: als Erben einer Vergangenheit, die unabdingbar zur Gegenwart der konkreten Kirche gehört und von der er sich nur befreien kann, indem er diese Kirche verläßt. Die Kirche verlassen hieße in diesem Fall, mit der Tradition brechen, auf das »ewige« Leben verzichten, um wenigstens einmal im Leben Mensch statt bloß Glaubender zu sein.

Staatsanwaltschaften müssen Jahr für Jahr gegen »besonders verletzende, rohe Kundgaben der Mißachtung« (so ein amtlicher Text von 1985) einschreiten, weil sich ein praktizierender Christ beleidigt fühlt, rechnet ihm jemand die Schandtaten seiner Kirche anhand unbestreitbarer Fakten vor[10]. Flugblätter, die auf solche Wahrheiten und ihre Hintergründe hinweisen, werden amtlich eingezogen, denn sie sind »geeignet, Gefühle des Hasses und der Verachtung zu wecken und zu fördern und daher den öffentlichen Frieden zu stören«[11]. Wer demgegenüber – durch Hirtenworte und andere Flugschriften – Krieg und Haß geschürt, wer den öffentlichen Frieden über Jahrhunderte eklatant ruiniert hat, wer die Meinung Andersdenkender bis auf den heutigen Tag verletzend und roh der öffentlichen Mißachtung aussetzt, geht straffrei aus: ein nicht zu übersehendes Exempel gesunden Rechtsempfindens im Dienst der wahren, der klerikal bestimmten abendländischen Kultur! Hierzulande scheint sich niemand von den Verantwortlichen schämen zu müssen. Im Gegenteil: Die historisch und aktuell

Schuldigen stehen – ungeachtet der vernunftverheerenden Wirkung ihrer Dogmen und Moral – unter dem besonderen Schutz des weltanschaulich neutralen Staates. Sie werden wie keine vergleichbare Gruppe unserer Gesellschaft finanziell ausgehalten. Sie haben einen gesicherten Zugang zu gesellschaftspolitisch wichtigen Institutionen. Ihr Mitentscheidungsrecht oder zumindest ihr Einfluß in Sachen Kindergärten, Schulen, Universitäten, Rundfunkanstalten, Presseorgane ist institutionell gesichert. Sie brauchen sich – blutige Tradition hin oder her – bis auf weiteres keine Sorgen zu machen.

Aber sie sind tot. Ich mache Schluß mit den sieben Todesweisen dieser Kirche. Ich rufe der Institution zu: »Tote Kirche, lebe wohl!« Denn sie lebt nur in der Erzählung vom reichen Jüngling fort, der klarsten und furchtbarsten Geschichte über eine bestimmte Haltung (und Klasse), die es – nach der Theologin Dorothee Sölle – im Neuen Testament gibt.

Der junge Mann befolgte, wie er selbst sagt, alle Gebote Gottes von Grund auf. Und doch fehlt ihm der Mut, das zu tun, was allein von ihm gefordert ist (Mt 19, 16–22). Er gibt seinen Reichtum nicht auf. Er bleibt diesem treu, und gerade die Angst, eine neue Treue zu wagen, kostet ihn das Wesentliche seines Lebens. Er geht in die Todesweise zurück, weil er den Ruf zum Leben überhört.

Der Kirche ergeht es genauso. Sie hat Macht, Einfluß, Ideologie, Geld. Sie fühlt sich aufgrund dieses Besitzes, den sie ihrer Auserwählung (Stiftung) durch Gott zuschreibt, todsicher. Daher wagt sie keinen Abschied, geht keinen Weg ins Neue, Ungewisse. Diese große Weigerung macht sie lebensfeindlich, läßt sie vollends absterben. Sie hat keine Zukunft. Ich kann die vielen Jugendlichen verstehen, die sich von diesem Leichnam abwenden. Sie wissen, daß hier nichts zu erwarten ist.

Wer sich nicht abkehrt, wer seine Hoffnung auf die Beutekirche setzt, ist nicht nur masochistisch. Er verschwendet seine lebendigen Energien an Absterbendes. Denn schon lange ist der Gerichtsspruch über eine Organisation ergangen, die ihr eigenes Überleben höher achtet als das Leben der Welt. Kirchenleute lieben den geistigen und den finanziellen Totalbesitz, und der sei ihnen gegönnt. Sie mögen durchaus »wohl leben«. Doch sollte keiner von ihnen noch länger versuchen, diesen Todeszustand als das Leben der Menschen auszugeben. Ihre Macht ist nur noch anarchisch, glauben sie doch von Amts wegen jedes Gesetz und jede Norm aufstellen und aufheben zu können – immer am Volk vorbei. Auf diese Weise verwalten sie nur den eigenen Tod. Doch da sie seit jeher ihre Schuldlosigkeit zu zelebrieren verstanden, werden sie auch ihren verzögerten Tod recht klerikal zu feiern wissen.

Menschenrechte, wegweisende Worte, Befreiungstaten der Welt ziehen an der Kirche vorbei. Das Leben siegt über die Todsünden. Ein Papst redet immer lauter, und kein Mensch hört mehr zu.

Anmerkungen

I. LEBEN

1 Meldung der Katholischen Nachrichtenagentur (KNA) vom 29.6. 1989, in: *Materialien und Informationen zur Zeit (MIZ)* 2/89, S. 42.

2 C. Amery, *Die Kapitulation oder Deutscher Katholizismus heute* (Reinbek 1963), S. 26.

3 Th. Lessing, *Der jüdische Selbsthaß* (Berlin 1930), S. 87.

4 Vgl. *MIZ* 1/89, S. 50; *Weltbild* vom 23.3. 1989; *Süddeutsche Zeitung* vom 18.9. und 16.11. 1986; *Hamburger Abendblatt* vom 1.10. 1986.

5 Zitiert nach: K. Deschner, *Kirche des Unheils. Argumente, um Konsequenzen zu ziehen* (München 1974), S. 77.

6 Deschner, *Kirche des Unheils,* S. 77.

7 *Die Welt* vom 12.11. 1990.

8 *Die Welt* vom 27.9. 1990.

9 F. W. Menne, *Kirchliche Sexualethik gegen gesellschaftliche Realität* (Mainz 1971), S. 244.

10 G. Hirschauer, zitiert nach: Menne, aaO., S. 248 Anm. 101.

11 Zitiert nach: Amery, aaO., S. 119f.

II. TOD

1 K. Deschner, *Opus diaboli. Fünfzehn unversöhnliche Essays über die Arbeit im Weinberg des Herrn* (Reinbek 1987), S. 148.

2 *Frankfurter Rundschau* vom 29.8. 1990.

3 Zitiert nach: H. Kühner, *Das Imperium der Päpste. Kirchengeschichte, Weltgeschichte, Zeitgeschichte. Von Petrus bis heute* (Zürich/Stuttgart 1977), S. 261.

4 Kühner, aaO., S. 261.

5 Ders., aaO., S. 290.

6 Ders., aaO., S. 293.

7 G. Czermak, *Christen gegen Juden. Geschichte einer Verfolgung* (Nördlingen 1989), S. 219.

8 KNA vom 16.6. 1988; *MIZ* 4/1988, S. 65.

9 Th. und G. Sartory, *In der Hölle brennt kein Feuer* (München 1968), S. 88.
10 Deschner, *Kirche des Unheils*, S. 7.
11 B. Häring, *Sünde im Zeitalter der Säkularisation. Eine Orientierungshilfe* (Graz/Wien/Köln 1974), S. 11.
12 Vgl. H. Herrmann, *Die Angst der Männer vor den Frauen* (Hamburg 1989), S. 151 ff.
13 Häring, aaO., S. 77 f.
14 Vgl. H. Herrmann, *Die sieben Todsünden der Kirche. Mit einem Nachwort von H. Böll* (München 1976), S. 21 f.
15 Zitiert nach: B. Tuchman, *Die Torheit der Regierenden. Von Troja bis Vietnam* (Frankfurt a. M. 1989), S. 141.
16 Zitiert nach: Tuchman, aaO., S. 141.

1. STOLZ

1 B. Häring, *Das Gesetz Christi. Bd. I* (8. Aufl., München/Freiburg 1967), S. 413.
2 Text in: L. Schöppe, *Konkordate seit 1800. Originaltext und deutsche Übersetzung der geltenden Konkordate* (Frankfurt a. M./Berlin 1964), S. 43–45.
3 Vgl. H. Herrmann, *Die Kirche und unser Geld* (Hamburg 1990), S. 75.
4 *Süddeutsche Zeitung* vom 5. 11. 1987; *Publik-Forum* vom 25. 9. 1987; *MIZ* 4/1987, S. 26.
5 *Die Welt* vom 24. 11. 1990.
6 Vgl. Herrmann, *Todsünden*, S. 30.
7 »Vom Zynismus kirchlicher Herrschaft«, in: *imprimatur 7* (1974), S. 14 f.
8 Abgeordnetenhaus von Berlin, 10. Wahlperiode, Drucksache 10/1069 vom 7. 11. 1986.
9 Vgl. J. Neumann, »Die gesellschaftliche und religionspolitische Bedeutung der katholischen Kirche in Deutschland«, in: J. Albertz (Hrsg.), *Die Rolle der Großkirchen in der Gesellschaft der Bundesrepublik Deutschland* (Wiesbaden 1983), S. 77.
10 E. Fischer, »Das Bundesverfassungsgericht und das Gebot der Trennung von Staat und Kirche«, in: *Kritische Justiz* 3/1989, S. 306.
11 KNA vom 9. 12. 1989.
12 *Süddeutsche Zeitung* vom 30. 11. 1989.
13 *Süddeutsche Zeitung* vom 20. 9. 1988. Vgl. Herrmann, *Kirche und Geld*, S. 271 Anm. 90.
14 *Augsburger Allgemeine* vom 28. 11. 1989.
15 Vgl. M. Dittrich, »Wir sind doch keine Sittenpolizei!«, in: *kaufen und sparen*. Verbraucherzeitung für Münster und das Münsterland Nr. 8/1990 vom 22. 2. 1990, S. 1.
16 Augustinus, *De civitate Dei*, V, 25, zitiert nach: K. Deschner, *Kriminalgeschichte des Christentums, Bd. I: Die Frühzeit* (Reinbek 1986), S. 213.

17 J. Burckhardt, *Die Zeit Constantins des Großen* (Stuttgart 1970), S. 276.

18 Zitiert nach: Deschner, *Kriminalgeschichte, I*, S. 213.

19 Zitiert nach: Deschner, *Kriminalgeschichte, I*, S. 213.

20 Zitiert nach: Deschner, *Kriminalgeschichte, I*, S. 213.

21 Deschner, *Kriminalgeschichte, I*, S. 230.

22 Zitiert nach: K. Deschner, *Kriminalgeschichte des Christentums, Bd. II: Die Spätantike* (Reinbek 1988), S. 112.

23 S. Rahner, F. H. Richter, S. Riese und D. Stelter, »*Treu deutsch sind wir – wir sind auch treu katholisch.*« *Kardinal von Galen und das Dritte Reich* (Münster 1987), S. 16, 27–37.

24 Deschner, *Opus*, S. 17; ders., *Abermals krähte der Hahn. Eine Demaskierung des Christentums von den Evangelisten bis zu den Faschisten* (Reinbek 1972), S. 504–510.

25 Deschner, *Opus*, S. 22–26.

26 Ders., *Opus*, S. 76, vgl. ders., *Opus*, S. 79 und 120.

27 Ders., *Kriminalgeschichte, I*, S. 68.

28 Zitiert nach: Tuchman, aaO., S. 92.

29 Vgl. Deschner, *Kriminalgeschichte, I*, S. 247–263.

30 U. Ranke-Heinemann, *Widerworte* (München 1989), S. 15.

31 Zitiert nach: Ranke-Heinemann, aaO., S. 138.

32 Ranke-Heinemann, aaO., S. 140.

33 Deschner, *Opus*, S. 81, Zum Ganzen: K. Deschner, *Ein Jahrhundert Heilsgeschichte. Die Politik der Päpste im Zeitalter der Weltkriege, Bd. II: Von Pius XII. 1939 bis Johannes Paul II. 1978* (Köln 1983), S. 54–83.

34 Predigt in Gelsenkirchen-Buer am 22. 3. 1936: Beilage zum *Kirchlichen Amtsblatt für die Diözese Münster* vom 27. 3. 1936, zitiert nach: Rahner u. a., aaO., S. 31 und 92.

35 Predigt in Gelsenkirchen-Buer am 22. 3. 1936: Beilage zum *Kirchlichen Amtsblatt für die Diözese Münster* vom 27. 3. 1936, zitiert nach: Rahner u. a., aaO., S. 31 und 92.

36 Rahner u. a., aaO., S. 46.

37 Deschner, *Opus*, S. 82, vgl. dens., *Heilsgeschichte, II*, S. 37, 41, 45, 85.

38 Ders., *Opus*, S. 82 f.

39 Ders., *Opus*, S. 83.

40 Zitiert nach: Ranke-Heinemann, aaO., S. 128.

41 Deschner, *Heilsgeschichte, II*, S. 425.

42 Deschner, *Opus*, S. 83.

43 Ranke-Heinemann, aaO., S. 129.

44 Dies., aaO., S. 200, auch zum folgenden.

45 Dies., aaO., S. 200.

46 Vgl. zum Ganzen: K. Deschner, *Ein Jahrhundert Heilsgeschichte. Die Politik der Päpste im Zeitalter der Weltkriege, Bd. I: Von Leo XIII. 1878 bis Pius XI. 1939* (Köln 1982), S. 94–104.

47 Deschner, *Abermals*, S. 426.
48 Ders., *Heilsgeschichte, I*, S. 99.
49 Ders., *Heilsgeschichte, I*, S. 101.
50 Ders., *Heilsgeschichte, I*, S. 102.
51 Ders., *Opus*, S. 65; *Heilsgeschichte, I*, S. 94 f.
52 Ders., *Abermals*, S. 427.
53 Ders., *Opus*, S. 53.

2. TRÄGHEIT

1 H. Herrmann, »Kirchenzensur«, in: M. Kienzle und D. Mende (Hrsg.), *Zensur in der Bundesrepublik* (München 1981), S. 338 Anm. 3.
2 Ders., »Kirchenzensur«, S. 340 Anm. 23.
3 Ders., »Kirchenzensur«, S. 338 Anm. 3.
4 Ders., »Kirchenzensur«, S. 340 Anm. 24 und 28.
5 Vgl. U. und J. Neumann, »Theologie als Glaubensgehorsam. Anmerkungen zu einem bemerkenswerten Dokument der römischen Kongregation für die Glaubenslehre«, in: *MIZ* 3–4/1990, S. 21–28.
6 Neumann, »Theologie«, S. 22.
7 Nr. 36 der Instruktion, zitiert nach: Neumann, »Theologie«, S. 21.
8 Neumann, »Theologie«, S. 22.
9 Einzelheiten bei: Herrmann, *Kirche und Geld*, S. 76 ff., 204; *MIZ* 2/1989, S. 42.
10 Vgl. dens., *Kirche und Geld*, S. 204.
11 Vgl. dens., *Todsünden*, S. 72–77.
12 H. Herrmann, *Vaterliebe. Ich will ja nur dein Bestes* (Reinbek 1989), S. 89–109.
13 Vgl. dens., *Vaterliebe*, S. 45–56.
14 Th. W. Adorno, *Minima moralia. Reflexionen aus dem beschädigten Leben* (Frankfurt a. M. 1978), S. 255.

3. UNKEUSCHHEIT

1 Vgl. Ranke-Heinemann, aaO., S. 146.
2 Deschner, *Opus*, S. 92.
3 Tuchman, aaO., S. 82.
4 Deschner, *Opus*, S. 93.
5 Deschner, *Opus*, S. 93.
6 Tuchman, aaO., S. 112.
7 Dies., aaO., S. 97 f.
8 J. Solé, *Liebe in der westlichen Kultur* (Frankfurt a. M. 1979), S. 168.
9 Deschner, *Opus*, S. 94.
10 Enzyklika »Sacerdotalis coelibatus« vom 24. 6. 1967, nn. 83–90.

11 Herrmann, *Todsünden*, S. 81.

12 Vgl. K. Deschner – H. Herrmann, *Der Anti-Katechismus. 200 Gründe gegen die Kirchen und für die Welt* (Hamburg 1991), S. 205–209.

13 W. Fricke, *Standrechtlich gekreuzigt. Person und Prozeß des Jesus aus Galiläa* (Reinbek 1988), S. 37.

14 Ders., aaO., S. 60f.

15 Deschner, *Abermals*, S. 20–23.

16 Vgl. H. Herrmann, *Ehe und Recht. Versuch einer kritischen Darstellung* (Freiburg/Basel/Wien 1972), S. 51.

17 *Die Welt* vom 18. 10. 1990.

18 Deschner, *Opus*, S. 109.

19 Ranke-Heinemann, aaO., S. 170.

20 Herrmann, *Vaterliebe*, S. 155–160.

21 Vgl. Herrmann, *Angst der Männer*, S. 93f.

22 R. Krämer-Badoni, *Judenmord, Frauenmord, Heilige Kirche* (München 1988), S. 175.

23 Ders., aaO., S. 268.

24 Ranke-Heinemann, aaO., S. 144.

25 Dies., aaO., S. 144.

26 Deschner, *Opus*, S. 95.

27 G. Duby und G. Lardreau, *Geschichte und Geschichtswissenschaft* (Frankfurt a. M. 1982), S. 52.

28 G. Duby, *Ritter, Frau und Priester. Die Ehe im Frankreich des 11. und 12. Jahrhunderts* (2. Aufl. Frankfurt a. M. 1986), S. 304.

29 Solé, aaO., S. 89.

30 Ders., aaO., S. 91.

31 Zitiert nach: Ranke-Heinemann, aaO., S. 139.

32 Zum Begriff »Tabu« vgl. Herrmann, *Vaterliebe*, S. 33.

33 Vgl. Herrmann, *Todsünden*, S. 90–93.

34 Vgl. dens., *Todsünden*, S. 84–89.

35 R. Lill, »›Gewissensfreiheit: albernes Geschwätz‹. Unhaltbare Lehräußerungen von Päpsten sind in der Kirchengeschichte nichts Neues«, in: *Frankfurter Allgemeine Zeitung* vom 15. 7. 1969, S. 17.

36 Deschner, *Opus*, S. 96.

37 Ders., *Opus*, S. 96f.

38 Ders., *Opus*, S. 97.

39 Ders., *Opus*, S. 98.

40 *Abendzeitung* (München) vom 22. 11. 1990.

41 »Apostolisches Schreiben über die Familie« (November 1981), zitiert nach: H. Herrmann, *Papst Wojtyla. Der Heilige Narr* (Reinbek 1983), S. 113.

42 Herrmann, *Angst der Männer*, S. 129f.

43 Der Toxikologe O. Wassermann; vgl. *Stern* vom 9. 3. 1989, S. 27.

4. ZORN

1 Zitiert nach: Ranke-Heinemann, aaO., S. 68.
2 Vgl. K. Deschner, »Alternative für Weihnachten«, in: R. Niemann (Hrsg.), *Wieso Weihnachten?* (Gütersloh 1988), S. 113–115.
3 Vgl. H. Herrmann, »Was heißt für mich Frieden?« in: W. Filmer und H. Schwan (Hrsg.), *Was heißt für mich Frieden?* (Oldenburg 1982), S. 133.
4 Herrmann, *Kirche und Geld,* S. 109.
5 Zitiert nach: Tuchman, aaO., S. 141.
6 Deschner, *Heilsgeschichte, I,* S. 23.
7 Ders., *Heilsgeschichte, I,* S. 31.
8 F. X. Seppelt und G. Schwaiger, *Geschichte der Päpste. Von den Anfängen bis zur Gegenwart* (München 1964), S. 420.
9 Deschner, *Heilsgeschichte, I,* S. 352 f.
10 A. B. Hasler, *Wie der Papst unfehlbar wurde. Macht und Ohnmacht eines Dogmas* (München/Zürich 1979), S. 73–95.
11 M. Dibelius, *Botschaft und Geschichte. Gesammelte Aufsätze, Bd. I* (hg. von G. Bornkamm, Heidelberg 1953), S. 153 f.
12 Deschner, *Heilsgeschichte, I,* S. 30.
13 G. May, *Demokratisierung der Kirche. Möglichkeiten und Grenzen* (Wien/München 1971), S. 26.
14 Ders., aaO., S. 42.
15 Ders., aaO., S. 73.
16 Vgl. Herrmann, *Todsünden,* S. 106 zu den erwähnten Thesen von G. May in Sachen »Demokratisierung der Kirche«.
17 Neumann, »Gesellschaftliche Bedeutung«, S. 63.
18 Hirtenbrief vom 23. 10. 1920; vgl. Neumann, »Gesellschaftliche Bedeutung«, S. 64.
19 Deschner, *Heilsgeschichte, I,* S. 96.
20 G. Kehrer, »Gesellschaftliche Bedingungen und Konsequenzen einer politischen Theologie«, in: *Dogma und Politik. Zur politischen Hermeneutik theologischer Aussagen* (Mainz 1973), S. 123.
21 Menne, aaO., S. 218.
22 K. Lorenz, *Das sogenannte Böse. Zur Naturgeschichte der Aggression* (3. Aufl. Wien 1964), S. 354 f.
23 Czermak, aaO., S. 27.
24 Ders., aaO., S. 23; Deschner, *Abermals,* S. 446 f.
25 Czermak, aaO., S. 28 ff.
26 Vgl. zum folgenden dens., aaO., S. 223–225.
27 Deschner, *Abermals,* S. 456.
28 Ders., *Opus,* S. 39.
29 Ders., *Opus,* S. 40.
30 Ders., *Opus,* S. 40 ff.

31 Ders., *Opus*, S. 43.
32 F. Heer, *Gottes erste Liebe* (Frankfurt a. M./Berlin 1986), S. 8.
33 Deschner, *Opus*, S. 23.
34 Zitiert nach: Deschner, *Opus*, S. 25.
35 Zitiert nach: Deschner, *Opus*, S. 25.
36 Vgl. auch zum folgenden, Ranke-Heinemann, aaO., S. 113.
37 Deschner, *Kriminalgeschichte, II*, S. 423.
38 Ders., *Heilsgeschichte, II*, S. 210–254.
39 H. Münzel, »Lohnabhängige im Kirchendienst«, in: *Kritischer Katholizismus 5* (1972), S. 15 (April-Heft).

5. UNMÄSSIGKEIT

 1 Leo X. Medici (1513–1521): Seine Krönung hat allein 50 000 Golddukaten gekostet (Deschner, *Abermals*, S. 425); die Ausgaben für seine Tafel beliefen sich monatlich auf 10 000 Golddukaten (Deschner, *Opus*, S. 56).
 2 Herrmann, *Kirche und Geld*, S. 151.
 3 Deschner, *Abermals*, S. 240.
 4 Zitiert nach: Deschner, *Opus*, S. 203.
 5 Ders., *Opus*, S. 203.
 6 Ders., *Opus*, S. 171.
 7 Ders., *Opus*, S. 53.
 8 Ders., ebda.
 9 Ders., *Abermals*, S. 428.
10 Ders., *Kirche des Unheils*, S. 71.
11 Vgl. H.-J. Fischer, »Gelder für himmlische und weltliche Zwecke. Die Finanzen des Vatikans«, in: *FAZ* vom 24. 12. 1982.
12 Ders., ebda.
13 Der *Spiegel* Nr. 22/1964 vom 27. 5. 1964, S. 43.
14 Zitiert nach: Deschner, *Abermals*, S. 429.
15 Deschner, *Opus*, S. 205.
16 Ders., *Opus*, S. 171 f.
17 Vgl. K. Martens, *Wie reich ist die Kirche? Der Versuch einer Bestandsaufnahme in Deutschland* (München 1969), S. 17.
18 A. Holl, *Religionen* (Stuttgart 1981), S. 59.
19 Herrmann, *Kirche und Geld*, S. 82 ff.; Deschner, *Opus*, S. 134–136, 139; ders., *Heilsgeschichte, I*, S. 25 f.
20 Deschner, *Opus*, S. 42.
21 Ders., ebda.
22 Ders., *Opus*, S. 45.
23 Ders., *Opus*, S. 19.
24 Herrmann, *Kirche und Geld*, S. 86.

25 Vgl. dens., *Kirche und Geld,* S. 97 f.
26 Vgl. dens., *Kirche und Geld,* S. 191 ff., 212, 217, 222.
27 H. Herrmann, »›Wir alle sind doch Häretiker...‹ oder: Von der partiellen Identifikation mit einer Kirche der Totalabsorption«, in: W. Weymann-Weyhe (Hrsg.), *Offene Kirche* (Düsseldorf 1974), S. 69.
28 Vgl. Lill, aaO., S. 77.
29 Vgl. Herrmann, *Todsünden,* S. 141.
30 Vgl. Neumann, »Theologie«, S. 24 f.
31 Vgl. Sartory, aaO., S. 88; Czermak, aaO., S. 227.

6. NEID

1 Vgl. W. Heinen, *Liebe als sittliche Grundkraft und ihre Fehlformen* (2. Aufl. Freiburg 1958), S. 453–457.
2 Vgl. 1 Kor 1, 26, wo Paulus mit Machtinstinkt versucht, aus der kleinen Herde eine künftige Größe herauszulesen, selbstverständlich »mit Gottes Hilfe«. Nietzsche hat die Demut der Geringen, den geistigen Mief der Zurückgesetzten und Zukurzgekommenen typisch christlich genannt – und in der fanatischen Engstirnigkeit gefährlich. Vgl. Deschner, *Kriminalgeschichte, I,* S. 210.
3 Vgl. Fricke, aaO., S. 19 ff.
4 K. Deschner, *Der gefälschte Glaube. Eine kritische Betrachtung kirchlicher Lehren und ihrer historischen Hintergründe* (München 1988), S. 16.
5 Herrmann, *Vaterliebe,* S. 89–109; ders., »Kein Vater, keine Liebe«, in: J. Brauers (Hrsg.), *Mein Gottesbild* (München 1990), S. 141–150.
6 H. Conzelmann, *Grundriß der Theologie des Neuen Testaments* (München 1968), S. 27.
7 Fricke, aaO., S. 44 f.
8 Ders., aaO., S. 25.
9 Zur Person: Deschner, *Kriminalgeschichte, I,* S. 137, 169 ff.
10 Ders., *Abermals,* S. 145.
11 Ders., *Glaube,* S. 26.
12 Fricke, aaO., S. 24.
13 Deschner – Herrmann, aaO., S. 13–16.
14 Vgl. zum Ganzen: Deschner, *Kriminalgeschichte, I,* S. 247–263.
15 Ders., *Abermals,* S. 410–435.
16 Vgl. dazu H. Herrmann, *Ein unmoralisches Verhältnis. Bemerkungen eines Betroffenen zum Verhältnis von Staat und Kirche in der Bundesrepublik Deutschland* (Düsseldorf 1974) sowie dens., *Kirche und Geld,* S. 32–37, 163 f.
17 Ders., *Kirche und Geld,* S. 37.
18 Erstmals Gregor I. (590–604). Vgl. H. E. Feine, *Kirchliche Rechtsgeschichte. Bd. I: Die katholische Kirche* (Weimar 1950), S. 101; Deschner, *Abermals,* S. 240 ff., 250; Kühner aaO., S. 64: »Die Titelei blieb später leeres Dekor«.

19 Zum leidvollen Thema »Kirche und Caritas« vgl. Herrmann, *Kirche und Geld,* S. 191–216.

20 KNA vom 20. 10. 1987.

21 E. Baeger, »Kirchen und öffentliche Gelder«, in: *Vorgänge,* Heft 2, März 1987, S. 48.

22 Ders., ebda.

23 *Süddeutsche Zeitung* vom 1. 6. 1987.

24 *Augsburger Kirchenzeitung* vom 13. 8. 1989; *Deutsche Tagespost* vom 3. 8. 1989.

25 Der *Spiegel* Nr. 22/1964 vom 27. 5. 1964, S. 40.

26 KNA vom 7. 1. 1987.

27 Vgl. *FAZ* vom 17. 9. 1986, *Süddeutsche Zeitung* vom 21. 11. 1986, *MIZ* 2–3/1988, S. 67.

28 *Kirchliches Amtsblatt für die Diözese Rottenburg-Stuttgart* Nr. 27/1990 vom 14. 12. 1990, S. 295.

29 Herrmann, *Kirche und Geld,* S. 120.

30 Der *Spiegel* Nr. 22/1964 vom 27. 5. 1964, S. 3.

31 Zitiert nach: H. Marré, *Die Kirchenfinanzierung in Kirche und Staat der Gegenwart. Die Kirchensteuer im internationalen Umfeld kirchlicher Abgabensysteme und im heutigen Sozial- und Kulturstaat Bundesrepublik Deutschland* (Essen 1982), S. 57.

32 Vgl. May, aaO., S. 100 sowie Herrmann, *Kirche und Geld,* S. 258 Anm. 19.

33 Marré, aaO., S. 65.

34 Herrmann, *Verhältnis,* S. 99–101, 133–147.

35 Deschner, *Kriminalgeschichte, I,* S. 224 f., 235 ff.

36 R. Hernegger, *Macht ohne Auftrag. Die Entstehung der Staats- und Volkskirche* (Olten/Freiburg 1963), S. 25.

37 Zur Person: Deschner, *Kriminalgeschichte, I,* S. 214 ff.

38 Hernegger, aaO., S. 113.

39 Deschner, *Kriminalgeschichte, I,* S. 245.

40 H.-J. Vogt, »Politische Erfahrung als Quelle des Gottesbildes bei Kaiser Konstantin d. Gr.«, in: *Dogma und Politik* (Mainz 1973), S. 35–61.«

41 Deschner, *Kriminalgeschichte, I,* S. 246 f., 258 ff.

42 Ders., *Kriminalgeschichte, I,* S. 264.

43 Vgl. Deschner – Herrmann, aaO., S. 26 f.

44 Vgl. Herrmann, *Kirche und Geld,* S. 123.

45 Hernegger, aaO., S. 53 f.

46 Herrmann, *Vaterliebe,* S. 177 f.

47 Herrmann, *Todsünden,* S. 176.

48 Details bei: Herrmann, *Kirche und Geld,* S. 61–81.

49 Deschner, *Kriminalgeschichte, I,* S. 235–241.

50 Deschner – Herrmann, aaO., S. 155.

51 H. Schoeck, *Der Neid und die Gesellschaft* (2. Aufl., Freiburg/Basel/Wien 1972), S. 16.

7. GEIZ

1 Vgl. Heinen, aaO., S. 51.

2 H.-W. Strätz, »Das staatskirchenrechtliche System des preußischen Allgemeinen Landrechts«, in: *Civitas* 11 (1972), S. 175.

3 Feine, aaO., S. 502 f.

4 Vgl. H. Herrmann, »Deutschland darf den Willen Gottes vollstrecken! Katholische Kriegsdoktrin von 1914–1918 an der Universität Münster«, in: L. Kurz (Hrsg.), *200 Jahre zwischen Dom und Schloß* (Münster 1980), S. 36–44.

5 J. Mausbach, *Vom gerechten Kriege und seinen Wirkungen* (Münster 1915); S. 14–16.

6 Hirtenbrief vom 1. 11. 1917, zitiert nach: Neumann, »Gesellschaftliche Bedeutung«, S. 63.

7 Ders., ebda.

8 Zitiert nach: H.-J. Brauns, *Staatsleistungen an die Kirchen und ihre Ablösung. Inhalt – Grenzen – Aktualität* (Berlin 1970), S. 40 Anm. 142.

9 Hirtenbrief vom 22. 8. 1919, zitiert nach: Neumann, »Gesellschaftliche Bedeutung«, S. 64. Vgl. Brauns, aaO., S. 38.

10 Brauns, aaO., S. 18.

11 Vgl. dens., aaO., S. 73 und 82.

12 W. Kewenig, »Das Grundgesetz und die staatliche Förderung der Religionsgemeinschaften«, in: J. Krautscheidt und H. Marré (Hrsg.), *Essener Gespräche zum Thema Staat und Kirche, Bd. 6* (Münster 1972), S. 12.

13 Vgl. Herrmann, *Kirche und Geld*, S. 15.

14 J. Šiklová, »Die sogenannte Konsumgesellschaft – ein relativer Begriff«, in: *Internationale Dialog-Zeitschrift* 6 (1973), S. 135–140.

15 Prospekt des Peter-Lang-Verlags (Bern/Frankfurt a. M./New York/Paris 1990) IV/90, S. 21–23.

III. LEBEWOHL!

1 Zitiert nach: K. Deschner, »Ich brauche kein Gottesbild«, in: J. Brauers (Hrsg.), *Mein Gottesbild* (München 1990), S. 44.

2 Ders., »Gottesbild«, S. 44 f.

3 Zitiert nach: K. Deschner, *Die beleidigte Kirche oder: Wer stört den öffentlichen Frieden? Gutachten im Bochumer § 166-Prozeß* (Freiburg 1966), S. 13.

4 Ders., *Beleidigte Kirche*, S. 13.

5 Ders., *Kriminalgeschichte, I*, S. 157 ff.

6 Ders., *Beleidigte Kirche*, S. 15 f.

7 Ders., »Gottesbild«, S. 47.

8 Ders., *Beleidigte Kirche*, S. 27.

9 Vgl. dens., *Heilsgeschichte, II*, S. 210–254, zu den grauenvollen Fakten und den vatikanischen Legitimationen.

10 Dokumentarischer Anhang, in: Deschner, *Beleidigte Kirche*, S. 45.

11 Staatsanwaltschaft Bochum AZ: 33 Js 492/84, in: Dokumentarischer Anhang, aaO., S. 50.

Stichwortverzeichnis

Abendland, »christliches« 16, 128, 137, 204, 208

Absolution 38, 104, 115 f., 206; siehe auch: Beichte, Hölle, Sündenstrafe

Angst 20, 23, 64, 79, 90, 121, 130, 135, 179, 195; siehe auch: Hoffnung

Apostel 62, 104, 118, 188, 190 f., 203, 222; siehe auch: Evangelien, Paulus

Autorität 20, 36, 42, 89, 91 f., 114, 121, 179, 183, 205; siehe auch: Irrtum, Wahrheit

Beichte 115 f., 122, 139, 172; siehe auch: Asolution, Sünde

Bekehrung 69, 150, 155 f., 175; siehe auch: Mission

Bibel 14, 40, 43, 49 ff., 67 f., 83, 95 ff., 118, 123, 138, 153, 187, 191 ff., 227; siehe auch: Evangelien

Bischöfe (»Oberhirten«) 11 ff., 19, 23, 28, 33, 39, 46 f., 51 f., 66, 72 f., 80, 85, 104 ff., 126, 128, 138, 142 ff., 149, 157 ff., 172, 178 ff., 193, 195, 197 f., 206, 208, 212, 222; siehe auch: Päpste

Dogma 15, 20, 40, 51, 78, 93, 99, 120, 126, 139, 143 f., 154, 163, 177, 182, 188, 190, 192 ff., 203 f., 221, 236; siehe auch: Irrtum, Wahrheit

Ehe 20, 58, 91 f., 94, 107, 109, 112 ff., 122 f., 126 f., 140, 150, 178, 224

-losigkeit 115; siehe auch: Zölibat

-scheidung 113, 116, 126

-vollzug, geschlechtlicher 127 f.

Erlösung 43, 91, 96, 161, 190, 206, 227; siehe auch: Sünde

Evangelien 39 f., 49, 75, 103, 109, 111, 153, 181 f., 187, 190 ff., 236; siehe auch: Neues Testament

Frauen 29, 54, 94 f., 105 ff., 114, 118 ff., 127, 129 f., 138; siehe auch: Kinder, Patriarchat

Friede 69, 87, 94, 135 f., 156 f., 172; siehe auch: Irrtum, Kirche, Krieg, Wahrheit

Geburtenkontrolle 63, 71, 116 f., 126 ff., 178, 221; siehe auch: Frauen, Kinder, Patriarchat, Sexualität

Gehorsam 12, 14, 37, 72, 79, 84, 87, 89, 91, 93 ff., 98, 107, 110 f., 114, 119, 125, 144 f., 157 f., 160, 175, 179, 206; siehe auch: Autorität, Frauen, Kinder, Liebe, Patriarchat

Gewalt 60, 75, 78 f., 90 ff., 96 ff., 114, 121, 157, 232; siehe auch: Autorität, Krieg, Liebe

Glaube 18, 21 f., 34, 37, 90, 97, 119, 135, 153, 175 f., 180, 182, 188, 195 ff., 203 f., 206 ff., 221, 225, 232; siehe auch: Religion, Wahrheit

Gläubige 12, 15, 24, 27, 34, 39 f., 68, 89,

110, 117, 125, 181 f., 204, 232; siehe
auch: Gehorsam, Kirche
Gott 23, 33, 38, 45, 60, 75, 83, 99 f., 136,
138 f., 141, 177 f., 182, 187, 190, 203,
205, 225, 233; siehe auch: Jesus aus
Nazareth, Patriarchat
- Gebote 48, 68, 70; siehe auch: Sünde
- Liebe 90, 93 ff; siehe auch: Gewalt,
Hölle, Patriarchat
- Vater 90 ff., 111, 190, 203, 207; siehe
auch: Gewalt, Liebe, Patriarchat
- Wille 72, 77 f., 90, 119, 121, 128, 159,
203; siehe auch: Gewalt, Liebe, Sünde
Gottesdienst 201; siehe auch: Kirchen-
bau

»Heiden« 70, 136, 149, 153 f., 171, 188 f.,
193; siehe auch: Juden, »Ketzer«,
Krieg, Wahrheit
»Heilige« 27 ff., 34, 49, 51, 71, 153 f.,
203 f.; siehe auch: Kirche, Päpste
Hl. Stuhl 32, 46, 143, 167; siehe auch:
Kirche und Geld, Kirchenprivilegien,
Kirchenverträge, Päpste, Vatikan
Heiligsprechung 28 ff.
»Hexen« (-verfolgung) 70, 74, 80,
119 ff., 131, 136, 146, 149, 171 f.; siehe
auch: Frauen, Inquisition, Irrtum,
»Ketzer«, Wahrheit
Himmel 15, 28, 49, 51, 110, 125, 191;
siehe auch: Heilige, Hölle
Hirtenworte 51, 72, 74, 198, 235; siehe
auch: Bischöfe, Päpste
Hitlerdiktatur 68, 72, 74, 117, 149, 152,
172; siehe auch: Kirchenprivilegien,
Kirchenverträge
Hölle 28, 69, 96, 98, 110; siehe auch:
Gott, Himmel, Sünde
Hoffnung 21 ff., 35 ff., 79, 179, 188, 193;
siehe auch: Angst
Homosexualität 52, 118; siehe auch:
Moraltheologie, Sexualität

Index der verbotenen Bücher 30, 84;
siehe auch: Irtum, Wahrheit, Zensur
Inquisition 13, 30, 80, 84, 119, 147, 193,
204; siehe auch: »Hexen«(-Verfol-
gung), Irrtum, »Ketzer«, Wahrheit
Irrtum 13, 21, 33, 41, 69, 80, 155 f.; siehe
auch: »Ketzer«, Päpste, Wahrheit

Jesus aus Nazareth 9, 16, 31, 45, 49 f., 62,
75, 77, 109 ff., 136, 138, 141, 181 f.,
185, 187 ff., 207, 218, 222, 229, 231;
siehe auch: Gott
- »Christus« 62, 64, 66, 71, 110, 189 f.,
193, 203
- »Gottessohn« 110 f., 141, 182, 190,
193, 203, 207
- »Heiland« 190
- Jude 111, 150, 188
- »Kirchenstifter« 38 ff., 109 f., 150, 187,
222; siehe auch: Paulus
- Kreuz 62, 159, 203 f.; siehe auch: Krieg
- »Messias« 111, 193
- Tod 187, 189, 192
Juden 30 f., 70, 73, 120, 136, 149 ff.,
171 f., 193; siehe auch: »Heilige«, Irr-
tum, Mord, Päpste, Wahrheit

Katholiken 17 f., 24, 29, 50, 59 ff., 68,
77 f., 136, 146, 176 f., 204 f., 232; siehe
auch: Kirche, Religion
»Ketzer« 11, 30 f., 51, 70, 86, 120, 131,
146, 149, 154 f., 171, 193, 203; siehe
auch: Dogma, »Hexen« (-Verfol-
gung), Inquisition, Irrtum, Wahrheit
Kinder 72, 77 f., 94 ff., 105 ff., 112, 114,
118, 121, 123, 127, 129 f., 222; siehe
auch: Frauen, Kleriker, Patriarchat
Kirche 15 ff., 21 ff., 27, 31 ff., 48 ff., 61 ff.,
68, 74, 78 ff., 83 ff., 90 ff., 99 f., 103,
108 ff., 118 ff., 124 ff., 135 ff., 143 ff.,
153 f., 156 f., 174 ff., 185, 188 ff.,
192 ff., 205 ff., 222 ff., 231 f., 234 ff.;
siehe auch: Dogma, Glaube, Gläu-

bige, Gehorsam, Religion, Päpste,
Sakramente, Wahrheit
- Akzeptanz 20
- Kirche und Andersdenkende 14, 24,
  30, 33, 79, 89, 137, 154 ff., 159, 171,
  176, 181, 206, 233 f.; siehe auch:
  Dogma, Glaube, »Heiden«, »Hexen«
  (-Verfolgung), Inquisition, Irrtum,
  Juden, Krieg, Mord, Wahrheit
- Kirche und Arme 75 ff.
- Kirchenaustritt 7, 13, 17 f., 19, 213
- Kirchenbau 66, 84, 146, 164
- Kirchenbesuch 17, 22, 140; siehe
  auch: Akzeptanz, Gläubige, Kir-
  chenaustritt
- Kirche und Demokratie 12, 54 ff.,
  58 ff., 67, 85 ff., 141 ff., 157 ff., 200;
  siehe auch: Menschenrechte, Kir-
  chenprivilegien, Kirche und Parteien,
  Staat und Kirche, Päpste, Volk
- Kirchendienst 19, 53 ff., 85, 157 f.;
  siehe auch: Frauen, Kleriker, Priester
- Kirchenfreie 13, 17 f., 35, 46 f., 87 f.,
  197, 201, 219; siehe auch: Kirchenaustritt
- Kirche und Geld 13 ff., 28 f., 32, 40,
  46 ff., 87 f., 106, 142, 155, 163 ff.,
  194 ff., 204, 206 f., 211 ff., 217 ff.;
  siehe auch: Kirche und Grundbesitz,
  Kirchenprivilegien, Kirchensteuer,
  Kirchenverträge, Staat und Kirche
- Kirchengeschichte 23 f., 30 f., 34 f.,
  40 f., 64 ff., 84, 105 ff., 117, 121, 137,
  139, 142 ff., 149 ff., 169 ff., 188, 193,
  196, 201 ff., 235
- Kirche und Grundbesitz 32, 164, 167,
  170 ff., 212 f., 223, 225
- Kirchenkritik 12 f., 24, 61, 86, 137;
  siehe auch: Gläubige, Inquisition,
  Wahrheit
- Kirchenlehrer 28, 64, 68 f., 121 f., 150,
  154, 192; siehe auch: »Heilige«
- Kirche und Parteien 20, 214; siehe

auch: Kirche und Demokratie, Men-
schenrechte, Kirchenprivilegien,
Staat und Kirche
- Kirchenprivilegien 14, 16, 39, 56, 62,
  66, 79, 142, 201 f., 206, 218, 220 f.;
  siehe auch: Kirche und Demokratie,
  Kirche und Geld, Kirchensteuer,
  Konfessionsschulen, Menschen-
  rechte, Religionsunterricht, Staat
  und Kirche
- Kirchenrecht 54, 103 f.
- Kirchenreform 7, 33, 40 f., 113, 146;
  siehe auch: »Heilige«, Kirche und
  Geld, Theologen
- Kirchenservice 17, 19 f., 33, 40, 50,
  182; siehe auch: Sakramente
- Kirche und soziale Einrichtungen
  53 ff., 78, 86, 88, 196 ff., 201; siehe
  auch: Kirchendienst, Kirche und
  Geld, Kirche und Grundbesitz, Konfessionsschulen, Liebe
- Kirchenstaat 31, 143, 152, 167; siehe
  auch: Päpste, Vatikan
- Kirchensteuer 18, 46 f., 78, 88, 163 f.,
  174, 198 ff., 213; siehe auch: Kirche
  und Geld, Kirche und soziale Einrichtungen
- Kirchensubventionen 46 f., 61, 89,
  163, 174, 199, 201, 213, 219; siehe
  auch: Militärseelsorge, Staat und
  Kirche
- Kirchenväter 127, 150, 204; siehe
  auch: Kirchenlehrer
- Kirchenverträge 18, 167, 206, 215;
  siehe auch: Kirchenprivilegien, Kirchensubventionen, Konkordate,
  Militärseelsorge, Staat und Kirche,
  Päpste, Vatikan
Kleriker 15, 17, 19 f., 22 ff., 27, 35 f.,
  38 ff., 45 ff., 51 ff., 56 ff., 64 ff., 79 f.,
  90, 99 f., 105 ff., 112 ff., 123 ff., 138 ff.,
  148 f., 163, 175, 178, 181 ff., 193 f.,
  196 ff., 204 ff., 212, 233 f.; siehe auch:

Autorität, Gewalt, Kirche, Krieg, Moral, Mord, Patriarchat, Päpste, Sexualität, Zölibat

Konfessionsschulen 53 f., 196 f.; siehe auch: Kirchenprivilegien, Kirche und soziale Einrichtungen, Kirchensubventionen, Religionsunterricht

Konkordate 18, 46; siehe auch: Heiliger Stuhl, Kirche und Geld, Kirchenverträge, Staat und Kirche, Vatikan

Konzilien 41, 60, 74, 120, 150 f., 175, 192, 195, 224; siehe auch: Kirchenlehrer, Kirchenväter, Päpste

Kreuzzüge 13, 72, 146, 152; siehe auch: »Heiden«, »Heilige«, Kinder, Kirche und Andersdenkende, Krieg, Mord, Päpste

Krieg 12 f., 38, 64 f., 68 ff., 123, 135 ff., 157, 193 f., 203 f., 207, 214; siehe auch: Frauen, Irrtum, Kirche und Andersdenkende, Kreuzzüge, Päpste, Patriarchat, Wahrheit
- mit Atomwaffen 73 f., 135 f; siehe auch: Moraltheologie
- Kriegsdienstverweigerung 71, 73 f.

Kultur 16 f., 37, 84, 94, 112, 146, 153 f., 233; siehe auch: Inquisition, Krieg, Patriarchat, Päpste

»Laien« 48, 50, 59 ff., 67, 84, 105, 107, 126, 138, 142, 145, 157, 176 ff., 180, 201, 220 f.; siehe auch: Gehorsam, Gläubige, Kirche und Demokratie, Kirche und Parteien, Kirchenservice, Kleriker, Menschenrechte, Moral, Sünde, Wahrheit

Liebe 69, 78, 89 ff., 96 ff., 119; siehe auch: Gewalt, Gott, Kirchenservice, Kirche und soziale Einrichtungen, Nächstenliebe, Patriarchat

Masturbation 116; siehe auch: Sexualität, Patriarchat

Mensch 20 ff., 35 ff., 45, 89 ff., 98 f., 124, 180 ff., 187, 193 ff., 205, 226 f.; siehe auch: Frauen, »Laien«, Kinder

Menschenrechte 12 f., 30, 56, 80, 87, 108, 142, 144, 163, 175, 178, 181, 203, 237; siehe auch: Kirche und Demokratie, Kirche und Parteien, Kleriker, Krieg, Moral, Mord, Päpste

Militärseelsorge 74; siehe auch: Kirche und Geld, Kirchensubventionen, Krieg, Staat und Kirche, Patriarchat

Mission 19, 148, 154 ff., 190 f., 201; siehe auch: Bekehrung, Religion

Moral 16 f., 20, 35 ff., 48, 53, 62, 68 ff., 81, 90, 99, 103 f., 109, 112 ff., 118, 126, 128 f., 139 f., 147 ff., 163, 172 f., 178, 182, 188, 194, 198, 206, 209, 221, 225 ff., 236; siehe auch: Dogma, Kleriker, Mord, Sexualität, Sünde, Theologen, Päpste, Wahrheit
- theologie 45, 50, 73, 115, 117; siehe auch: Irrtum, Krieg, Mord, Sexualität, Wahrheit

Mord 24, 28, 33, 41, 68 ff., 73 ff., 79 f., 107, 119 ff., 122, 128, 136, 149 ff., 171, 175, 232 ff.; siehe auch: »Heiden«, »Hexen« (-Verfolgung), Inquisition, Juden, »Ketzer«, Kirche, Kreuzzüge, Krieg, Moral, Päpste, Sexualität, Tod

Nächstenliebe 12, 69, 78, 196 ff.; siehe auch: Gewalt, Liebe, Kirche und soziale Einrichtungen, Patriarchat

Neues Testament 11, 62, 95 ff., 119, 138, 150, 153, 159, 187, 189 ff., 196, 202, 222 f., 236; siehe auch: Bibel, Evangelien, Jesus aus Nazareth, Paulus, Konzilien

Opfer 11 ff., 84, 92 f., 115, 118, 129, 177, 211, 213, 217, 231; siehe auch: Frauen, »Laien«, Kinder, Patriarchat

Papsttum 31, 36, 39 f., 80, 100, 227; siehe
  auch: Autorität, Dogma, Gewalt,
  »Heilige«, Irrtum, Kirche, Krieg,
  Moral, Mord, Sexualität, Patriarchat,
  Vatikan, Wahrheit
Päpste 7, 12, 20 f., 24, 28, 30 f., 40, 43, 46,
  48, 67, 71, 73 ff., 81, 84, 105 ff., 116,
  119 ff., 128 f., 142 ff., 149, 151 f., 155,
  161, 164 ff., 169, 192, 204; siehe auch:
  Frauen, Dogma, Hitlerdiktatur, Kir-
  che, Moral, Mord, Sexualität, Vati-
  kan, Wahrheit
Patriarchat 14, 40, 91 ff., 99 f., 112 ff.,
  117 ff., 121 f., 129 f., 205; siehe auch:
  Frauen, Gewalt, Kinder, Krieg, Liebe
Paulus 25, 62, 118 f., 150, 159, 187 ff.,
  202; siehe auch: Apostel, Erlösung,
  Evangelien, Jesus aus Nazareth, Kirche, Sünde
Pogrome 151 f., 171 f.; siehe auch:
  Juden, Kirche und Geld, Kirche und
  Grundbesitz, Krieg
Predigt 28, 40, 68, 71, 119, 127, 154, 204,
  222; siehe auch: Kleriker, Priester
Priester 52, 63, 87 f., 105, 107 f., 135, 158,
  217 ff.; siehe auch: Bischöfe, Kirche
  und Geld, Kirchenservice, Kleriker,
  Päpste, Zölibat

»Reich Gottes« 68, 105, 185, 188, 193,
  207, 223; siehe auch: Himmel, Hölle,
  Kirche, Patriarchat, Paulus, Vaterun-
  ser
Religion 20, 23, 33, 37 ff., 65, 112, 154,
  188 f., 227; siehe auch: Bekehrung,
  Dogma, Erlösung, Irrtum, Kirche,
  Krieg, Sünde, Wahrheit
Religionsfreiheit 54, 70, 144, 196; siehe
  auch: Irrtum, Kirchenprivilegien,
  Menschenrechte, Wahrheit
Religionsunterricht 54, 85, 88, 172, 174;
  siehe auch: Kirchenprivilegien, Staat
  und Kirche

Rom 41, 66, 143, 155, 165 ff.; siehe auch:
  Päpste, Vatikan

Sakramente 40, 114, 116; siehe auch:
  Beichte, Ehe, Priester
Schwangerschaftsabbruch 22, 53 ff., 85,
  129, 131, 148; siehe auch: Frauen,
  Kinder, Moraltheologie, Sexualität,
  Patriarchat
Seele 98, 122; siehe auch: Mensch, Tod
Sexualität 52, 103, 116 f., 122 ff., 178;
  siehe auch: Ehe, Ehescheidung, Ehe-
  vollzug, Frauen, Geburtenkontrolle,
  Homosexualität, Kinder, Masturba-
  tion, Moraltheologie, Schwanger-
  schaftsabbruch, Päpste, Patriarchat
Sicherheitsdenken 83, 90, 173; siehe
  auch: Angst, Dogma, Erlösung,
  Gläubige, Irrtum, Wahrheit
Sinnfrage 14, 17; siehe auch: Irrtum,
  Kirche, Mensch, Religion, Wahrheit
Staat 91 f., 94
- und Kirche 15 f., 46, 48, 58, 65 f., 84 ff.,
  89, 194, 201 ff., 207, 211 ff.; siehe
  auch: Kirche und Demokratie, Kirche und Geld, Kirche und Parteien,
  Kirchenprivilegien, Kirchensubventionen, Kirchenverträge, Konkordate, Menschenrechte, Päpste,
  Patriarchat
- Leistungen an die Kirchen 53 f., 87 f.,
  174, 176, 196 ff., 213 ff.; siehe auch:
  Kirchenprivilegien, Kirchensubventionen, Militärseelsorge
Sünde 27, 32 ff., 43, 45, 50, 52, 68, 86,
  90 f., 96, 98, 104, 115 f., 119, 137,
  139 f., 163, 173, 175, 187, 206 f., 222,
  225, 237; siehe auch: Absolution,
  Angst, Beichte, Himmel, Hölle, Kirche, Priester, Sexualität
- Sündenstrafe 69, 96; siehe auch: Absolution, Beichte, Hölle

Theologen 11 f., 15, 22, 31, 34, 38, 41, 51,
    71 f., 86 ff., 96, 123, 126, 144 f., 147,
    173, 175 ff., 196, 205, 219 f., 224 f.;
    siehe auch: Irrtum, Kirchendienst,
    Kirchenreform, Kirchenservice,
    Moral, Priester, Wahrheit
Tod 25, 27, 39, 41, 59, 90, 104, 181, 187,
    193, 223, 226 f., 236 f.; siehe auch:
    Moral, Religion, Sinnfrage, Sünde,
    Wahrheit
Tradition 36, 70, 84, 93, 108, 118, 141,
    152, 224, 226, 235; siehe auch: Bibel,
    Kirche, Konzilien, Päpste

Umwelt 78, 146; siehe auch: Mensch,
    Moral

Vaterunser 95; siehe auch: »Reich Got-
    tes«, Patriarchat
Vatikan 18, 29, 86 ff., 117 f., 140, 142 f.,
    164 ff., 170; siehe auch: Kirche,
    Papsttum, Päpste
Volk 60, 75, 78 f.; siehe auch: Gläubige,

Kirche und Demokratie, »Laien«,
    Menschenrechte, »Volkskirche«
»Volkskirche« 21, 33, 59 f., 78, 143, 147,
    205; siehe auch: Kirche und Akzep-
    tanz, Kirchenservice, Kirche und
    soziale Einrichtungen, Kirchen-
    steuer, Kleriker, »Laien«

Wahrheit 11 f., 15, 19, 21, 28, 32, 37 f.,
    51, 59, 69, 75, 81, 84, 86, 89, 120, 123,
    126, 135, 140, 153 ff., 179 f., 207, 232;
    siehe auch: Dogma, Irrtum, Krieg,
    Menschenrechte, Religion, Sinnfrage
Wallfahrten 28 f., 32; siehe auch: »Hei-
    lige«
Welt 33 ff., 39 f., 159 f., 193, 226 f.; siehe
    auch: Mensch, Umwelt

Zensur 84 ff.; siehe auch: Inquisition
Zölibat 51 f., 63, 103 f., 107, 115 f., 122,
    183, 220, 222 f.; siehe auch: Ehelosig-
    keit, Kleriker, Menschenrechte, Päp-
    ste, Priester, Sexualität